高等教育“十三五”规划教材
立信会计专业系列
总主编　张世体

U0954895

基础会计实务

主　编◎张世体 荣映菡
副主编◎石爱玲 闫　堃

立信会计出版社
LIXIN ACCOUNTING PUBLISHING HOUSE

图书在版编目(CIP)数据

基础会计实务 / 张世体，荣映菡主编. —上海：立信会计出版社，2020.4
高等教育“十三五”规划教材. 立信会计专业系列
ISBN 978 - 7 - 5429 - 6459 - 5

Ⅰ. ①基… Ⅱ. ①张… ②荣… Ⅲ. ①会计实务—高等职业教育—教材 Ⅳ. ①F233

中国版本图书馆 CIP 数据核字(2020)第 058689 号

策划编辑　陈　旻
责任编辑　陈　旻
封面设计　南房间

基础会计实务
Jichu Kuaiji Shiwu

出版发行	立信会计出版社		
地　　址	上海市中山西路 2230 号	邮政编码	200235
电　　话	(021)64411389	传　　真	(021)64411325
网　　址	www.lixinaph.com	电子邮箱	lixinaph2019@126.com
网上书店	http://lixin.jd.com	http://lxkjcbs.tmall.com	
经　　销	各地新华书店		

印　　刷	浙江临安曙光印务有限公司	
开　　本	787 毫米×1092 毫米	1/16
印　　张	16	
字　　数	431 千字	
版　　次	2020 年 4 月第 1 版	
印　　次	2020 年 4 月第 1 次	
印　　数	1—3 100	
书　　号	ISBN 978 - 7 - 5429 - 6459 - 5/F	
定　　价	42.00 元	

总　序

当今世界，科学技术突飞猛进，知识经济已见端倪，国际竞争日趋激烈。教育在综合国力的形成中处于基础地位，国力的强弱越来越取决于劳动者综合素质的高低，取决于各类人才的质量和数量，这对于培养和造就我国21世纪的一代新人提出了更加迫切的要求。新时代新形势，改革开放和现代化建设，要求我们抓住机遇、超前布局，以更高远的历史站位、更宽广的国际视野、更深邃的战略眼光，对加快推进教育现代化、建设教育强国作出总体部署和战略设计。要在提高学生综合素质上下功夫，教育引导学生，培养综合能力和创新思维。

作为教育体系中的一个重要组成部分，高等教育近年来进入高速发展时期，其中财经专业学生占有相当大的比例。围绕培养财经专业高技能人才这个根本目标，加强财经专业的教材建设是完成教学计划，达到培养目标的重要保证；是加强教学管理、提高教学质量的重要措施；是深化教学改革，提高人才培养质量的根本途径。教材建设重在提高质量，培育特色。

经过多方努力，"高等教育十三五规划教材　立信会计专业系列"已正式出版发行。这是十几所院校几十位既具有扎实的理论基础，又具有丰富的实践经验的"双师型"教师倾注了大量的人力、物力和财力共同努力的结果。

本系列教材在编写上充分体现了培养高素质应用型、技能型人才的教育理念，在注重培养学生掌握基本理论知识和基本技能的同时，还能够帮助学生顺利获得相应的专业技能等级证书，加快学生由学习型向实践型角色转换的速度。并且，为学生未来走向工作岗位奠定认识和能力基础。

本系列教材在力争正确阐述会计专业学科的科学理论和概念的同时，还注意理论联系实际，以案例阐述理论；符合认知规律，富有启发性，便于学生自主学习，所选理论教学内容完全可以满足学生未来从事会计工作所需的最基本、最常用的理论知识；能完整地表达本课程既应包含学生未来职业活动所需的最基本、最常用的理论知识，同时也包括学生未来可持续性发展所必须深化和拓展的知识；让学生能自然地做到由基础理论到专业基础理论，由专业课到实践课的从容转换；正文、训练与实务操作齐全且著录准确；符合人才培养目标及本课程教学的要求，所选会计理论内容的广度和深度能够满足实践教学和未来从事会计岗位工作的需要。

本系列教材在编写中，力求做到理论与实际相结合，既保持理论体系的系统性和方法的科学性，更注重教材的实用性和针对性。每本教材的编写，注意吸收国内外优秀教材的成果，力求深入浅出，突出重点和通俗易懂。在广泛调查研究的基础上，经过多所高等院校一批有着丰富教学和实践经验的专家学者的论证和推荐，优化选题，优选编者。

与已出版的同类教材比较，本系列教材突出的特点如下：

(1) 理论够用。理论上，突出会计专业基本理论与核算方法阐释，强调实践业务的处理。

(2) 学做一体。在设计上按照能力点出现的先后顺序编排内容，在语言上力求精炼、简洁，尽量避免高深化、学术化的表达方式，让学生易懂、易做，增强学生在学习过程中的感性认识，提高教学效果；改变"先理论，后实践"的时间分板块模式，体现"从理论，到实践，再应用"的结构特点，理实相融，更接近人们的认知规律。

(3) 知识定位。在编写过程中，均按照"以具体化工作内容的需要确定目标、选取单元内容、设定学习知识要点"的思路，搭建"是什么、为什么、做什么、怎样做"的框架，以"是什么"和"为什么"为教学核心内容，来教会学生"做什么"和"怎样做"，真正体现"以教师为引导，学生为主体，循序渐进的提高学生职业技能"的教学培养目标。

(4) 结合实践。本系列教材不但介绍了会计专业的基本概念、基本原理和经常性业务的处理方法，还相应添加了会计工作的扩展知识和最新的案例，增强了教材的实用性。

值此出版之际，我们谨向所有支持本套教材出版的各校领导和参编老师表示诚挚的谢意。感谢立信会计出版社陈旻女士对本套教材的热情帮助。

本系列10本教材出版后，我们将继续努力，在现有基础上不断修订、锤炼，同时，我们也热忱欢迎各使用院校对本系列教材提出宝贵的意见和建议，力争经过两三年的努力，使本系列教材成为国家级精品教材。

张世体

2020年5月

前 言

《基础会计实务》一书作为高等教育会计专业核心课程教材，主要针对高职高专财务会计和经济管理类相关专业的学生。全书贯穿“理论实践一体、突出技能培养”这一指导思想，保证了教材的实用性和可操作性。

本书是会计知识的入门教材。它以最新企业会计法律、法规和制度为依据，以会计核算方法为主线，主要阐述了会计基本核算方法；会计实务处理的专门方法和程序；完成从分析经济业务开始的证—账—表的会计循环；会计工作的组织及工作规范等内容。通过教学，学生可以初步了解会计的社会环境、研究对象；熟悉会计核算主要方法的内容及初步运用；掌握会计核算工作的基本方法和技能，为后续会计课程的学习奠定认识和能力基础；通过实务案例系统演示手工操作下会计过程核算及证、账、表的形成，以培养学生实践操作技能，加深学生对专业知识的理解，促进对理论知识的掌握与提升，加快学生由学习型向实践型角色转换的速度。

本书能正确阐述本会计学科的科学理论和概念，注意理论联系实际，以案例阐述理论，对实践具有指导作用；符合认知规律，富有启发性，便于学生自主学习，所选会计理论教学内容完全可以满足学生未来从事会计工作所需的最基本、最常用的理论知识；能完整地表达本课程既应包含学生未来职业活动所需的最基本、最常用的理论知识，同时也包括学生未来可持续性发展所必须深化和拓展的知识；让学生能自然地做到由基础理论到专业基础理论、由专业课到实践课的从容转换；正文、思考与练习、参考答案齐全；符合人才培养目标及本课程教学的要求，所选会计理论内容的广度和深度能够满足实践教学和未来从事会计岗位工作的需要。

本书突出的特点如下：

(1) 理论够用。理论上，突出会计基本理论与核算方法阐释，强调实践业务的处理。

(2) 理论实践结合。教材更多地将实际工作中使用的证、账、表纳入教材，增强学生学习过程中的感性认识，提高教学效果；改变“先理论，后实践”的时间分板块模式，体现“从理论，到实践，再应用”的结构特点，使理实相融，更接近人们的认知规律。

(3) 立足于企业主流会计业务，目标定位准确，按照典型业务构建学习单元，知识综合。

(4) 教材的开发源于对企业现状、岗位的人才需求、规格分析基础之上，能综合反映对学生会计岗位能力、职业道德修养和其他相关能力(协调、合作、心理素质等)的培养,融入对学生创新精神和创新能力培养的内容,使学生能够把所学知识灵活地应用于实际,创造性地解决实际问题。

本书由张世体(第一、二、三、四单元)、荣映菡(第五、六、七、八单元)主编,石爱玲(第九、十单元)、闫堃(第十一、十二单元)副主编。初稿完成后由张世体教授负责总纂定稿。

由于时间仓促,加之水平有限,书中内容编排和语言表达还存在不妥和错误,恳请读者和同行批评指正。

编　者

2020 年 5 月

目　录

第一单元 导 入

知识目标

通过本项目的课程教学，学生应该熟悉会计产生与发展的历史过程，理解会计的含义、本质、职能、特点与目标，理解并掌握会计准则与会计核算方法。

技能目标

通过本项目的课程教学，学生应该对会计工作岗位有一个感性认识，接触会计凭证、账簿、会计报表，并了解它们之间的关系；熟悉企业资金运动过程，明确会计职业要求。

案例导入

张林是今年被我院录取的会计专业新生，报到第一天，他的父母陪同他到校，找到系主任，要求调换专业。他的父母认为，会计就是整天“爬格子”，鼓捣账本、计算器，天天记账、算账，一个男孩子从事这个职业没有什么前途，于是坚决要求调整专业，换一个其他的管理专业。系主任是一位会计学教授，对会计有较深的理解与把握，用他渊博的会计知识与学生及家长进行了交流，最后终于做通了他们的思想工作。实际上，系主任主要是向他们介绍了下面内容。

第一讲 了解会计历史

【知识要点】

会计是生产力和生产关系发展到一定阶段的产物，是基于管理经济活动的客观需要而产生的，并随着生产力和管理科学的发展而发展。

人类在最早的生产活动中就认识到，对生产活动过程中的劳动耗费与劳动成果进行计量、记录和登记是必要的，这便产生了最初的会计。

随着生产力的发展，人们的生产、分配、交换、消费活动日趋复杂，仅凭人脑的记忆和计算已不可能满足管理生产活动等经济活动的需要，必须通过观察、计量、计算、记录，才能满足上述需要。于是出现了极简单的记数、记录行为，如我国古代的“结绳记事”“刻石记数”，古巴比伦的“泥板”，古埃及的“刻石”等。这些简单的记录、记数行为从会计角度看就是会计产生的萌芽。然而，由于生产力低下，这些极简单的会计活动仍从属于生产过程，即仅仅是在生产之余附带地做一些记数、记录工作，因而是“生产职能的附带部分”。

生产力发展到一定水平后，出现了大量的剩余产品，生产活动产生了大量需要记数、记录的事项，此时，人们已无法在“生产之余”完成记数、记录工作，于是人们有必要，而且也有可能把会计活动从生产活动中分离出来，成为独立的会计活动，至此，会计终于诞生了，会计的职能活动开始独立于生产职能。

随着生产活动的发展和经济管理要求的不断提高，会计经历了一个由低级向高级，由简单到复杂的漫长发展过程。

一、中国会计的产生和发展

据《周礼》记载，我国西周王朝（公元前1066年—公元前770年）就已出现“会计”这个词，且设置了专门核算财赋收支的官职——司会。较为完善的会计方法产生于唐宋时期的“四柱清册”，即通过“旧管”（期初结存）+“新收”（本期收入）−“开除”（本期支出）=“实在”（期末结存）进行核算。明末清初，我国会计工作者结合“四柱结算法”和当时的官厅会计，设计出了一套既简单又明了、适用于民间商业核算的会计核算方法——“龙门账”。“龙门账”将民间商业中核算的全部经济事项，按其性质、渠道，科学地分为“进”“缴”“存”“该”四大类，并分别设立账目，通过“进”（收入）−“缴”（支出）=“存”（资产）−“该”（负债和所有者权益）进行核算。

二、西方会计的产生和发展

西方会计也有着悠久的历史。14世纪中叶，意大利商业、金融业非常发达，繁荣的商业、金融业经济为会计方法的创新提供了十分有利的前提条件，促使意大利金融业者将使用多年的人名账户发展成为有组织的复式簿记。1494年，意大利数学家卢卡·帕乔利（Luca Pacioli）所著的《算术、几何、比及比例概要》一书出版，标志着近代会计的开端，从而结束了古代会计时期。

第二次世界大战后，特别是20世纪50年代以后，西方资本主义世界生产力发展迅猛，跨国公司大量涌现，企业间竞争空前激烈。企业的生存、发展除了要不断开拓海外市场外，还要不断加强企业内部管理，做好企业预测、决策和内部生产经营的控制工作。传统会计为了适应这种管理上的需要，其内部发生了分化，逐步发展成为财务会计和管理会计两大分支。财务会计是根据公认会计准则，对日常经济业务进行处理，向企业内外部关系人报告企业的财务状况和经营成果的会计。管理会计是利用财务会计提供的会计信息，运用数学、统计等方法，向企业内部各级经营管理人员提供经营决策信息的对内报告会计。一般认为，管理会计与财务会计相分离而成为单独学科，是现代会计的开端。

会计发展的历史说明，会计是由于生产力的发展、管理经济的需要而产生的，即“经济越发展，会计越重要”。

第二讲　理解会计概念

【知识要点】

一、会计的含义

会计是以货币作为主要计量单位，运用确认、计量、记录和报告等方法，对经济活动进行全面、综合、连续、系统的核算与监督，为有关各方提供企业的财务状况、经营成果和现金流量等会计信息的一种经济管理活动。

二、会计的本质

会计的本质是管理，会计是一项重要的经济管理活动。

(一) 会计是人们管理生产过程的一种实践活动

会计作为经济管理的一种活动，是随着社会生产的发展和由此产生的经济管理的需要而产生和发展起来的。随着生产的发展，经济活动范围的日益扩大，人们为了达到预期的目的，取得较好的经济效益，必须随时掌握经济活动中的数量变化情况，对生产过程进行必要的组织管理，对生产过程中的劳动消耗及取得的劳动产品等经济现象进行观察、计量和登记，以便获得有关管理生产过程所必需的数据；同时，根据所取得的数据资料，在生产活动之前、之中、之后进行适当调节、干预，使之不断节约劳动消耗，取得更多的劳动产品，从而提高经济效益。这就是会计管理的雏形。会计从生产的附带职能发展到独立的职能，主要是因为产生了商品货币。社会再生产过程中的一切物质资料的生产、分配和交换都要通过货币来计量。为了以价值形式综合反映出生产经营情况，计算、考核经济效益，会计逐渐形成一套用价值形式管理经济的技术方法。在实践中，就出现了以价值为主要形式来管理生产活动、讲求经济效益的工作，即会计管理工作。

(二) 会计既为管理提供信息，又直接履行管理的职能

物质资料的生产是人类社会生存和发展的基础。有生产就必须有管理，有管理就必须有核算。因此，会计与管理是密不可分的。会计不仅为管理提供数据资料，形成经济管理中的主要信息来源，而且由于会计系统占有大量日常经济活动的第一手资料，最能揭示经济活动的动态。特别是在市场经济条件下，管理重心从以实物管理为主转向以价值管理为主，会计成为一项重要的价值管理工作，它对经济活动中所有以价值表现的数量方面都要干预、指导、调节和控制，因此，会计本身就是一种管理活动。而从会计记账、算账的数据处理工作来看，会计实质上也是一种管理工作，因为，数据处理的工作内容是伴随着对数据反映的经济业务进行不同程度的管理而实现的。例如，记账就和审核工作结合在一起，算账则和分析、评价相继展开。

(三) 会计方法的变革、发展实际上是出于管理的要求

会计是社会现象，产生于管理的需要，一开始它就以经济管理的形式出现。管理的最初形式是计量、计算，这种管理形式的出现，是与人们比较生产和交换活动中的得失、讲求经济活动的效果分不开的。随着生产力的发展和经济关系的复杂化，管理的内容和方式方法也在变化，由简单的计量、计算发展成为对劳动过程的指挥与调节。私有制出现后，管理产生了新的职能，即对经济活动进行严格的监督与控制。随着商品货币经济的产生和发展，以核算和监督私人资本运动为主要内容的民间会计得到迅速发展，会计的技术方法由简单到复杂、由不完善到逐步完善。会计技术方法的改进和发展也是与人们的管理实践分不开的。

从会计产生和发展的过程看，会计随着社会生产力的发展而发展。一方面，会计同社会生产力水平的这种紧密联系是不以人的意志为转移的，表现为会计具有一整套专门的技术方法，这是会计的自然属性，即技术性；另一方面，会计是经济管理的一个组成部分，必然有其经济管理的目的性，为一定的经济、政治、法律、文化等社会环境所支配，使会计具有一定的社会属性，即社会性。

三、会计的职能

会计的职能是指会计在经济管理工作中具有的功能。生产力发展水平和经营管理水平的高低，对会计的职能具有决定性的影响。我国《会计法》规定，会计的基本职能是会计核算和会计监督。

（一）会计的核算职能

会计核算贯穿于经济活动的全过程，是会计最基本的职能，也称反映职能。它是指会计以货币为主要计量单位，通过确认、计量、记录、报告等环节，对特定主体的经济活动进行记账、算账、报账，为各有关方面提供会计信息的功能。

记账是指对特定对象的经济活动采用一定的记账方法，在账簿中进行登记。算账是指在记账的基础上，对企业单位一定时期的收入、费用（成本）、利润和一定日期的资产、负债、所有者权益进行计算（行政、事业单位是对一定时期的收入、支出、结余和一定日期的资产、负债、净资产进行计算）。报账是指在算账的基础上，对企业单位的财务状况、经营成果和现金流量情况（行政、事业单位是对其经费收入、经费支出、经费结余及其财务状况），以会计报表的形式向有关方面报告。

会计的核算职能具有如下特点：

（1）会计主要核算过去已经发生或已经完成的经济活动。

（2）会计核算从数量上反映各单位的经济活动状况，以货币量度为主、以实物量度和劳动量度为辅。

（3）会计核算具有连续性、系统性和全面性。

（4）会计核算必须遵循国家颁布的会计准则和会计制度，即财政部颁布的《企业会计准则》《事业单位会计准则》《企业会计制度》和各行业会计制度等。

（二）会计的监督职能

会计的监督职能也称控制职能，是指会计人员在进行会计核算的同时，对特定对象经济业务的合法性、合理性进行审查。合法性审查是指保证各项经济业务符合国家的有关法律、法规，遵守财经纪律，执行国家的各项方针政策，杜绝违法乱纪行为。合理性审查是指检查各项财务收支是否符合特定对象的财务收支计划，是否有利于预算目标的实现，是否有奢侈浪费行为，是否有违背内部控制制度要求等现象，为增收节支、提高经济效益严格把关。

会计的监督职能具有如下特点：

（1）会计监督主要通过价值指标来进行。

（2）会计监督是对单位经济活动的全过程进行监督，包括事前、事中和事后监督。

（3）会计监督必须以财经法律、法规为依据。

上述两项基本会计职能是相辅相成、辩证统一的关系。会计核算是会计监督的基础，没有核算所提供的各种信息，监督就失去了依据；而会计监督又是会计核算质量的保障，只有核算、没有监督，就难以保证核算所提供信息的真实性和可靠性。

除了上述基本职能外，会计还具有预测经济前景、参与经济决策、评价经营业务等功能，这些功能称为会计的拓展职能。

四、会计的特点

（一）会计以货币为主要计量单位

对经济活动进行计量，可以用实物、劳动和货币三种计量单位，在会计核算时，这三种计量单位都要采用。显然,实物计量单位无法进行比较、综合;劳动计量单位尽管从表面上看来是统一的,但可以计量的只是各种具体劳动的劳动时间,具体劳动时间同实物计量单位一样仍然不具有综合性;唯一具有综合性的就是货币计量单位,因为它综合地反映了商品的价值。所以,在商品经济条件下,会计主要通过货币计量单位,从价值方面反映各项经济活动状况。只有货币计量单位才能反映各种事物的价值,提供综合指标,便于统计、评价经济得失,具有统一的标准。

(二)会计核算具有全面性、连续性、系统性和综合性

全面性是指会计对单位的所有经济活动都要进行反映和监督,不允许取舍,不能遗漏。连续性是指会计核算对经济活动要自始至终地如实反映,不允许中断和间断,不能跳跃式地反映。系统性是指会计信息的取得、加工、整理要分门别类、科学有序地进行,不能杂乱无章,任意堆砌。货币计量则保证了会计信息的综合性。

(三)会计以凭证为主要依据,具有一套比较科学、完整的方法

会计核算工作要有凭有据,企业每项经济业务的完成都要用凭证进行如实记录和反映。会计具有与其他学科不同的独特方法,包括会计核算方法、会计分析方法和会计检查方法等,它们是人们通过长期的实践活动总结出来的一套科学的方法。其中,会计核算是会计的基本环节,是实现会计目标的基本手段,是整个会计体系的基础。

五、会计的目标

会计目标又称会计目的,通俗来讲,是指会计工作应当达到的要求。会计目标是会计理论体系的基础,它决定于经济管理对会计的客观需要,但也受到会计职能的制约。因此,根据经济管理的客观要求和会计的职能,可以将会计目标表述为,向会计信息的使用者提供决策有用的信息,并反映管理层受托责任的履行情况。

我国财政部于 2006 年 2 月颁布的《企业会计准则——基本准则》第 4 条明确规定,财务会计报告的目标是向财务会计报告使用者提供与企业财务状况、经营成果和现金流量等有关的会计信息,反映企业管理层受托责任履行情况,有助于财务会计报告使用者作出经济决策。财务会计报告使用者包括投资者、债权人、政府及其有关部门和社会公众等。第 13 条规定,企业提供的会计信息应当与财务会计报告使用者的经济决策相关,有助于财务会计报告使用者对企业现在、过去或者未来的情况作出评价或者预测。可见,我国企业的会计目标就是要向政府、投资者、债权人、企业管理者及其他利益相关者提供了解企业财务状况、经营成果和现金流量的会计信息,并反映管理层受托责任的履行情况。

会计目标指明了会计实践活动的目的和方向,同时也明确了会计在经济管理活动中的使命,成为会计发展的导向。制定科学的会计目标,对于把握会计发展的趋势,确定会计未来发展的步骤和措施,调动并借助会计工作者的积极性和创造性,促使会计工作规范化、标准化、系统化,更好地为社会主义市场经济服务等都具有重要的作用。

第三讲　熟悉会计内容

【知识要点】

一、会计对象的含义

会计对象是指会计所要核算和监督的内容。

会计采用统一的货币计量单位对经济活动进行核算和监督。货币计量的经济活动，就是价值运动，通常称为资金运动。因此，会计的一般对象就是企业、事业、机关、团体等单位在社会再生产过程中的资金运动。

会计工作总是在某一企业、事业、机关等单位里进行的，企业进行生产经营活动，事业、机关等单位开展业务活动，都需要有一定数额的财产物资。这些财产物资金包括必须拥有的房屋、建筑物、车辆、机器设备、能源、材料和各种必要的家具用品等，还有日常使用的现金及银行存款等，其货币表现，就是企事业单位的资金。企事业单位借助其所拥有的资金，进行生产经营或业务活动，企业通过生产经营活动取得一定的营业收入，除抵补已售产品或劳务的各种成本或费用，并扣除应交各种税金外，取得一定金额的利润，这部分利润将按规定分配使用；事业、机关等单位除一部分单位有少量的业务活动收入外，其余所需资金均由国家财政预算拨款。在这些生产经营活动或业务活动过程中，资金处于运动状态中，从而形成企事业单位的资金运动。企事业单位的资金运动就是会计的对象。

研究会计对象对于确定会计目标和任务，特别是对于研究和运用会计的方法，具有重要的意义，只有明确了会计核算和监督的内容，才能更好地发挥会计在企业经营管理中的作用。

企业与机关、事业、团体等单位的工作性质和任务不同，因此资金运动方式也不同。

二、企业的资金运动

无论是生产企业还是流通与服务企业，都要进行生产经营活动，并且要追求盈利。其资金运动是一种循环周转式运动。

任何企业，为进行生产经营活动，必须拥有一定数量的货币资金，如现金和银行存款；运用货币资金购买材料物资，通常称为采购业务；工人利用机器设备对材料物资进行加工，进入生产过程；生产出的产品卖出去，即通过销售过程，货币资金又流回来。从货币资金开始，依次经历采购业务、生产过程和销售过程，资金不断地改变其存在形态，最后又回到货币资金，这样一种周而复始的运动，称为资金的循环。由于生产经营活动的进行是连续不断的，因此，每一个资金循环的终点，就是下一个循环的起点，于是资金循环又重复进行下去。不断重复的资金循环称为资金的周转。

（一）生产企业的资金运动

生产企业的资金运动包括资金投入、资金周转、资金退出等内容。资金经过采购、生产、销售三个阶段不断地循环和周转。资金运动就其静态来看，表现为某一特定时日的资金运用及其来源渠道。一方面，全部资金以各种具体、特殊的形态和方式被用于生产经营过程的不同阶段，发挥着不同的作用，即各种资金分布和存在的具体形式；另一方面，所有这些资金又是通过各种不同的渠道取得的。

生产企业的资金运动过程，如图 1-1 所示。

（二）流通企业的资金运动

流通企业的资金在经营活动中也是不断运动的，随着业务经营活动的进行，各种资金形态也在不断地发生变化，因而形成了流通企业的资金周转。流通企业的经营活动包括商品购进和商品销售两个阶段。在购进阶段，企业用货币购进商品，使货币资金转化为商品资金；在销售阶段，把商品卖给消费者，又使商品资金转化为货币资金。随着商品购进和销售的交替进行，资金也就沿着“货币—商品—货币”的顺序改变其形态，周而复始，形成流通企业的资金循环和周转。

流通企业的资金运动过程，如图 1-2 所示。

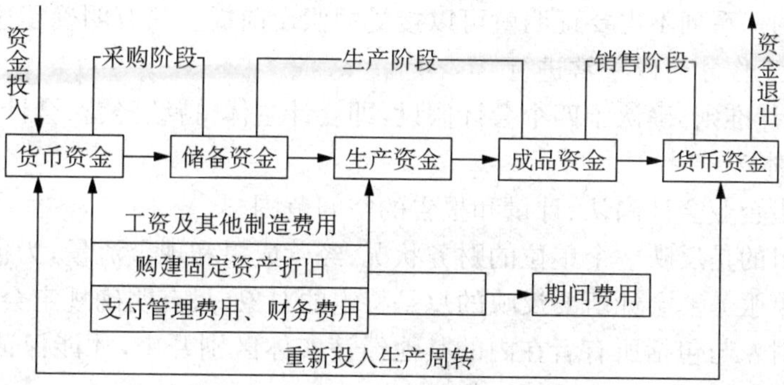

图 1-1 生产企业的资金运动过程

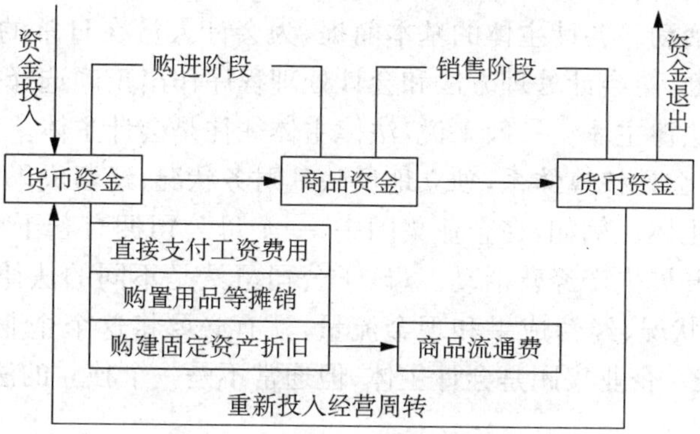

图 1-2 流通企业的资金运动过程

（三）行政事业单位的资金运动

行政事业单位包括行政单位和事业单位，前者是执行国家管理职能的单位，后者是为上层建筑和物质生产部门服务的单位。一般说来，它们都是非营利性的单位。它们从事业务工作所需要的资金，或者全部由财政预算拨款解决（如行政单位），或者部分由财政预算拨款解决、部分由其他方面的收入解决。拨款收入和其他收入都是为了满足业务工作所必需的支出，收入是支出的前提；资金支出之后，资金运动也就结束了，不能产生回流。这种从收入到支出的运动方式，称为单向直线运动，这是绝大多数行政事业单位资金运动的特点。

资金运动体现着企业同各方面的经济关系。在资金运动过程中，企业必然同社会各方面发生经济关系。例如，企业与所有者之间的经济关系，企业与银行之间的信贷及结算关系，企业与职工的工资结算关系，企业与国家的税务关系，等等。正确处理这些经济关系也是会计核算与监督的重要内容。

第四讲 遵循会计准则

【知识要点】

一、会计核算的基本前提

会计核算的基本前提又称会计假设，会计基本假设是企业会计确认、计量和报告的前提，它是指对会计核算所处的时间、空间环境等所作的合理设定。会计核算的基本前提是人们在长期的会计实践中，对某些未被确切认识的事物，根据客观的正常情况和趋势，所作的合乎情理的推论而形成的一系列不需要证明就可以接受的假设前提。只有明确了这些会计核算的基本前提,会计核算工作才得以正常进行。

我国《企业会计准则》确认了四个会计假设,即会计主体、持续经营、会计分期、货币计量。

(一) 会计主体

会计主体是指企业会计确认、计量和报告的空间范围。

会计工作的目的是反映一个单位的财务状况、经营成果和现金流量,为包括投资者在内的各个方面作出决策服务。会计所要反映的总是特定的对象,只有明确规定会计核算的对象,将会计所要反映的对象与包括所有者在内的其他经济实体区别开来,才能保证会计核算工作的正常开展,实现会计的目标。

在会计主体前提下,会计核算应当以企业发生的各项交易或事项为对象,记录和反映企业本身的各项生产经营活动。会计主体的基本前提,为会计人员在日常的会计核算中对各项交易或事项作出正确判断、对会计处理方法和会计处理程序作出正确选择提供了依据。

会计主体不同于法律主体。一般来说,法律主体往往是会计主体。例如,一个企业作为一个法律主体,应当建立会计核算体系,独立地反映其财务状况、经营成果和现金流量。但是,会计主体不一定是法律主体。例如,在企业集团中,一个母公司拥有若干个子公司,企业集团在母公司的统一领导下开展生产经营活动。母、子公司虽然是不同的法律主体,但是,为了全面反映企业集团的财务状况、经营成果和现金流量,就有必要将这个企业集团作为一个会计主体,编制合并会计报表。企业集团是会计主体,但通常不是一个独立的法人。

(二) 持续经营

持续经营是指在可以预见的将来,企业将会按当前的规模和状态继续经营下去,不会停业,也不会大规模削减业务。在持续经营的前提下,会计核算应当以企业持续、正常的生产经营活动为前提。

企业是否持续经营,在会计原理、会计方法的选择上有很大区别。一般情况下,应当假定企业将会按当前的规模和状态经营下去,不会停业,也不会大规模削减业务。明确这个基本前提,就意味着会计主体将按照既定用途使用资产,按照既定的合约条件清偿债务,会计人员就可以在此基础上选择会计原则和会计方法。例如,一般情况下,企业的固定资产可以在一个较长的时期内发挥作用,如果可以判断企业会持续经营,就可以假定企业的固定资产会在持续经营的生产经营过程中长期发挥作用,并服务于生产经营过程,固定资产就可以根据历史成本进行记录,并采用折旧的方法,将历史成本分摊到各个会计期间或相关产品的成本中。如果判断企业不会持续经营,固定资产就不应采用历史成本进行记录并按期折旧。

如上所述,会计主体假设规定了会计核算的空间范围,而持续经营假设则规定了会计核算的时间范围。

(三) 会计分期

会计分期又称会计期间,是指将一个企业持续经营的生产经营活动划分为若干连续的、长短相同的期间,据以分期结算账目,分期编制会计报表,从而及时提供会计主体的财务状况和经营成果等会计信息。

最常见的会计期间是1年,以1年确定的会计期间称为会计年度,即每年的1月1日起至12月31日止为一个会计年度,每一个会计年度起讫日期确定。半年度、季度和月度均称为会计中期。按年度编制的财务会计报告称为年报。为满足人们对会计信息的需要,也要求企业按短于一个完整的会计年度的期间编制财务会计报告。例如,要求上市公司每个季度提供一次财务会计报告。

会计期间的划分对于确定会计核算程序和方法具有极为重要的作用。由于有了会计期间,才产生了本期与非本期的区别;由于有了本期与非本期的区别,才产生了权责发生制和收付实现制,才使不同类型的会计主体有了记账的基础。

(四) 货币计量

货币计量是指会计主体在进行会计确认、计量和报告时采用货币作为计量单位,反映会计主体的财务状况、经营成果和现金流量。

在货币计量前提下,企业的会计核算以人民币为记账本位币。业务收支以人民币以外的货币为主的企业,可以选定其中一种货币作为记账本位币,但是编制的财务会计报告应当折算为人民币。在境外设立的中国企业向国内报送的财务会计报告,应当折算为人民币。

综上所述,可以看出,会计的四个假设为会计工作的整体结构奠定了基础:会计主体确立了会计工作的空间范围,持续经营解决了资产的计价和费用的分摊,会计分期解决了定期报告财务状况和经营成果,货币计量解决了统一的计量尺度。对于规范会计行为、保证会计信息质量,这些确实是必不可少的前提条件。

二、企业会计确认、计量和报告的基础

企业应当以权责发生制为基础进行会计确认、计量和报告。权责发生制和与之对应的收付实现制,又称结账基础,是确认收入与费用归属期的会计处理原则。

权责发生制又称应收应付制或应计制,是指以收入和费用是否已经实际发生为标准来确认收入与费用的归属期,而不管该期间是否实际收到或付出货币资金。这种原则适用于企业。权,是指取得收入的权利;责,是指承担费用的责任。在某一会计期间,只要取得收入的权利已经发生,虽然没有收到货币资金,也要确认收入。例如,8 月 25 日,销售产品一批,货款50 000元,增值税专用发票已开出,产品已提走,而货款未收到,9 月 10 日对方才付货款。在这项业务中,作为销货方的企业,因为已经取得了获取这笔收入的权利,所以尽管它并未收到货款,也应于 8 月份确认收入对于费用的处理,只要承担费用的责任已经发生,即使并没有实际付出货币资金,也要确认费用。例如,7 月 1 日,企业向银行借入短期借款 1 000 000 元,年利率 3.6%,协议规定,每个季度末支付利息一次。7 月份和 8 月份虽未实际支付利息,但应分别确认每月利息支出3 000元,计入财务费用。在另外的情况下,虽然实际付出了货币资金,但因承担费用的责任并没有发生,则在该会计期间,不能确认费用。例如,10 月份企业预订第二年的报纸杂志支付银行存款 12 000 元。这笔款项虽已支付,但不属于当年的支出,就不能计入当年费用;而应计入第二年的管理费用,且应分月摊销计入,每月 1 000 元。

收付实现制又称现金收付制或现金制,是指以是否实际收到或付出货币资金为标准来确认收入和费用(支出)的归属期。实际收到货币资金,就确认收入;实际支出货币资金,就确认费用或支出。这种原则适用于政府财政会计与行政事业单位会计。政府的财政收入,一定是当年实际收入国库的资金;政府的财政支出,则是当年从国库实际拨出的资金。行政事业单位的收入,都是当年从财政拨入或其他方面收到的资金;行政事业单位的支出,则是当年实际付出的货币资金。例如,行政事业单位预订第二年报纸杂志支付的款项,都是一次性列入当年支出,不必留待第二年才分期列作支出。

收付实现制处理方法比较简单,但不能正确计算各会计期间的损益。企业是以营利为目的的,为了正确计算各期损益,确定各期的经营成果,《企业会计准则》规定,企业会计核算应当

以权责发生制为基础进行会计确认、计量和报告，这就要求运用应收、预付、应付等一系列较为复杂的会计处理程序和方法。这些程序和方法，将在本书中逐一阐明。

技能操作

资料：山东宏利图书印务有限公司 2019 年 4 月发生以下经济业务：

(1) 1 日，销售商品一批，货款 4 000 元已收到并存入银行。

(2) 10 日，销售商品一批，货款 12 000 元尚未收到。

(3) 13 日，收到对方购货单位一笔预付款 8 000 元存入银行，定于下月交货。

(4) 17 日，预付本季度保险费 3 000 元。

(5) 21 日，购买办公用品一批 480 元，以现金支付。

(6) 29 日，以银行存款支付上月水电费 4 500 元。

要求：根据上述业务，采用权责发生制和收付实现制计算 4 月的收入和费用。权责发生制和收付实现制的比较，如表 1-1 所示。

表 1-1　　权责发生制和收付实现制的比较

业务序号	权责发生制		收付实现制	
	收　入	费　用	收　入	费用
1	4 000		4 000	
2	12 000			
3			8 000	
4		1 000		3 000
5		480		480
6				4 500
合　计	16 000	1 480	12 000	7 980

三、会计信息的质量要求

会计信息的质量要求是对企业财务报告中所提供的会计信息质量的基本要求，是使财务报告中所提供的会计信息对使用者决策有用所应具备的基本特征，包括可靠性、相关性、可理解性、可比性、实质重于形式、重要性、谨慎性和及时性。

(一) 可靠性

可靠性要求企业应当以实际发生的交易或者事项为依据进行确认、计量和报告，如实反映符合确认和计量要求的各项要素及其他相关信息，保证会计信息真实可靠、内容完整。

具体包括如下要求：

(1) 企业应当以实际发生的交易或者事项为依据进行会计确认、计量和报告，不能以虚构的交易或者事项为依据进行会计确认、计量和报告。

(2) 企业在保证会计信息的完整性时，应当考虑符合重要性和成本效益原则的前提。其中，完整性包括编报的报表及其附注内容等都应当保持完整，不能随意遗漏或者减少应予披露的信息，与使用者决策相关的会计信息应当尽可能地充分披露；否则，可以简化合并，以提高工作效率。

(二) 相关性

相关性要求企业提供的会计信息应当与财务报告使用者的经济决策需要相关,有助于财务报告使用者对企业过去、现在和未来的情况作出评价或者预测。

会计信息的价值,关键是看其与使用者的决策需要是否相关、是否有助于决策或者提高决策水平。相关的会计信息应当有助于使用者评价企业过去的决策、证实或者修正过去的有关预测,因而具有反馈价值。相关的会计信息还应当具有预测价值,有助于使用者根据财务报告所提供的会计信息预测未来的财务状况、经营成果和现金流量。

(三) 可理解性

可理解性要求企业提供的会计信息应当清晰明了,便于财务报告使用者理解和使用。

企业编制财务报告、提供会计信息的目的在于使用,而要使使用者有效地使用会计信息,应当能让其了解会计信息的内涵、弄懂会计信息的内容,这就要求财务报告所提供的会计信息应当清晰明了、易于理解。只有这样,才能提高会计信息的有用性,实现财务报告的目标,满足向使用者提供决策有用信息的要求。

(四) 可比性

可比性要求企业提供的会计信息应当具有可比性。

具体包括如下要求:

(1) 同一企业对于不同时期发生的相同或者相似的交易或者事项,应当采用一致的会计政策,不得随意变更。这是为了便于使用者了解企业财务状况和经营成果的变化趋势,比较企业在不同时期的财务报告信息,从而全面、客观地评价过去和预测未来。

(2) 不同企业发生的相同或者相似的交易或事项,应当采用规定的会计政策和方法,确保会计信息口径一致、相互可比。

(3) 满足会计信息可比性的要求,并不意味着不允许企业变更会计政策。当企业按照规定或者会计政策变更后可以提供更可靠、更相关的会计信息时,就有必要变更会计政策,以便向使用者提供更为有用的信息。

(五) 实质重于形式

实质重于形式要求企业应当按照交易或事项的经济实质进行会计确认、计量和报告,而不应当仅仅以它们的法律形式作为会计核算的依据。

在企业会计核算中,可能会碰到一些经济实质与法律形式不一致的经济业务或事项。例如,融资租入固定资产的确认条件不是法律形式上的所有权转移,而是会计事项的经济实质,企业在相当长的租赁期内有权支配资产并从中受益;在租期结束时,企业有权享有对该资产的优先购置权,总之,企业能够控制该资产的未来经济利益。此时,会计核算应将融资租入固定资产视为自有资产。

(六) 重要性

重要性要求企业提供的会计信息应当反映与企业财务状况、经营成果和现金流量等有关的所有重要交易或者事项。

具体来说,在会计核算过程中,对经济业务或会计事项,应区别其重要程度,采用不同的会计处理方法和程序。对于那些对企业的经济活动或会计信息使用者相对重要的会计事项,应分别核算、分项反映、力求准确,并在会计报告中作重点说明;而对于那些次要的会计事项,在不影响会计信息真实性的情况下，则可适当简化会计核算手续。重要性原则运用的关键是对重要性的判断。一般来说，重要性可以从质和量两个方面来进行判断。从质的方面讲，只要该会计事项的发生足以对企业经营决策产生重大影响，就属于重要性的事项；从量的方面讲，当某一会计事项的发生达到一定数量就可能对决策产生重大影响（如某项资产价值达到总资产的10%或10%以上）时，一般认为其具有重要性，应将其作为具有重要性的会计事项处理。

（七）谨慎性

谨慎性要求企业对交易或者事项进行会计确认、计量和报告时应当保持应有的谨慎，不应高估资产或者收益、低估负债或者费用。

会计信息质量的谨慎性要求企业在面临不确定性因素的情况下作出职业判断时，应保持应有的谨慎，充分估计到各种风险和损失，既不高估资产或者收益，也不低估负债或者费用。因为在市场经济条件下，企业的生产经营活动面临着许多风险和不确定性。例如，应收款项的可收回性、固定资产的使用寿命、无形资产的使用寿命、售出存货可能发生的退货或者返修等。

但是，谨慎性的应用并不意味着允许企业设置秘密准备。如果企业故意低估资产或者收入，或者故意高估负债或者费用，将不符合会计信息的可靠性和相关性要求，损害会计信息质量，扭曲企业实际的财务状况和经营成果，从而误导使用者的决策，这是会计准则所不允许的。

（八）及时性

及时性要求企业对于已经发生的交易或者事项，应当及时进行会计确认、计量和报告，不得提前或者延后。

会计信息之所以具有价值，就在于能够帮助使用者作出经济决策，因此具有时效性。即使所提供的会计信息是可靠、相关的，如果不及时提供，也就失去了时效性，对于使用者的效用就大大降低，甚至不再具有任何意义。在会计确认、计量和报告过程中贯彻及时性，应当遵循以下要求：

（1）及时收集会计信息，即在经济交易或者事项发生后，及时收集、整理各种原始单据或者凭证。

（2）及时处理会计信息，即按照企业会计准则的规定，及时对经济交易或者事项进行确认、计量，并编制出财务报告。

（3）及时传递会计信息，即按照国家规定的有关时限，及时将编制的财务报告传递给财务报告使用者，便于其及时使用和决策。

四、会计计量属性

企业在将符合确认条件的会计要素登记入账并列报于财务报表时，应当按照规定的会计计量属性进行计量，确定其金额。从会计角度，计量属性反映的是会计要素金额的确定基础，主要包括历史成本、重置成本、可变现净值、现值和公允价值五种。

1. 历史成本

历史成本又称实际成本，就是取得或制造某项财产物资时所实际支付的现金或现金等价物。在历史成本计量下，资产按照购置时支付的现金或现金等价物的金额，或者按照购置资产时所付出的对价的公允价值计量。负债按照因承担现时义务而实际收到的款项或者资产的金额，或承担现时义务的合同金额，或按照日常活动中为偿还负债预期需要支付的现金或者现金等价物的金额计量。

企业在对会计要素进行计量时，一般应当采用历史成本。采用重置成本、可变现净值、现值、公允价值计量的，应当保证所确定的会计要素金额能够取得并可靠计量。

2. 重置成本

重置成本又称现行成本，是指按照当前市场条件，重新取得同样一项资产所需支付的现金或现金等价物的金额。在重置成本计量下，资产按照现在购买相同或者相似资产所需支付的现金或现金等价物的金额计量；负债则按照现在偿付该负债所需支付的现金或者现金等价物的金额计量。例如，固定资产盘盈时，采用重置成本计量。

3. 可变现净值

可变现净值又称预期出售价值，是指通过正常处置出售资产现在所能收到的现金或现金等价物的金额。在采用可变现净值计量时，资产按照其正常对外销售所能收到的现金或现金等价物的金额扣减该资产至完工时估计将要发生的成本、估计的销售费用以及相关税费后的金额计量。例如，存货的期末计价，采用成本与可变现净值孰低计量。

4. 现值

现值是对未来现金流量以恰当的折现率进行折现后的价值，是充分考虑货币时间价值因素等的一种计量属性。在采用现值计量时，资产按照预计从其持续使用和最终处置中所产生的未来净现金流入量的折现金额计量，负债则按照预计期限内需要偿还的未来净现金流出量的折现金额计量。例如，企业分期付款(一般3年以上)销售商品时，销售收入的计价采用现值计量。

5. 公允价值

公允价值是指市场参与者在计量日发生的有序交易中，出售一项资产所能收到或者转移一项负债所需支付的价格。

第五讲 明确会计方法

【知识要点】

会计方法主要是指从事会计工作所使用的各种技术方法。它是核算和监督会计对象、完成会计任务的手段，也是会计的重要组成内容。

会计方法与会计内容是密切相关的，可以说，有什么样的会计内容，就有与之相对应的会计方法。会计内容随着社会经济的发展而日趋复杂，相应地，会计方法也随之不断改进和发展，经历了由简单到复杂，由不完备到逐渐完备的漫长发展过程，逐渐形成了目前的会计方法体系。

会计就其内容而言，可分为会计核算、会计分析、会计检查三个主要方面。这三个方面既有一定的统一性，又有相对的独立性，它们所应用的方法各不相同。同样，会计方法也可以分为会计核算方法、会计分析方法、会计检查方法。作为会计的内容而言，会计核算是最基本的会计方法。会计核算方法主要包括设置会计科目和账户、复式记账、填制和审核凭证、登记账簿、成本计算、财产清查和编制会计报表等。

一、设置会计科目和账户

设置会计科目和账户是指对会计对象的具体内容，即会计要素进行更具体的科学分类、核算和监督的一种专门方法。会计要素是对会计对象具体内容的基本分类。由于经济活动的复杂多样性，各个会计要素的存在和表现形式又是多种多样的，这就要求对会计要素作进一步的分类，并且分门别类地核算和监督每一类别的增减变动情况，以便生成各类别的会计指标。会计科目就是对会计要素及其分类核算的项目。会计科目是在账簿中开设账户的依据，账户的名称称为会计科目。通过账户，可以选填、分类地记录各项经济业务，为经济管理提供各种不同性质的核算指标。

二、复式记账

复式记账是指对每一项经济业务都要以相等的金额，同时记入相互联系的两个或两个以上账户的一种记账方法。复式记账使每项经济业务所涉及的账户发生对应关系，通过账户的对应关系，可以了解每项经济业务的来龙去脉。同时，由于对应账户所记金额相等，且保持数量上的平衡关系，因此，复式记账法还可以检查有关经济业务的记录和计算是否正确，为账户记录的正确性检查提供了条件。

三、填制和审核凭证

会计凭证是指用来记录经济业务、明确经济责任的书面证明，是会计信息资料的最初载体，是登记账簿的依据。会计凭证分为原始凭证和记账凭证。每发生一笔经济业务，都应该取得和填制原始凭证，对原始凭证审核无误后，根据复式记账原理，将经济业务的内容填制在记账凭证上，作为登记账簿的依据。会计凭证的填制和审核，可以为会计核算提供真实可靠、合理合法的原始依据，它是保证会计核算质量、实行会计监督的重要手段。

四、登记账簿

账簿是会计账簿的简称，是用来全面、连续、系统地记录经济业务的簿籍。登记账簿是指以审核无误的凭证为依据，按照经济业务发生的顺序，分门别类地记入有关账簿，为经营管理提供完整、系统的数据资料的过程。企业在日常经营活动中发生的大量经济业务，虽已经反映在有关会计凭证上，但是在未登记账簿之前，这种反映是分散的、不系统的。而记入账簿以后，就能集中反映业务的变化和财务收支及资金结存情况，有利于加强日常管理。同时，通过定期结账、对账，可使账簿记录和实际情况保持一致，为编制会计报表提供完整而又系统的数据资料。登记账簿是会计核算的主要方法。

五、成本计算

成本计算是指对企业生产经营过程中所发生的各项费用，按照一定的对象和标准进行归集和分配，借以计算、确定各对象的总成本和单位成本的一种方法。成本计算实际上是一种会计计量活动，它所要解决的是会计核算对象的货币计价问题，因此，广义的成本计算存在于各种经济活动之中。任何一项经济活动只要纳入会计的核算系统，就都有一个货币计价问题，而货币计价也就是确定用何种成本入账的问题。通过成本计算，可以核算和监督企业生产经营过程中所发生的各项费用是否符合节约的原则，以便采取措施、挖掘潜力、降低消耗、节约费用、降低成本、提高经济效益。

六、财产清查

财产清查是指通过盘点实物、核实账面数额，保证账实相符的一种方法。在财产清查中，如发现财产物资的实存数与账面数不一致，应查明原因，通过一定审批手续进行必要的处理，并及时调整账面账簿记录，使账面数额与实际数额保持一致，保证会计核算指标的正确性和真实性。财产清查对于保证会计核算资料的正确性和监督财产的安全性具有重要的作用。

七、编制会计报表

会计报表是指总括反映一定日期的财务状况和一定时期经营成果及现金流量的书面文件。编制会计报表是对日常会计核算的总结，它是根据账簿记录，定期进行分类整理和汇总，提供经济管理所需会计信息的过程。会计报表所提供的各种会计指标，是对外反映企事业单位财务状况和经营成果的重要依据，也是对内进行经济管理的重要依据。

以上各种会计核算方法相互联系、密切结合，形成一个统一、完整的会计核算方法体系。正确而有效地运用这一套方法，对做好会计核算工作、提高会计管理质量有重要的作用。

经济业务发生后，首先由业务人员编制或取得原始凭证；再由会计人员根据有关财务管理规定，认真加以审核整理，按照所设置的账户，运用复式记账方法，填制记账凭证，并据以登记账簿，对于生产经营过程中发生的各种费用，以及各种需要确定成本构成的业务进行成本计算；在会计期间结束时，定期进行结算，通过财产清查，将账面金额和实存数进行核对，核对无误后结账；在此基础上，定期编制会计报表。

单元测试

一、单项选择题

(1) 会计的产生和发展是由于(　　)的需要。

A. 社会分工　　B. 科学技术进步
C. 商品经济产生和发展　　D. 社会生产的发展和加强经济管理

(2) 根据《史记》记载，我国“会计”一词最早出现的朝代为(　　)。

A. 宋代　　B. 战国　　C. 西周　　D. 唐代

(3) “四柱清册”结账公式中的“实在”即为目前结账公式中的(　　)。

A. 期初余额　　B. 期末余额　　C. 本期收入　　D. 本期发出

(4) 会计的基本职能是(　　)。

A. 记账和算账　　B. 分析和检查　　C. 核算和监督　　D. 预测和决策

(5) 会计的主要计量尺度是(　　)。

A. 实物量度　　B. 货币量度　　C. 劳动量度　　D. 时间量度

(6) 会计核算的主要特点是(　　)。

A. 价值管理　　B. 实物管理　　C. 技术管理　　D. 物资管理

(7) 会计监督主要是指会计人员在进行(　　)的同时，对特定对象经济业务的合法性、合理性进行审查。

A. 登记账簿　　B. 经济预测　　C. 编制会计凭证　　D. 会计核算

(8) 会计的对象是(　　)。

A. 单位的经济活动　　B. 企业的生产经营活动
C. 社会再生产过程中的资金运动　　D. 社会再生产活动

(9) 企业资金运动与行政事业单位资金运动的主要差别在于(　　)。

A. 时间跨度不一致　　B. 资金流量有差距
C. 资金运动方式不同　　D. 资金存在与分布状态不相同

(10) 下列各项中，对会计主体假设的理解不正确的是(　　)。

A. 会计主体是会计工作为之服务的特定单位　B. 会计主体就是企业的投资者

C. 会计主体规定了会计工作的空间范围　D. 典型的会计主体是企业

(11) 我国的会计年度为(　　)。

A. 公历年度　B. 1个月　C. 1个季度　D. 会计期间

(12) 下列各项中，适用于划分各期间收入和费用的基础是(　　)。

A. 重要性原则　B. 权责发生制　C. 可比性原则　D. 谨慎性原则

(13) 在经济生活中存在着不确定性和许多风险因素。因此，在进行会计核算时应遵循(　　)。

A. 重要性原则　B. 客观性原则　C. 谨慎性原则　D. 权责发生制

(14) 下列关于会计主体的表述中，正确的是(　　)。

A. 会计主体必然是法律主体，法律主体不一定是会计主体

B. 企业内部的二级单位不能作为会计主体

C. 企业集团中，母、子公司可以成为一个会计主体

D. 只有在政府部门注册登记，能够独立承担民事责任的实体才是会计主体

(15) (　　)要求会计核算方法一经确定，不得随意变更。如有变更，应在财务报告中说明理由及其对财务状况和经营成果所造成的影响。

A. 重要性　B. 可比性　C. 可理解性　D. 及时性

(16) 下列各项中，不属于会计核算七种专门方法的是(　　)。

A. 复式记账　B. 成本计算　C. 财产清查　D. 分配费用

二、多项选择题

(1) 从会计的产生和发展过程，我们认识到(　　)。

A. 有生产活动就必然有会计

B. 经济越发展，会计越重要

C. 社会生产从低级向高级发展，会计也由简单向复杂不断完善，不断发展

D. 会计从来就是一项独立的专门的管理工作

E. 会计从来都是以货币为主要计量尺度

(2) 会计的基本职能有(　　)。

A. 控制　B. 监督　C. 核算　D. 预测

E. 决策

(3) 会计反映经济活动，可以采用的量度包括(　　)。

A. 货币量度　B. 实物量度　C. 劳动量度　D. 空间量度

E. 时间量度

(4) 下列项目中，属于会计核算方法的有(　　)。

A. 复式记账　B. 填制和审核凭证　C. 成本计算　D. 财产清查

E. 编制会计报表

(5) 会计核算的基本前提包括(　　)。

A. 会计主体　B. 持续经营　C. 货币计量　D. 会计分期

E. 权责发生制

(6) 会计核算中,谨慎性原则的典型运用有(　　)。
A. 计提坏账准备　　B. 加速折旧　　C. 历史成本计价
D. 权责发生制的选择　　E. 预计负债
(7) 下列各项中,属于会计信息质量要求的原则有(　　)。
A. 可行性原则　　B. 可靠性原则　　C. 可比性原则
D. 实质重于形式原则　　E. 谨慎性原则
(8) 按照权责发生制的要求,下列各项中,应确认为本期收入的有(　　)。
A. 本期销售商品收到货款
B. 本期销售商品未收到货款
C. 预收货款且本期发出了商品
D. 已签订供货合同,商品未发出,货款未收到
E. 已签订供货合同,货款已收到,商品未发出
(9) 按照权责发生制的要求,下列各项中,应确认为本期费用的有(　　)。
A. 本期支出的广告费　　B. 尚未支付的本期借款利息
C. 本期预付的下月起租的房屋租金　　D. 前期支付的本期应负担的财产保险费
E. 尚未支付的本期固定资产修理费
(10) 会计对象就是能用货币表现的各种经济活动,具体内容包括(　　)。
A. 资金投入　　B. 资金周转　　C. 资金退出
D. 资金运动　　E. 资金分配
(11) 下列对会计核算专门方法的表述中,正确的有(　　)。
A. 填制和审核会计凭证　　B. 设置账户　　C. 登记账簿
D. 实地盘点　　E. 编制会计报表

三、判断题

(1) 会计从来就是一项重要的专门管理工作,因为它具有很强的技术性。(　　)
(2) 会计一开始就是以货币作为主要计量尺度,因为只有货币才具有综合性。(　　)
(3) 会计只能用货币量度进行反映和监督。(　　)
(4) 经济越发展,会计越重要。(　　)
(5) 会计只能反映已发生或完成的经济业务。(　　)
(6) 满足可比性原则,意味着不允许企业变更会计政策。(　　)
(7) 会计的职能是会计内在的固有的功能。实践证明,核算、监督、预测、决策都是会计最基本的功能。(　　)
(8) 持续经营界定了从事会计工作和提供会计信息的空间范围。(　　)
(9) 企业的资金运动与行政事业单位的资金运动方式都是一种周转循环式的运动。(　　)
(10) 会计假设就是进行会计工作的基本前提条件。(　　)
(11) 会计主体不一定是法律主体,而法律主体一般是会计主体。(　　)
(12) 基本的会计期间是每一个月。(　　)
(13) 我国所有企业的会计核算都必须以人民币作为记账本位币。(　　)
(14) 会计主体前提是指会计所反映的是一个特定企业单位的经营活动,它包括投资者本人的经济业务或其他经营单位的经营活动。(　　)

(15) 会计主体与企业法人是同一概念。 ( )

(16) 在权责发生制下，凡是本期实现的收益和发生的费用，不论款项是否收付，都应作为本期的收益和费用入账；凡不属于本期的收益和费用，若款项已在本期收付，则也可作为本期的收益和费用处理。 ( )

四、名词解释

会计、会计的核算职能、会计的监督职能、会计对象、会计主体、会计分期、持续经营、货币计量、权责发生制、可靠性原则、相关性原则、可理解性原则、可比性原则、实质重于形式原则、重要性原则、谨慎性原则、及时性原则。

五、问答题

(1) 简述会计的职能和特点。
(2) 什么是会计核算的基本前提？会计核算的基本前提有哪些？
(3) 在权责发生制下，如何确定本期的收入和费用？
(4) 会计的信息质量要求有哪些？
(5) 什么是权责发生制和收付实现制？两者有何区别？
(6) 会计核算有哪些专门方法？它们之间的关系如何？

实务训练

训练一

下面各项业务，请分别按权责发生制和收付实现制确认 5 月的收入与费用。
(1) 2019 年 5 月 25 日出售 10 000 元商品，6 月 10 日收到货款。
(2) 2019 年 5 月，支付下半年报刊订阅费 12 000 元。
(3) 2019 年 5 月，支付到第二年 4 月止的一年财产保险费 180 000 元。
(4) 2019 年 5 月，预收出租房屋一年的租金（至第二年 4 月止）12 000 元。
(5) 2019 年 5 月，提取银行借款利息 3 000 元，未支付。6 月末支付第二季度借款利息。

训练二

走访一家企业单位或校办企业，调查了解其会计机构的设置、会计人员的工作情况，了解企业各项工作的流程，包括原材料、库存商品、固定资产等进销存情况。

训练三

老师在课堂上利用多媒体播放一部分会计现场的工作图片，包括会计凭证、会计账簿、会计报表等。

训练四

从企业借用部分会计凭证、会计账簿、会计报表，发放给学生传看，使学生对会计工作及会计载体有一个感性认识。

第二单元　原始凭证

知识目标

通过本项目的课程教学，学生应该了解原始凭证的含义、填制和审核，理解并掌握原始凭证的种类、基本内容以及原始凭证审核的主要内容，掌握原始凭证的填制要求和方法。

技能目标

通过本项目的课程教学，学生应该在学会相关知识之后，能够做以下工作：①给定一张具体的原始凭证，能区分它是哪一种凭证；②给定一张空白的原始凭证，能够进行填制；③对给定的原始凭证，能够进行审核分析。

案例导入

会计学院学生会文艺部部长李伟同学在筹备学院迎新晚会时，负责采购道具。采购前，老师再三向李伟强调，收据不可以报销，必须取得正式的销售发票。作为会计专业的学生，李伟认真思考了一下，明白了其中的道理。

思考：这是为什么？

第一讲　认识原始凭证

【知识要点】

一、原始凭证的含义

在日常生活中，会计凭证种类繁多、形式多样。例如，在电器城购买家用电器，由销货方开具的发票；缴纳新学期的学费，由学校开具的收据；外出旅游，购买的飞机票、火车票等，这些单据都属于会计凭证。当然，所有的会计凭证都要由会计部门进行严格审核，只有经过审核无误的会计凭证，才能作为登记各种账簿的依据。

会计凭证简称凭证，是指记录经济交易或事项的发生和完成情况、明确经济责任的一种具有法律效力的书面证明，是登记会计账簿的依据。填制和审核会计凭证是会计核算的基本方法之一，是会计核算工作的起始环节。

在实际工作中，各个单位的经济活动复杂多样，因而用来反映经济活动的会计凭证也是多种多样的。为了更好地掌握和运用会计凭证，就有必要对会计凭证进行分类。会计凭证按其填制的程序和用途的不同，可以分为原始凭证和记账凭证两大类。

原始凭证是经济业务发生或完成时取得或填制的，用以证明经济业务的发生或者完成情况，并作为原始依据的会计凭证。它是记账的原始依据，是进行会计核算的第一手资料和重要依据。

二、原始凭证的种类

原始凭证按其取得的来源不同，可以分为自制原始凭证和外来原始凭证。

（一）自制原始凭证

自制原始凭证是指由本单位经办业务的部门和人员，在执行或完成某项经济业务时所填制的凭证。例如，验收材料时填制的收料单、销售商品时填制的发货票、支付工资时编制的工资表和出差人员填制的差旅费报销单等。

自制原始凭证按其反映业务的方法不同，又可以分为一次凭证、累计凭证和汇总凭证。

1. 一次凭证

一次凭证是指只反映一项经济业务或同时反映若干项同类经济业务的凭证，凭证填制手续是一次完成的。实际工作中，绝大多数原始凭证都是一次凭证。例如，领料单、发票、收料单和库存现金收据等。领料单的一般格式，如表 2-4 所示。

2. 累计凭证

累计凭证是指为了便于加强管理、简化手续，在一定时期内，把经常发生的同类业务连续登记在一起的凭证。例如，限额领料单等。限额领料单的一般格式，如表 2-5 所示。

3. 汇总凭证

汇总凭证又称原始凭证汇总表，它是根据许多相同原始凭证或会计核算资料汇总起来而填制的凭证。汇总凭证既可提供经营管理所需要的总量指标，又可简化核算手续。例如，发料凭证汇总表、工资结算汇总表、经费专用汇总表等。发料凭证汇总表的一般格式，如表 5-2 所示。

（二）外来原始凭证

外来原始凭证是指企业和其他单位或个人发生业务关系时，从对方取得的原始凭证。例如，银行的收账和支款通知、收款单位的收据等。不能证明经济业务已经发生或实际完成的文件单据，如购销合同、费用预算等，不属于原始凭证，也不能作为记账的原始依据。

三、原始凭证的内容

各经济单位日常发生的经济业务是多种多样的，由于各项经济业务的内容和经济管理的要求不同，各个原始凭证的名称、格式和内容也是多种多样的。但是，所有的原始凭证（包括自制和外来的凭证）都是作为经济业务的原始证据，必须详细载明有关经济业务的发生或完成情况，必须明确经办单位和人员的经济责任。因此，各种原始凭证都应具备一些共同的基本内容。原始凭证所包括的基本内容通常称为凭证要素，主要有以下几项：

（1）原始凭证的名称。例如，收料单、领料单、发票等。

(2) 填制凭证的日期。例如,在领料单上要写明填制领料单的日期(一般为领料的日期),以备查考。

(3) 接受凭证单位的名称,俗称台头。例如,发票上要写明购货单位的名称,单位名称要写全称,不得省略。

(4) 经济业务的内容(含数量、单价、金额等)。

(5) 填制单位签章。

(6) 有关人员签章。例如,领料单上应有主管人员、记账人员、领料单位负责人、领料人和发料人的签名或盖章。

(7) 凭证附件。

此外,有的原始凭证为了满足计划、业务、统计等职能部门管理的需要,还需列入计划、定额、合同号码的项目,这样可以更加充分地发挥原始凭证的作用。对于国民经济一定范围内经常发生的同类经济业务,应由主管部门制订统一的凭证格式。

技能操作

1. 请分析判断表 2-1 至表 2-5,分别属于哪一类原始凭证。

2. 任课老师在课前准备部分原始凭证,包括发票(定额、手写、机打的发票等),医院、电力、通信等收据、银行结算凭证等,在课堂上让学生进行辨认、分类。

第二讲　填制原始凭证

【知识要点】

一、一次凭证的填制方法

下面以领料单的填制为例,介绍一次凭证的填制方法。

例如,企业、车间或部门从仓库中领用各种材料,都应履行出库手续,由领料经办人根据需要材料的情况填写领料单,并经该单位主管领导批准后到仓库领用材料。仓库保管员根据领料单,审核其用途,认真计量发放材料,并在领料单上签章。领料单一式三联,一联留领料部门备查;一联留仓库,据以登记材料物资明细账和材料卡片;一联转会计部门或月末经汇总后转会计部门,据以进行总分类核算。其具体格式和内容,如表 2-4 所示。

二、累计凭证的填制方法

累计凭证是在一定时期不断重复地反映同类经济业务的完成情况,是由经办人于每次经济业务完成后在其上面重复填制而成的。例如,限额领料单是多次使用的累计领发料凭证,在其有效期内(一般为 1 个月),只要领用数量不超过限额就可以连续使用。限额领料单由计划部门、生产部门根据下达的生产任务和材料消耗定额,按每种材料的用途分别开出,一料一单,一式两联,一联交仓库据以发料,一联交领料部门据以领料。领料单位领料时,在该单内注明请领数量,经负责人签字批准后,持往仓库领料。仓库保管员发料时,根据材料的品名、规格在限额内发料,同时将实发数量和限额余额填写在限额领料单内,领、发双方在单内签字。月末,在此单内结出实发数量和金额转交给会计部门,据以进行材料核算。限额领料单不仅起到事先控制材料的作用，而且可以减少原始凭证的数量和简化填制凭证的手续。限额领料单的格式和内容，如表 2-5 所示。

三、汇总凭证的填制方法

汇总原始凭证是指在会计的实际工作日，为了简化记账凭证的填制工作，将一定时期若干份记录同类经济业务的原始凭证汇总编制成一张汇总凭证，用以集中反映某项经济业务的完成情况。汇总原始凭证是有关责任者根据经济管理的需要定期编制的。汇总原始凭证只能将同类内容的经济业务汇总在一起，填列在一张汇总原始凭证上，不能将两类或两类以上的经济业务汇总在一起，填列在一张汇总原始凭证上。

现以发料凭证汇总表为例，说明汇总原始凭证的编制方法。

发料凭证汇总表由会计根据各部门到仓库领用材料时填制的领料单定期汇总编制，送交会计部门作账务处理。其具体格式和内容，如表 5-2 所示。

技能操作

1. **资料：** 山东宏利图书印务有限公司（以下简称宏利公司）于 2019 年 12 月 1 日从平原造纸厂购入 70 克精致胶版纸 1.6 吨，单价 4 100 元/吨，货款 6 560 元，增值税进项税额 1 115.20 元，材料运费 300 元，款项已用银行存款支付，发票与货物同时到达。材料办理验收入库。

要求： 请你作为平原造纸厂销售人员填制发票，如表 2-1 所示。作为宏利公司仓库保管人员验收后填制收料单，如表 2-2 所示。作为宏利公司会计人员付款后填制转账支票，如表 2-3 所示。

表 2-1　　山东增值税专用发票

抵扣联　　开票日期：　年　月　日

<table>
<tr><td>购货单位</td><td colspan="2">名　　称：
纳税人识别号：
地址、电话：
开户行及账号：</td><td colspan="2">密码区</td><td colspan="4"></td></tr>
<tr><td colspan="2">货物或应税劳务名称</td><td>规格型号</td><td>单位</td><td>数量</td><td>单价</td><td>金额</td><td>税率</td><td>税额</td></tr>
<tr><td colspan="2">合　计</td><td></td><td></td><td></td><td></td><td></td><td></td><td></td></tr>
<tr><td colspan="2">价税合计（大写）</td><td colspan="7">（小写）</td></tr>
<tr><td>销货单位</td><td colspan="2">名　　称：
纳税人识别号：
地址、电话：
开户行及账号：</td><td colspan="2">备注</td><td colspan="4"></td></tr>
</table>

第一联：抵扣联　购货方抵扣凭证

收款人：　　复核：　　开票人：　　销货单位：（章）

表 2-2

山东宏利图书印务有限公司

收料单

供货单位： 编号：

发票编号： 年 月 日 仓库：

材料类别	材料编号	材料名称及规格	计量单位	数量		金额(元)			
				应收	实收	单价	买价	运杂费	合计
备注：						合计			

仓库保管员： 收料人：

表 2-3

转账支票

中国工商银行
转账支票存根
19790935

支票号码
科　　目
对方科目
签发日期　年　月　日
收 款 人
金　　额
用　　途
备　　注
单位主管　　会计
复　　核　　记账

本支票付款期十天

中国工商银行　**转账支票**　19790935

支票号码：

出票日期(大写)　年　月　日　付款行名称：

收款人：　出票人账号：

人民币(大写)		千	百	十	万	千	百	十	元	角	分

用途：____________　科目(借)

对方科目(贷)

出票人签章

复核：　记账

2. **资料**：宏利公司印刷车间，2019 年 12 月 5 日从仓库领用 70 克精致胶版印刷纸 1 吨，每吨单价 4 300 元。

要求：请你作为领料人员，在领用后填制领料单，如表 2-4 所示。

表 2-4

山东宏利图书印务有限公司

领料单

领料车间(部门)： 编号：

用途： 年 月 日 仓库：

材料类别	材料编号	材料名称及规格	计量单位	申请数量	实发数量	单价	金额

记账： 发料： 批准： 领料：

3. **资料**：山东宏利图书印务有限公司一车间印刷教材。领用 350 克精致胶版纸，全月领用限额为 1 000 张，每张 2. 40 元。由生产计划部门下达限额领料单，车间在该月份之内领用纸张情况，其格式与内容，如表 2-5 所示。一车间在当月完成生产任务的条件下，于 2019 年 5 月 5 日、9 日、15 日、23 日和 28 日，分五次平均领用 200 张。从以上限额领料单的记录可知实际累计领用 1 000 张，5 月 31 日退回仓库 50 张。与领用限额 1 000 张对比节约 50 张。

要求：请你作为领料人员，在领用后填制限额领料单，如表 2-5 所示。

表 2-5 山东宏利图书印务有限公司

限 额 领 料 单

领料车间(部门)： 材料类别： 编号：

用途： 年 月 日 仓库：

材料编号	材料名称	规格	计量单位	领用限额	单价(元)	实际领用		备 注
						数量	金额(元)	
	特种纸	350 克	张	1 000	2.40			
领料日期	请领数量	负责人	实发数量	领料人	退库数量	退料人	限额结余	备 注
合 计								

生产计划部门负责人： 供应部门负责人： 仓库负责人：

第三讲 审核原始凭证

【知识要点】

对原始凭证进行审核，是确保会计资料质量的重要措施之一，也是会计机构、会计人员的重要职责。只有经过审核无误的凭证，才能作为记账的依据。为了正确反映并监督各项业务，根据《会计法》规定，会计机构、会计人员必须审核原始凭证，这是法定职责。原始凭证的审核主要包括以下几个方面的内容。

一、真实性审核

原始凭证作为会计信息的基本信息源，其真实性对会计信息的质量具有至关重要的影响。真实性审核包括凭证的日期、业务内容、数据等方面的内容是否真实。对外来原始凭证，必须有填制单位公章和填制人员签章；对自制原始凭证，必须有经办部门和经办人员的签名或盖章。此外，对通用原始凭证，还应审核凭证本身的真实性，以防假冒。

二、合法性审核

合法性审核主要是审核原始凭证所记录的经济业务是否有违反国家法律、法规的情况，是否履行了规定的凭证传递和审核程序，是否有贪污腐化等行为。

三、合理性审核

合理性审核主要是审核原始凭证所记录的经济业务是否符合企业生产经营活动的需要，是否符合有关的计划和预算。

四、完整性审核

完整性审核主要是审核原始凭证的各项基本要素是否齐全、是否有遗漏，日期是否完整，数字是否清晰，文字是否完整，有关人员签章是否齐全，凭证联次是否正确等。

会计机构、会计人员对记载不准确、不完整的原始凭证应予以退回，并要求经办人员按照国家统一的会计制度的规定进行更正、补充。

五、正确性审核

正确性审核主要是审核原始凭证各项金额的计算及填写是否正确，包括阿拉伯数字分位填写，不得连写；小写金额前要标明“￥”字样，中间不能有空位；大写金额前要加“人民币”字样，大写金额与小写金额相符；凭证中有书写错误的，应采取正确的方法予以更正，不得采用涂改、刮擦、挖补等不正确的方法。

六、及时性审核

由于原始凭证的及时性是保证会计信息及时性的基础，因此，要求在经济业务发生或完成时及时填制原始凭证，及时传递凭证。审核时，注意审查凭证的填制日期，尤其是支票、银行汇票、银行本票等实效性较强的原始凭证，更应仔细验证其签发日期。

经审核的原始凭证应根据不同情况处理：①对于完全符合要求的原始凭证，应及时据以编制记账凭证入账。②对于真实、合法、合理但内容不够完整、填写有错误的原始凭证，应退回给有关经办人员，由其负责将有关凭证补充完整、更正错误或重开后，再办理正式会计手续。③对不真实、不合法的原始凭证，会计机构有权不予受理，并向单位负责人报告，请求查明元凶，追究有关当事人的责任。

【知识扩充】

为规范原始凭证的内容，明确相关人员的经济责任，防止利用原始凭证进行舞弊，《会计法》规定：

（1）原始凭证所记载的各项内容均不得涂改，随意涂改的原始凭证即为无效凭证，不能作为填制记账凭证或登记会计账簿的依据。

（2）原始凭证记载的内容有错误的，应当由开具单位重开或更正。更正工作必须由原始凭证出具单位负责，并在更正处加盖出具单位印章。重新开具原始凭证也应当由原始凭证开具单位负责。原始凭证金额出现错误，不得更正，只能由原始凭证开出单位重开。因为如果允许随意更改原始凭证上的金额，容易产生舞弊，不利于保证原始凭证的质量。

（3）原始凭证开具单位应当依法开具准确无误的原始凭证，对于填制有误的原始凭证，负有更正和重新开具的法律义务，不得拒绝。

单元测试

一、单项选择题

(1) 会计凭证按其(　　)不同,可以分为原始凭证和记账凭证。

A. 填制的时间　　B. 取得的渠道

C. 填制的程序和用途　　D. 反映的经济内容

(2) 下列不属于原始凭证的是(　　)。

A. 发货票　　B. 借据　　C. 经济合同　　D. 运费结算凭证

(3) 发料凭证汇总表属于(　　)。

A. 一次凭证　　B. 累计凭证　　C. 汇总凭证　　D. 记账凭证

(4) 限额领料单属于(　　)。

A. 自制一次凭证　　B. 累计凭证

C. 外来一次凭证　　D. 原始凭证汇总表

(5) 下列会计凭证中,属于自制原始凭证的是(　　)。

A. 收款凭证　　B. 付款凭证　　C. 收料单　　D. 银行结算凭证

(6) 下列会计凭证中,属于原始凭证的是(　　)。

A. 收款凭证　　B. 付款凭证　　C. 转账凭证　　D. 发料凭证汇总表

(7) 企业职工差旅费报销单、车间领料单属于(　　)。

A. 外来凭证　　B. 累计凭证　　C. 汇总凭证　　D. 自制凭证

(8) 原始凭证是在经济业务(　　)取得或填制的。

A. 发生后　　B. 发生前　　C. 发生时　　D. 前三者都可以

(9) 原始凭证的基本内容中,不包括(　　)。

A. 日期及编号　　B. 内容摘要

C. 实物数量及金额　　D. 会计科目

(10) 原始凭证是(　　)。

A. 登记总账的依据　　B. 编制记账凭证的依据

C. 编制科目汇总表的依据　　D. 编制汇总记账凭证的依据

(11) 会计人员在审核原始凭证过程中,对于手续不完备的原始凭证,按规定应(　　)。

A. 扣留原始凭证　　B. 拒绝执行

C. 向上级机关反映　　D. 退回出具单位要求补办手续

(12) 原始凭证按(　　)的不同,可以分为一次凭证、累计凭证和原始凭证汇总表。

A. 取得的途径　　B. 具体格式　　C. 经办人员　　D. 填制的方法

(13) 原始凭证按其取得的来源不同,可以分为(　　)。

A. 收款凭证、付款凭证和转账凭证　　B. 外来原始凭证和自制原始凭证

C. 一次凭证和累计凭证　　D. 单式记账凭证和复式记账凭证

(14) 外来凭证都是(　　)。

A. 累计凭证　　B. 一次凭证

C. 转账凭证　　D. 既有一次凭证,又有转账凭证

(15) 在一定时期内连续记录若干同类经济业务的会计凭证是(　　)。

A. 原始凭证　　B. 记账凭证　　C. 累计凭证　　D. 一次凭证

(16) 下列各项中，属于外来原始凭证的是(　　)。

A. 入库单　　B. 出库单

C. 银行存款通知单　　D. 领料汇总表

二、多项选择题

(1) 原始凭证的填制要求包括(　　)。

A. 记录真实　　B. 内容完整　　C. 填制及时　　D. 书写清晰

(2) 审核原始凭证时，应审核其(　　)。

A. 合法性　　B. 正确性　　C. 完整性　　D. 规范性

(3) 审核无误的原始凭证可以作为(　　)的依据。

A. 编制记账凭证　　B. 编制会计报表

C. 登记总分类账　　D. 登记明细分类账

(4) 按填制手续不同，自制原始凭证可分为(　　)。

A. 一次凭证　　B. 累计凭证　　C. 汇总凭证　　D. 单式凭证

(5) 下列各项中，不能作为原始凭证的有(　　)。

A. 购货合同　　B. 车间派工单

C. 材料请购单　　D. 产品成本计算表

E. 工资结算汇总表

(6) 企业的领料单、借款单属于(　　)。

A. 原始凭证　　B. 一次凭证　　C. 自制凭证　　D. 累计凭证

E. 原始凭证汇总表

(7) 下列凭证中，属于原始凭证的有(　　)。

A. 累计凭证　　B. 收料单　　C. 转账凭证　　D. 一次凭证

E. 发货单

三、判断题

(1) 原始凭证一般都在外单位取得，证明经济业务的发生或完成，而本单位不会产生原始凭证。(　　)

(2) 原始凭证汇总表可以提供经营管理所需的总量指标，是具有法律效力的证明文件，因此它是进行会计核算的重要原始依据。(　　)

(3) 原始凭证必须按规定的格式和内容逐项填写齐全，同时必须由经办业务的部门和人员签字盖章。(　　)

(4) 原始凭证是在经济业务发生时直接取得或填制的，是用来记载经济业务发生和完成情况，明确经济责任的书面证明。(　　)

(5) 为了便于加强管理，简化手续，可以用累计凭证来反映一定时期内若干项不断发生的经济业务。(　　)

(6) 原始凭证是登记日记账和明细账的直接依据。(　　)

(7) 经济业务发生后，只要取得了原始凭证，就可以根据原始凭证填制记账凭证。(　　)

(8) 企业财会部门取得原始凭证后就可据以编制记账凭证。 (　　)

(9) 填制和审核会计凭证是会计工作的第一步。 (　　)

(10) 销售产品一批,货款人民币计伍万零玖元肆角整,在填写发票小写金额时应为50 009.4 元。 (　　)

(11) 一次凭证只能反映一项经济业务,累计凭证可以反映若干项经济业务。 (　　)

(12) 记账凭证与原始凭证的填制要求是相同的。 (　　)

四、名词解释

会计凭证、原始凭证、一次凭证、累计凭证、自制原始凭证、外来原始凭证、原始凭证汇总表。

五、简答题

(1) 填制和审核会计凭证有何意义?

(2) 原始凭证应具备哪些内容?

(3) 填制原始凭证应遵循哪些要求?

(4) 审核原始凭证的主要内容是什么?

(5) 如何审核原始凭证?

实务训练

山东宏利图书印务有限公司于 2019 年 10 月处理会计业务时,发现下列原始凭证,如表 2-6 和表 2-7 所示。你认为这些原始凭证是否真实、合法、合理、完整、正确、及时?

表 2-6

发票(税务监制) №0037125

第二联:发票联

客户名称:山东印务有限公司　　2009 年 8 月 21 日

劳 务 项 目	金 额	备 注
餐费	4 897.00	领导批示:
合计(大写):仟 捌 佰 玖 拾 柒 元 零 角 零 分	4 897.00	

收款单位:小天鹅大酒店　　收款:张勇　　开票:

表 2-7

领 款 单

2019 年 10 月 30 日

领款事由:职工困难补助

金额(大写):零拾陆万叁仟陆佰元整

¥63 600. 00

现金付讫章

审核:李明　　领款人:李明

第三单元　设置账户

知识目标

通过本项目的课程教学，学生应该在了解会计要素的内容、认识会计科目和账户设置的必要性的基础上，掌握会计科目和账户的概念、分类关系以及账户的基本结构，熟悉常用会计科目的名称和核算内容。

技能目标

通过本项目的课程教学，学生应该在学会相关知识之后，能够做以下工作：①给定一项经济业务，能区分不同的会计要素，并恰当地选取会计科目；②熟悉账户的使用。

案例导入

大学开学伊始，大学生张林用父母给他的 3 000 元、姑姑给的红包 1 000 元以及向表姐借来的 1 500 元，购买电脑一台花费 4 000 元，购买手机一部支出 1 000 元，剩余 500 元现金作为日常生活费用。

思考：张林同学的财产构成及其资金来源是什么？

第一讲　划分会计要素

【知识要点】

一、会计要素的含义

会计要素是对会计对象按照其经济内容的特征所作的基本分类，是会计对象的具体化。它是会计确认、计量、记录和报告的基础，是设置账户、编制会计报表的基本依据。由于它是会计报表的最基本的内容要素，因此，又称为会计报表要素。我国的《企业会计准则——基本准则》将会计要素划分为资产、负债、所有者权益、收入、费用和利润六项。其中，资产、负债、所有者权益属于静态会计要素，反映企业特定日期的财务状况；收入、费用、利润属于动态会计要素,反映企业一定时期的经营成果。

二、会计要素的内容

(一) 资产

资产是指企业过去的交易或者事项形成的、由企业拥有或者控制的、预期会给企业带来经济利益的资源。预期在未来发生的交易或者事项不形成资产。

资产具有以下几个方面的基本特征:①资产预期会给企业带来经济利益;②资产必须为企业拥有或控制;③资产是由企业过去的交易或事项形成的。

资产必须是现实的资产,而不能是预期的资产。只有过去发生的交易或事项才能增加或减少企业的资产。企业过去的交易或者事项包括购买、生产、建造行为或其他交易或者事项。

将一项资源确认为资产,首先应该符合资产的定义。除此之外,还需要同时满足以下条件:①与该资源有关的经济利益很可能流入企业;②该资源的价值或成本能够可靠地计量。

企业的资产是按照流动性的顺序在资产负债表上列示的。按流动性不同,资产可分为流动资产和非流动资产。

流动资产是指预计在1年或一个正常的营业周期内变现、出售或耗用的资产,是企业在短时间内持有的资源,主要包括货币资金、交易性金融资产、应收票据、应收账款、预付账款、应收利息、应收股利、其他应收款和存货等。

非流动资产是指流动资产以外的资产,主要包括可供出售的金融资产、持有至到期投资、长期股权投资、投资性房地产、长期应收款、固定资产、在建工程、工程物资、无形资产、商誉和长期待摊费用等。

(二) 负债

负债是指企业过去的交易或者事项形成的、预期会导致经济利益流出企业的现时义务。

现时义务是指企业在现行条件下已承担的义务。未来发生的交易或者事项形成的义务,不属于现时义务,不应当确认为负债。

负债具有以下几个方面的基本特征:①负债是过去的交易或事项形成的;②负债的清偿会导致经济利益流出企业;③负债是企业承担的现实义务。

负债按照流动性,可分为流动负债和非流动负债。

流动负债是指预计在一个正常营业周期中清偿或者自资产负债表之日起1年内(含1年)到期应予以清偿,或者主要为交易目的而持有,或者企业无权自主地将清偿推迟至资产负债表日后1年以上的负债。流动负债主要包括短期借款、应付票据、应付账款、预收账款、应付职工薪酬、应交税费、应付利息、应付股利和其他应付款等。

非流动负债是指流动负债以外的负债,非流动负债的偿还期通常在1年以上或者超过1年的一个营业周期以上,主要包括长期借款、应付债券和长期应付款等。

(三) 所有者权益

所有者权益又称净资产,是指企业资产扣除负债后由企业所有者享有的剩余权益。公司的所有者权益又称为股东权益。

所有者权益具有以下几个方面的基本特征:①除非发生减资、清算或分派现金股利,企业不需偿还所有者权益;②当企业清算时,企业在清偿全部债务后,剩余财产才能用于偿还所有者,即债权人权益要优于所有者权益;③所有者凭其在所有者权益中的份额,可参与企业的利润分配。

所有者权益的来源包括所有者投入的资本、直接计入所有者权益的利得和损失、留存收益等。

所有者投入的资本,是指所有者投入企业的资本部分,既包括构成企业注册资本的金额,也包括超过注册资本的部分。直接计入所有者权益的利得和损失,是指不应计入当期损益、会导致所有者权益发生增减变动、与所有者投入资本或者向所有者分配利润无关的利得或者损失。留存收益,是指企业历年实现的净利润留存于企业的部分,主要包括计提的盈余公积和未分配利润。所有者权益金额取决于资产和负债的计量。

所有者权益包括实收资本(股本)、资本公积、盈余公积和未分配利润。

利得是指由企业非日常活动所形成、会导致所有者权益增加、与所有者投入资本无关的经济利益的流入。损失是指由企业非日常活动所发生、会导致所有者权益减少、与向所有者分配利润无关的经济利益的流出。利得和损失包括计入所有者权益的利得或损失和计入当期损益的利得或损失。

(四) 收入

收入是指企业在日常活动中形成、会导致所有者权益增加、与所有者投入资本无关的经济利益的总流入。

收入具有以下几个方面的基本特征:①收入是企业在日常经营活动中产生的,而不是从偶发的交易或事项中产生的。日常活动是指企业为完成其经营目标所从事的经营活动以及与之相关的活动。例如,工业企业制造并销售产品、商业企业销售商品、保险公司签发保单等,都属于企业的日常经营活动。而出售固定资产、出售无形资产等业务不是企业的日常业务,因为这些资产的取得不是为了出售,所以出售这些资产也不能确认为收入。②收入会导致经济利益流入,但该经济利益的流入不包括所有者投入资本,也不包括为第三方或客户代收的款项。③收入会导致所有者权益增加。收入可能表现为企业资产的增加,也可能表现为企业负债的减少,或者两者兼而有之,最终会导致所有者权益增加。

按照收入的性质分类,收入可分为销售商品的收入、提供劳务的收入和让渡资产使用权的收入。

销售商品的收入是指企业通过销售商品或材料等实现的收入。例如,啤酒厂销售啤酒、服装厂销售衣服等带来的收入。

提供劳务的收入是指企业提供运输、加工、修理、咨询、代理、培训等劳务所实现的收入。例如,运输公司提供的运输服务收入、中介公司提供的中介服务收入等。

让渡资产使用权的收入是指企业向他人转让企业资产使用权而实现的收入。例如,企业出租包装物、固定资产等取得的租金收入。

按照企业经营业务的主次分类,收入可分为主营业务收入和其他业务收入。

不同行业的主营业务收入因其经营范围不同而有所不同。例如,工业企业的主营业务收入是产品销售收入,商业企业的主营业务收入是商品销售收入,金融企业的主营业务收入则是利息收入。

(五) 费用

费用是指企业在日常活动中发生、会导致所有者权益减少、与向所有者分配利润无关的经济利益的总流出。

费用具有以下几个方面的基本特征:①费用是企业在日常活动中发生的经济利益的流出,

而不是在偶发的交易或事项中发生的经济利益的流出。有些交易或事项虽然也能使企业的经济利益流出,但由于不属于企业的日常经营活动,所以不能作为费用,而作为企业的损失处理。例如,企业处置固定资产和无形资产的损失、支付的赔款和罚款等。②费用会导致经济利益的流出,该流出不包括向所有者分配利润。③费用会导致所有者权益减少。费用的发生会导致资产的减少或负债的增加,使所有者权益减少。不会导致所有者权益减少的经济利益的流出不符合费用的定义。

按照企业发生的费用的经济用途,费用可划分为营业成本、期间费用和其他费用。

营业成本是指销售商品或提供劳务的成本。按其所销售商品或提供劳务在企业日常活动中所处地位,可分为主营业务成本和其他业务成本。

期间费用是指不计入产品成本而直接计入当期损益的费用,主要包括销售费用、管理费用和财务费用。

其他费用主要包括所得税费用、税金及附加和资产减值损失等。

费用的确认应注意以下几点:①企业为生产产品、提供劳务等发生的可归属于产品成本、劳务成本等的费用,应当在确认产品销售收入、劳务收入等时,将已销售产品、已提供劳务的成本等计入当期损益;②企业发生的支出不产生经济利益的,或者即使能够产生经济利益但不符合或者不再符合资产确认条件的,应当在发生时确认为费用,计入当期损益;③企业发生的交易或者事项导致其承担了一项负债而又不确认为一项资产的,应当在发生时确认为费用,计入当期损益。

(六) 利润

利润是指企业在一定会计期间的经营成果,包括收入减去费用后的净额、直接计入当期利润的利得和损失等。因此,利润的确定主要依赖于收入和费用以及利得和损失的确认,其金额的确定也主要取决于收入、费用、利得、损失金额的计量。

利润是评价企业经营业绩的一项主要指标,也是投资者和债权人等作出投资决策和信贷决策的重要参考指标。在一个会计期间内,如果企业的收入大于费用,则表示实现利润;反之,则表示发生亏损。

利润包括收入减去费用后的净额、直接计入当期利润的利得和损失等。其中:收入减去费用后的净额反映的是企业日常活动的业绩,是影响企业利润的主要因素;直接计入当期利润的利得和损失反映的是企业非日常活动的结果,是指应当计入当期损益、会导致所有者权益发生增减变动、与所有者投入资本或者向所有者分配利润无关的利得或者损失。例如,出售固定资产和无形资产的利得、罚没利得等。

利润按其计算确定的程序,可分为营业利润、利润总额和净利润。

营业利润是企业生产经营所赚得的收益,包括生产经营所得和投资经营所得等。营业利润等于营业收入减去营业成本、税金及附加、销售费用、管理费用、财务费用和资产减值损失,加上公允价值变动损益和投资收益后的净额。

利润总额是指企业在生产经营活动中实现的营业利润和在非生产活动中发生的某些利得(或损失),是在营业利润的基础上,加上营业外收支后的净额。

净利润是指利润总额减去所得税费用后的金额。

技能操作

资料:山东宏利图书印务有限公司 2019 年 12 月 31 日资产、负债和所有者权益的有关项目如下:

(1) 由出纳员保管的现金 3 000 元。

(2) 存放在银行的款项 250 000 元。

(3) 应收某企业的销售货款 7 000 元。

(4) 库存的生产用原材料 60 000 元。

(5) 库存的完工产品 15 000 元。

(6) 厂房、机器设备共计 150 000 元。

(7) 从银行取得的短期借款 120 000 元。

(8) 应付给某供货单位的材料款 100 000 元。

(9) 从银行取得的长期借款 200 000 元。

(10) 投资者投入的资本 150 000 元。

(11) 盈余形成的公积金 20 000 元。

(12) 正在加工中的在产品 1 051 300 元。

要求:请分析上述各项目应归属的会计要素类别。

第二讲　制定会计科目

【知识要点】

一、会计科目的含义

会计科目是对会计要素的具体内容进行分类核算的项目。

如前所述,企业在经营过程中发生的各种各样的经济业务,会引起各项会计要素发生增减变化。由于企业的经营业务错综复杂,即使涉及同一种会计要素,也往往具有不同性质和内容。例如,固定资产和存货虽然都属于资产,但它们的经济内容以及在经济活动中的周转方式和所引起的作用各不相同。例如,企业的机器设备、房屋和建筑物,属于劳动资料,它们使用时间较长、价值较大,因此把它们归为一类,设置"固定资产"会计科目;应付账款和长期借款虽然都是负债,但它们的形成原因和偿付期限各不相同,需要分别设置"应付账款"和"长期借款"会计科目;投资者投入的实收资本和企业从利润中提取的公积金,虽然都是所有者权益,但它们形成的原因和用途大不一样,因此分别设置"实收资本"和"盈余公积"会计科目。

通过设置会计科目,可以把各项会计要素的增减变化分门别类地记在账上,清楚地为企业内部经营管理和企业外部有关方面提供一系列具体分类的数量指标。对企业的资产来说,通过设置会计科目,还可以把价值形成的综合核算和财产物资的实物核算有机地结合起来,从而有效地控制财产物资的实物形态。为了全面、系统、分类核算和监督各项经营业务的发生情况以及由此引起的各项会计要素的增减变化情况,各单位都要合理地设置会计科目。会计科目是进行各项会计记录和提供各项会计信息的基础,设置会计科目在会计核算中具有重要意义。

(一) 会计科目是复式记账的基础

复式记账要求每一笔经济业务在两个或两个以上相互联系的账户中进行登记,以反映资金运动的来龙去脉,而账户又是根据会计科目设置的。

(二) 会计科目是编制记账凭证的基础

在我国,记账凭证是确定所发生的经济业务应记入何种会计科目以及分门别类登记账簿的依据。

(三) 会计科目为成本计算与财产清查等提供了前提条件

通过会计科目的设置,有助于成本核算,使各种成本计算成为可能;而通过账面记录与实际结存的核对,又为财产清查、保证账实相符提供了必要的条件。

(四) 会计科目为编制财务报表提供了方便

会计科目是提供会计信息的主要手段,为了保证会计信息的质量及其提供的及时性,会计报表中的许多项目与有关会计科目是一致的,并要根据会计科目的本期发生额和余额填列。

二、会计科目的分类

会计科目由于分类标准不同,可以分为不同类型。

(一) 按会计要素分类

按会计要素,会计科目可分为资产类、负债类、共同类、所有者权益类、成本类和损益类。

1. 资产类会计科目

(1) 流动资产类会计科目。这类会计科目的特点是资产的变现周期在 1 年以内或不超过一个营业周期,如"库存现金""银行存款""应收账款""原材料"等会计科目。

(2) 非流动资产类会计科目。这类会计科目的特点是变现周期超过 1 年或一个营业周期,如"固定资产""长期股权投资""无形资产"等会计科目。

2. 负债类会计科目

(1) 流动负债类会计科目。这类会计科目的特点是债务的偿还期在 1 年以内,如"短期借款""应付职工薪酬""应付账款"等会计科目。

(2) 非流动负债类会计科目。这类会计科目的特点是债务的偿还期超过 1 年以上,如"长期借款""应付债券"等会计科目。

3. 共同类会计科目

共同类会计科目是指既有资产性质,又有负债性质的有共性的会计科目。共同类会计科目的特点需要从其期末余额所在方向界定其性质,当余额为借方时,作为资产;当余额在贷方时,作为负债。共同类会计科目包括"衍生工具""套期工具""被套期项目"等会计科目。

4. 所有者权益类会计科目

这类会计科目主要包括:①投入资本会计科目,如"实收资本"会计科目。②非经营因素形成的所有者权益类会计科目,如"资本公积"会计科目。③经营因素形成的所有者权益类会计科目,如"盈余公积"等会计科目。

5. 成本类会计科目

这类会计科目的特点是所发生的费用要计入产品成本。

这类会计科目主要包括:①直接记入产品成本类会计科目,如"生产成本"会计科目。②分配记入产品成本类会计科目,如"制造费用"会计科目。

6. 损益类会计科目

这类会计科目的特点是其项目均是形成利润的要素。

本会计科目主要包括:①反映收益类会计科目,如"主营业务收入""其他业务收入"等会计科目。②反映费用类会计科目,如“主营业务成本”“管理费用”“销售费用”等会计科目。

(二)按所提供的会计信息的详细程度分类

按其所提供的会计信息的详细程度,会计科目可分为总分类会计科目和明细分类会计科目。

1. 总分类会计科目

总分类会计科目也称总账科目、一级科目。它是对会计要素的具体内容进行总括分类,提供总括信息的会计科目。例如,“原材料”“应付账款”等会计科目。总分类会计科目一般由会计准则统一规定。

2. 明细分类会计科目

明细分类会计科目也称明细科目、细目。它是对总分类科目作进一步的分类,提供更详细、更具体会计信息的会计科目。例如,“原材料”会计科目按原材料的种类、规格、品种等设明细科目,反映各种原材料的具体构成情况;“应付账款”会计科目按债权人名称或姓名设明细科目,反映应付账款的具体对象。明细分类科目的设置,除了要符合会计准则的统一规定外,一般由各单位根据需要自行规定。对于明细科目较多的科目,可以在总分类科目和明细科目基础上设置二级科目。

三、会计科目的设置

(一)会计科目的设置原则

在不同的会计管理体制下,企业在设置会计科目方面的权限各不相同,但是,无论在哪一种体制下,在设置会计科目时,一般应遵循以下原则:①结合会计核算对象的特点;②统一性和灵活性相结合;③满足会计信息使用者的需要;④含义明确、通俗易懂并保持相对稳定。

(二)会计科目表及编号

1. 会计科目表

会计科目体系是科学、系统和可操作的。会计科目的名称应与其核算内容相一致,并进行分类编号,编制成会计科目表。一个企业或单位的会计科目,无论是由政府财政部门统一规定,还是由部门或企业自主设置,都需要事先编列一种目录,以便内部随时查考。这种包括一个企业所使用的全部总分类科目的目录,称为会计科目表。我国《企业会计准则——应用指南》设置的基本会计科目,如表 3-1 所示。

表 3-1　　会计科目表(部分)

顺序号	编号	会计科目名称	顺序号	编号	会计科目名称
略		**一、资产类**	略	2203	预收账款
	1001	库存现金		2211	应付职工薪酬
	1002	银行存款		2221	应交税费
	1012	其他货币资金		2231	应付利息
	1101	交易性金融资产		2232	应付股利
	1121	应收票据		2241	其他应付款
	1122	应收账款		2501	长期借款
	1123	预付账款		2502	应付债券
	1131	应收股利		2701	长期应付款

续表

顺序号	编号	会计科目名称	顺序号	编号	会计科目名称
	1132	应收利息			**三、共同类**
	1221	其他应收款			（略）
	1231	坏账准备			**四、所有者权益类**
	1401	材料采购		4001	实收资本
	1402	在途物资		4002	资本公积
	1403	原材料		4003	其他综合收益
	1404	材料成本差异		4101	盈余公积
	1405	库存商品		4103	本年利润
	1406	发出商品		4104	利润分配
	1407	商品进销差价			**五、成本类**
	1408	委托加工物资		5001	生产成本
	1411	周转材料		5101	制造费用
	1471	存货跌价准备		5201	劳务成本
	1511	长期股权投资		5301	研发支出
	1531	长期应收款			**六、损益类**
	1601	固定资产		6001	主营业务收入
	1602	累计折旧		6051	其他业务收入
	1604	在建工程		6111	投资收益
	1605	工程物资		6301	营业外收入
	1606	固定资产清理		6401	主营业务成本
	1701	无形资产		6402	其他业务成本
	1801	长期待摊费用		6403	税金及附加
	1901	待处理财产损益		6601	销售费用
		二、负债类		6602	管理费用
	2001	短期借款		6603	财务费用
	2201	应付票据		6711	营业外支出
	2202	应付账款		6801	所得税费用

2. 会计科目编号

为了适应会计信息处理电算化的需要、加快会计核算的速度、提高会计信息的质量，每个会计科目都要编制固定编码。会计科目编号的目的，一方面是为了区分会计科目，另一方面是为了便于专业人员识别和计算机的输入。

一级会计科目的编号为四位数。千位数数码代表会计科目按会计要素区分的类别，分为六个数码："1"为资产类，"2"为负债类，"3"为共同类，"4"为所有者权益类，"5"为成本类，"6"为损益类；百位数数码代表每大类会计科目的流动性、稳定性和重要程度；十位和个位数数码一般代表会计科目的顺序号，为便于会计科目增减，在顺序号中要留有间隔。

技能操作

请将下列会计科目，按经济内容填入表 3-2：

库存现金、银行存款、应付票据、其他货币资金、在建工程、应交税费、应付利息、交易性金融资产、投资收益、长期应付款、应收票据、预收账款、应收账款、预付账款、应收股利、应收利息、其他应收款、坏账准备、盈余公积、长期借款、材料采购、其他业务成本、资本公积、销售费用、应付职工薪酬、财务费用、在途物资、短期借款、原材料、材料成本差异、库存商品、税金及附加、发出商品、长期应收款、主营业务收入、本年利润、营业外支出、固定资产、生产成本、累计折旧、营业外收入、工程物资、固定资产清理、无形资产、管理费用、长期待摊费用、待处理财产损溢、应付账款、应付股利、其他应付款、实收资本、利润分配、制造费用、其他业务收入、主营业务成本、所得税费用。

表 3-2　　会计科目分类

资产类	负债类	所有者权益类	成本类	损益类

第三讲　设置会计账户

【知识要点】

一、账户的含义

账户是根据会计科目在账簿中开设的、具有一定的结构和格式、用来分类记录和初步加工经济业务数据的工具。

设置账户是会计核算的一种专门方法。按总分类科目开设的账户，称为总分类账户；按明细分类科目开设的账户，称为明细分类账户。通过总分类账户进行的核算称为总分类核算，通过明细分类账户进行的核算称为明细分类核算，从而整个账户记录形成一个总括和明细相结合的体系。通过账户，能够分门别类地对企业各项经济业务的发生所引起的会计要素的增减变动情况及结果进行全面、系统、连续的反映和监督。

二、账户与会计科目的关系

设置账户是会计的又一核算方法。账户是根据会计科目开设的、具有一定格式和结构，用于分类反映会计要素增减变动情况及其结果的载体。虽然会计科目已经对会计要素进行了进一步的分类，但还不能进行具体的会计核算。会计科目只是分类的名称，没有一定的格式，所以为了全面、序时、连续、系统地反映和监督会计要素的增减变动，还必须设置账户。账户能使原始数据转换为分类的会计信息，通过账户可以对大量复杂的经济业务进行分类核算，从而提供不同性质和内容的会计信息。由于账户是以会计科目为依据，因而某一账户的核算内容具有独立性和排他性，并在设置上要服从于财务报表对会计信息的要求。

由此可见，会计科目和账户是既有联系又有区别的两个不同的概念。会计科目和账户都是对会计对象具体内容的科学分类，两者口径一致，性质相同。会计科目是账户的名称，也是设置账户的依据；账户是会计科目的具体运用。没有会计科目，账户便失去了设置的依据；没有账户，会计科目就无法发挥它的作用。与会计科目相比，账户具有更广泛的含义，除了名称外，还具有一定的格式和结构。在实际工作中，会计科目与账户往往互相通用，不加区别。

会计账户＝会计科目＋账户结构

三、账户的分类

由于账户是根据会计科目开设的，因此，账户的分类方法也有两种。

按其所反映的经济内容不同，账户可分为资产类账户、负债类账户、所有者权益类账户、成本类账户和损益类账户。

按其所提供会计信息的详细程度，账户可分为总分类账户和明细分类账户。根据总分类科目开设的账户称为总分类账户，该类账户提供各种总括分类的核算资料。通过总分类账户对经济业务进行的核算称为总分类核算，总分类核算只能用货币度量。根据明细分类科目开设的账户称为明细分类账户，该类账户提供各种详细的分类核算资料。通过明细分类账户对经济业务进行的核算称为明细分类核算。明细分类核算除了能用货币度量外，有些还要用实物度量。总分类账户统驭明细分类账户；明细分类账户则对总分类账户起着进一步补充说明的作用。

账户按用途和结构的分类将在第八单元中阐述。

四、账户的基本结构

账户是用来记录经济业务的，必须具有一定的格式和结构。由于经济业务所引起的各项会计要素的变动，从数量上看不外乎增加和减少两种情况，因此，账户的结构也相应地分为两个基本部分，用以分别记录各会计要素的增加和减少额。账户的基本结构通常划分为左、右两方，一方登记增加额，另一方登记减少额。每方再根据实际需要分为若干栏，用于登记有关的数据资料。

账户的基本格式应包括下列内容：①账户的名称，即会计科目；②日期和摘要，即经济业务发生的时间和内容；③凭证号数，即账户记录的来源和依据；④增加、减少的金额和余额。账户的具体格式，如表 3-3 所示。

表 3-3　　**账户名称(会计科目)**

<table>
<tr><th colspan="2">年</th><th rowspan="2">凭证编号</th><th rowspan="2">摘　要</th><th rowspan="2">增加金额</th><th rowspan="2">减少金额</th><th rowspan="2">余　额</th></tr>
<tr><th>月</th><th>日</th></tr>
<tr><td></td><td></td><td></td><td></td><td></td><td></td><td></td></tr>
</table>

为方便教学，通常采用简化的“T”形账户(又称“丁”字形账户)结构的格式。“T”形账户的具体格式，如表 3-4 所示。

表 3-4 **"T"形账户**

增加	账户名称(会计科目)	减少

上述账户左、右两方的金额栏，一个记录增加额，另一个记录减少额。增减相抵后的差额，称为账户余额。余额按其表现的时间不同，分为期初余额和期末余额。因此，通过账户记录的金额可产生期初余额、期末余额、本期增加发生额和本期减少发生额四个账户的金额要素。

本期增加发生额是指一定时期内账户所登记的增加金额的合计。本期减少发生额是指一定时期内账户所登记的减少金额的合计。本期发生额属于动态指标，反映有关会计要素的增减变动情况。在没有期初余额的情况下，本期增加发生额与本期减少发生额相减后的差额就是期末余额。本期的期末余额转入下期就是下期的期初余额。余额属于静态指标，反映有关会计要素的具体内容的增减变动结果。上述账户四个金额要素的关系可用下列公式表示：

期末余额＝期初余额＋本期增加发生额－本期减少发生额

技能操作

计算并填列表 3-5 空格中的金额。

表 3-5 **账户金额计算表** 单位：元

账户名称	期初余额	本期增加发生额	本期减少发生额	期末余额
长期股权投资	360 000	640 000	690 000	
实收资本	10 000 000		2 000 000	12 000 000
预付账款	12 000		40 000	20 000
库存现金		8 800	9 200	400
应付账款	50 000	30 000		80 000
盈余公积	400 000		200 000	300 000
库存商品	860 000		2 320 000	540 000
银行存款	2 400 000	9 605 000		2 300 000
应交税费	80 000		230 000	65 000

单元测试

一、单项选择题

(1)（　　）是对会计要素进一步分类的项目。

A. 会计科目　　B. 会计账户　　C. 会计凭证　　D. 会计报表

(2) 会计科目必须全面反映（　　）的内容。

A. 会计对象　　B. 会计职能　　C. 会计本质　　D. 会计概念

(3) 下列各项中,企业能够确认为资产的是(　　)。

A. 经营租入的设备　　B. 经营租出的设备

C. 近期将要购入的设备　　D. 融资租出的设备

(4) 下列会计科目中,属于成本类会计科目的是(　　)。

A. "原材料"　　B. "库存商品"　　C. "财务费用"　　D. "生产成本"

(5) 会计科目编号的千位数数码代表会计科目按会计要素区分的类别。其中,"1"代表(　　)。

A. 资产类　　B. 负债类　　C. 所有者权益类　　D. 成本类

(6) 下列会计科目中,属于资产类会计科目的是(　　)。

A. "坏账准备"　　B. "预收账款"　　C. "实收资本"　　D. "利润分配"

(7) 下列会计科目中,(　　)属于损益类会计科目。

A. "利润分配"　　B. "实收资本"　　C. "制造费用"　　D. "主营业务成本"

(8) 下列关于账户中四种金额之间关系的表述中,正确的是(　　)。

A. 期末余额－期初余额＝本期增加发生额＋本期减少发生额

B. 期末余额＋期初余额＝本期增加发生额＋本期减少发生额

C. 期末余额＝期初余额＋本期增加发生额－本期减少发生额

D. 期末余额＋本期减少发生额＝本期增加发生额－期初余额

(9) 下列对资产特征的表述中,不恰当的是(　　)。

A. 资产是企业拥有或控制的资源

B. 资产是由过去的交易或事项形成的

C. 资产是预期会给企业带来经济利益的资源

D. 资产是企业日常活动中形成的资源

(10) 会计科目与账户之间的联系是(　　)。

A. 内容相同　　B. 结构相同　　C. 格式相同　　D. 两者不相关

(11) 下列项目中,属于流动资产的是(　　)。

A. 应收账款　　B. 应付账款　　C. 机器设备　　D. 2 年期国库券

(12) 下列项目中,属于流动负债的是(　　)。

A. 长期应付款　　B. 预收账款　　C. 应收账款　　D. 长期借款

(13) 会计科目是(　　)的名称。

A. 会计要素　　B. 账簿　　C. 账户　　D. 会计报表

(14) 账户结构一般分为(　　)。

A. 左、右两方　　B. 上、下两部分

C. 发生额、余额两部分　　D. 前、后两部分

二、多项选择题

(1) 根据我国《企业会计准则》的规定,会计要素包括(　　)。

A. 资产和费用　　B. 负债和收入　　C. 所有者权益　　D. 利润

E. 财务成果

(2) 下列各项中,属于非流动资产的有(　　)。

A. 交易性金融资产　B. 长期股权投资
C. 银行存款　D. 长期应收款

(3) 下列各项中,属于反映企业经营成果的会计要素有(　　)。
A. 收入　B. 费用　C. 所有者权益　D. 利润

(4) 按提供指标的详细程度不同分类,会计科目可分为(　　)。
A. 资产类科目　B. 总账科目
C. 负债类科目　D. 明细科目

(5) 下列会计科目中,属于所有者权益类的有(　　)。
A. "实收资本"　B. "资本公积"
C. "盈余公积"　D. "本年利润"

(6) 会计账户一般应包括的内容有(　　)。
A. 账户名称　B. 日期、摘要
C. 凭证编号　D. 增加、减少金额及余额

(7) 下列会计科目中,属于负债的有(　　)。
A. "短期借款"　B. "应付账款"　C. "预付账款"　D. "应交税费"

(8) 下列账户中,属于损益类账户的有(　　)。
A. "所得税费用"　B. "本年利润"　C. "投资收益"　D. "生产成本"

(9) 下列关于账户的说法中,正确的有(　　)。
A. 根据会计科目设置,会计科目就是账户的名称
B. 按提供指标详细程度不同,会计账户可分为总分类账户和明细分类账户
C. 期末余额=期初余额+本期增加发生额-本期减少发生额
D. 分为左、右两方,左方记增加数,右方记减少数

(10) 根据资产的基本特征判断,下列不属于资产的有(　　)。
A. 应付账款　B. 预收账款　C. 应收账款　D. 预付账款

(11) 流动资产包括(　　)。
A. 库存现金　B. 银行存款　C. 交易性金融资产　D. 无形资产
E. 存货

(12) 存货包括(　　)。
A. 固定资产　B. 原材料　C. 低值易耗品　D. 在产品
E. 产成品

(13) 下列项目中,属于流动负债的有(　　)。
A. 短期借款　B. 应付账款　C. 预收账款　D. 应交税金
E. 长期借款

(14) 所有者权益包括(　　)。
A. 实收资本　B. 资本公积　C. 盈余公积　D. 未分配利润
E. 长期股权投资

(15) 期间费用包括(　　)。
A. 制造费用　B. 管理费用　C. 财务费用　D. 销售费用
E. 直接费用

三、判断题

(1) 会计科目是按照会计要素的具体内容进一步科学分类而确定的会计核算项目。(　　)

(2) 统一性与灵活性相结合是设置会计科目应遵循的原则之一。(　　)

(3) 会计科目表中的顺序号和科目编号的意义完全相同,可只保留其一。(　　)

(4) 总分类会计科目和明细分类会计科目都是对会计要素所作的具体分类,但总分类科目所提供的核算指标比明细分类科目所提供的核算指标更详细。(　　)

(5) 只要是由过去的交易或事项形成、预期会给企业带来经济利益的资源,都可以确认为资产。(　　)

(6) 会计账户的设置与会计科目的分类密切相关,即根据总分类科目和明细分类科目分别设置总分类账户和明细分类账户。(　　)

(7) 总分类账户提供总括的核算指标,因此,不仅要用货币量度,还要辅以实物量度。(　　)

(8) 会计科目和会计账户的口径一致,性质相同,都具有一定的格式和结构,所以在实际工作中,对会计科目和账户不加严格区分。(　　)

(9) 账户分为左方和右方,左方登记增加数,右方登记减少数。(　　)

(10) 会计科目都是由国家统一会计制度规定的,各单位必须严格执行,不允许随意增删。(　　)

四、名词解释

会计要素、资产、负债、所有者权益、收入、费用、利润、会计科目、子目、账户、细目、期末余额、一级科目。

五、问答题

(1) 什么是会计要素?会计要素包含哪些?

(2) 什么是会计科目?设置会计科目有什么意义?

(3) 什么是账户?账户与会计科目有何关系?

(4) 账户的基本结构是什么?期初、期末余额,本期增加、减少额四项金额之间的关系如何?

(5) 会计科目分几级?都是怎样设置的?

(6) 为什么设置了会计科目以后还要开设账户?

实务训练

训练一

目的:熟悉资产、负债和所有者权益的内容及划分。

资料:某公司 2019 年 7 月 30 日有关资产、负债与所有者权益的资料,如表 3-6 所示。

表 3-6　　资产、负债与所有者权益　　单位：元

项　目	金额	资产	负债	所有者权益
1. 存在银行的存款	24 000			
2. 仓储产成品	175 000			
3. 用作仓库的房屋	35 000			
4. 仓储半成品	75 000			
5. 机器设备	20 000			
6. 出纳处的现金	1 000			
7. 货运汽车一辆	300 000			
8. 营业用房屋	195 000			
9. 应收回的销售货款	40 000			
10. 应付采购材料货款	32 000			
11. 国有投资	300 000			
12. 外单位投资	260 000			
13. 一年内实现的利润	61 000			
14. 尚未缴纳税金	4 000			
15. 以前年度的未分配利润	114 000			
16. 向银行借入的资金	94 000			
合　计				

要求：

(1) 根据表中资料区分其属性是资产、负债，还是所有者权益类。

(2) 根据表中资料汇总各类要素，检验其平衡关系。

训练二

目的：熟悉会计科目按提供指标详细程度的分类。

资料：某工业企业现用部分会计科目、子目和细目如下：

①原材料；②短期借款；③B产品生产成本；④应收乙公司货款；⑤原料及主要材料；⑥辅助材料；⑦应付工厂货款；⑧应付账款；⑨临时借款；⑩固定资产；⑪甲材料；⑫乙材料；⑬生产成本；⑭基本生产成本；⑮润滑油；⑯运输工具；⑰生产用房；⑱生产用固定资产；⑲A产品生产成本；⑳机器设备；㉑应收账款；㉒辅助生产成本；㉓应收甲公司货款；㉔应付子公司货款

要求：分析上列会计科目中哪些属于一级总账科目？哪些属于二级科目？哪些属于三级明细科目？列入表 3-7。

表 3-7　会计科目分类

一级总账科目	二级子目	三级明细科目

训练三

目的：熟悉账户的基本结构。

资料：部分账户的数据，如表 3-8 所示。

表 3-8　部分账户的数据　单位：元

账户名称	期初余额	本期增加发生额	本期减少发生额	期末余额
银行存款	86 000	370 000	408 000	
固定资产	480 000		1 000 000	400 000
短期借款		520 000	320 000	600 000
应付账款	46 000	4 000 000	110 000	

要求：根据上列账户中的已知数据，计算并填列每个账户的未知数据。

第四单元　复式记账

知识目标

通过本项目的课程教学，学生应该了解会计等式与账户平行登记的内容，理解并掌握复式记账（主要是借贷记账法）的基本理论和方法。

技能目标

通过本项目的课程教学，学生应该在学会相关知识之后，能够做以下工作：①给定一项经济业务，根据借贷记账法的基本原理书写会计分录；②在给定经济业务下，根据会计分录进一步编制试算平衡表。

案例导入

会计专业大学三年级学生张磊与李明合伙开了一家奶茶店，他们共同出资租赁了一间门面房，购入一些设备，如搅拌机、饮水机、封口机、冰柜等，另购入原材料若干。经营中，李明主要负责店内销售，张磊主要负责采购等外部事宜。奶茶店经营一段时间后，他们想知道经营状况，包括盈亏状况、各种产品的销售状况以及产品的流转速度等。

思考：同学们，他们应该怎么做？

第一讲　了解会计等式

【知识要点】

一、会计等式的内容

任何一个会计主体（企业）为了进行生产经营活动，都需要拥有一定数量的经济资源，这些经济资源在会计上总称为资产。资产最初进入企业时总有其提供者，他们对企业的资产拥有要求权，这种对企业资产的要求权，在会计上总称为权益。因此，一个会计主体的全部资产应当等于各有关提供者对这些资产的权益总和，可用公式表示如下：

资产＝权益

资产表明企业拥有什么经济资源，而权益则表明是谁提供了这些经济资源，是谁对这些经济资源拥有要求权。因此，资产与权益之间存在着相互依存的关系。即资产不能离开权益而存在，没有无资产的权益，也没有无权益的资产。而且，从数量上看，有一定数额的资产，就必然有一定数额的权益；反之，有一定数额的权益，也必然有一定数额的资产。这就是说，一个企业的资产总额与权益总额必定彼此相等。从任何一个时点来看，两者之间都必然保持数量上的平衡关系。

由于权益可以分为债权人权益和净资产所有者权益，而债权人权益通常又称为负债，因此会计等式又可以进一步扩展为下列公式：

资产＝负债＋所有者权益

经济业务的发生会导致资产和权益的增加或减少，但是会计等式不会因此而被破坏。

上面这个会计基本等式是反映某个会计期间开始时（即某一时日）的企业财务状况，是会计的基本等式，又称为静态会计等式，它是编制资产负债表的理论基础。企业在生产经营过程中，一方面要获取收入，同时也必然要发生相应的费用。因此，一定期间的收入和费用相配比，从而形成利润。

收入－费用＝利润

此等式反映了企业某一会计期间的经营成果，是经营的动态情况，所以，此等式又称为动态会计等式，它是编制利润表的理论基础。

随着企业经济活动的进行，在会计期间内，企业一方面取得了收入，并因此增加了资产或减少了负债；另一方面要发生各种各样的费用，并因此减少了资产或增加了负债。所以，企业在会计期间内的任一时刻，即未结账之前，原来的会计等式就转化为下面的公式：

资产＝负债＋所有者权益＋(收入－费用)

或者是：

资产＋费用＝负债＋所有者权益＋收入

到了会计期末，企业将收入与费用相抵减，计算出利润（或亏损），并按规定的程序进行分配，剩余的又全部归入所有者权益项目。这样，在会计期末结账之后，会计等式又恢复会计期初的形式，即：

资产＝负债＋所有者权益

由此可见，会计等式揭示了会计要素之间的联系，它是设置会计科目、进行复式记账和编制会计报表的理论依据。

二、经济业务对会计等式的影响

会计主体为了完成自己的任务，会发生各种各样的经济活动。会计主体中能用货币计量的，并会引起资产、负债及所有者权益数额发生增减变动的业务活动称为经济业务或会计事项。例如，购入材料、支付工资、销售商品等业务活动，都是企业的经济业务或会计事项。商品的购销合同等，尽管属于企业发生的业务活动，但不属于企业的经济业务。企业在生产经营过程中，每天发生大量经济业务，任何一项经济业务的发生，都必然引起会计等式的变动，但其对会计等式的影响不外乎以下四种类型：①引起会计等式两边会计要素同时增加的经济业务；②引起会计等式两边会计要素同时减少的经济业务；③引起会计等式左边会计要素发生增减的经济业务；④引起会计等式右边会计要素发生增减的经济业务。

技能操作

山东宏利图书印务有限公司成立时，拥有资产 4 000 000 元，其中甲、乙两投资人共投资 3 000 000 元，从银行借入 1 000 000 元。企业成立之时，资产、负债和所有者权益之间的关系是：

4 000 000 元(资产)＝1 000 000 元(负债)＋3 000 000 元(所有者权益)

成立之后发生了以下经济业务：

(1) 引起资产和权益项目同时增加相同金额的经济业务。

山东宏利图书印务有限公司向甲公司购入印刷机器一台，价值 75 000 元，款项暂未支付。

购入机器，使资产增加了 75 000 元，但由于未付款，负债也同时增加 75 000 元，使会计等式两边同时发生增加，且增加金额相等，会计等式的恒等关系不变。即：

4 000 000＋75 000＝(1 000 000＋75 000)＋3 000 000

4 075 000＝1 075 000＋3 000 000

(2) 引起资产和权益项目同时减少相同金额的经济业务。

山东宏利图书印务有限公司数日后用银行存款 50 000 元归还部分采购印刷机器款。

公司用银行存款归还购机器款，使银行存款这一资产减少 50 000 元，同时负债减少 50 000 元，因此，会计等式两边同时发生减少，且减少金额相等，会计等式的恒等关系不变。即：

4 075 000－50 000＝(1 075 000－50 000)＋3 000 000

4 025 000＝1 025 000＋3 000 000

(3) 引起资产项目之间发生一增一减相同金额的经济业务。

山东宏利图书印务有限公司用银行存款购入精致胶版印刷纸一批，价值 30 000 元。

公司用存款购入材料，使材料这一资产增加 30 000 元，但同时使银行存款这一资产又减少了 30 000 元，且因为增减金额相等，会计等式的恒等关系未变。即：

4 025 000＋30 000－30 000＝1 025 000＋3 000 000

4 025 000＝1 025 000＋3 000 000

(4) 引起权益项目之间发生一增一减相同金额的经济业务。

山东宏利图书印务有限公司前欠甲货款 25 000 元，经协商转作甲对该公司的投资。

公司欠款转作投资，使投入资本这一所有者权益增加 25 000 元，但同时欠款已转销，负债减少 25 000 元，且增减金额相等，会计等式的恒等关系不变。即：

4 025 000＝(1 025 000—25 000)＋(3 000 000＋25 000)

4 025 000＝1 000 000＋3 025 000

从以上四种情况可以看出，经济业务的发生对资产与权益双方总额的影响是：

(1) 两方有关项目同数额的增加，两方总额同时增加，总额相等。

(2) 两方有关项目同数额的减少，两方总额同时减少，总额相等。

(3) 资产方内部有关项目发生变动，有增有减，资产总额不变。

(4) 权益方内部有关项目发生变动，有增有减，权益总额不变。

如果将收入、费用及利润三个要素考虑进去，资金变化的业务类型就更加复杂了，因为这时的会计平衡公式已经转化为：

资产＝负债＋所有者权益＋(收入－费用)

在这一平衡公式中，收入与费用可以视为所有者权益的组成内容，因为从产权关系上看，收入的取得和费用的发生同负债没有直接关系，只同所有者权益有关系，收入的取得通常视为所有者权益的增加，费用的发生则可视为所有者权益的减少。

由此看来，将收入、费用和利润三个要素考虑进去后，资金变化的业务类型的确更加复杂了，但是资金变化的基本业务类型不外乎上述四种，即同类有增有减，增减金额相等；异类同增同减，增减金额相等。但它们都不会破坏资产总额等于权益总额的平衡关系。

第二讲　借贷复式记账

【知识要点】

一、复式记账法的原理

账户仅仅是记录经济业务的工具，要把经济业务所引起的会计要素增减变化登记到账簿中去，需要运用科学的记账方法。在会计的发展过程中，曾采用过单式记账法与复式记账法。现代会计工作中，普遍采用复式记账法。

(一) 单式记账法

单式记账法是指一般对发生的经济业务所产生的会计要素的增减变动，只在一个账户中进行登记的方法。单式记账法是一种比较简单、不完整的记账方法，通常只适用于现金及债权、债务账户的记录。

(二) 复式记账法

复式记账法是指对每一项发生的经济业务，都要同时在相互联系的两个或两个以上的账户中，以相等的金额进行登记的一种方法。例如，以现金 1 000 元购入生产用材料，这项业务的发生一方面使该单位的库存现金减少了 1 000 元，另一方面使该单位的原材料增加了 1 000 元。采用复式记账法，对于这项经济业务，就要以相等的金额 1 000 元同时在“库存现金”和“原材料”这两个相互联系的账户中进行登记。

在长期的会计实践中，逐步形成了多种复式记账法。我国曾经采用的复式记账法包括借贷记账法、增减记账法和收付记账法。目前，世界各国广泛采用的复式记账法是借贷记账法。

复式记账法与单式记账法相比，具有以下特点：①复式记账法需要设置完整的账户体系；②复式记账法必须对每一项经济业务都进行反映和记录，这既有必要，又有可能；③复式记账法对每一项经济业务，都要反映其来龙去脉两个方面。对每一项经济业务首先要分析其涉及的有关账户，然后再以相等的金额按其增加或减少分别记入两个或两个以上相互联系的账户中去。

(三) 复式记账法的理论依据

复式记账法是以资产与权益的平衡理论为依据建立的一种记账方法。这种理论是从资产与权益的平衡关系出发，来说明和解释复式记账的。从资金运动的角度讲，资产与权益是同一资金的两个侧面，从其运用方面看是资产，从其来源渠道看则是负债及所有者权益，因此，资产与权益是相等的。任何经济业务的发生，或引起资产与负债及所有者权益两方项目发生同增或同减的变化，同增或同减的金额相等；或引起资产或权益一方的两个或两个以上相互联系的项目一增一减的变化，增加与减少的金额相等。因此，经济业务的发生永远不会破坏资产与权益的平衡关系。复式记账法就是把这种客观存在的资金运动的规律性，通过两个或两个以上相互联系的账户记录下来，然后再用这种平衡关系检查记录结果是否正确的方法。

二、借贷记账法

（一）借贷记账法的概念

借贷记账法是以"借""贷"为记账符号，以"有借必有贷，借贷必相等"为记账规则的一种复式记账方法。

根据史料记载，借贷记账法起源于13、14世纪封建社会开始瓦解，资本主义开始萌芽的意大利。它起初属于一种单式记账法，到15世纪已逐步发展成为一种比较完备的复式记账法，并流行于意大利地中海沿岸城市。"借""贷"二字的外文起源于拉丁文，其原意是："借"表示"欠"，"贷"表示"有"（含有取得之意）。在会计上采用"借"和"贷"这两个字最初是为适应借贷资本家记录其货币的存入与放出的需要，借贷资本家对于收进来的存款，记在贷主的名下，表示债务，即应付款；对于付出的放款，记在借主名下，表示债权，即应收款。这时，"借""贷"二字表示债权、债务关系的变化。

随着商品货币经济的发展，经济活动的内容日益复杂，记账的对象也日益扩大到商品、现金和经营损益等方面。在会计账簿中，不仅要记录银钱的借贷，而且要记录财产物资的增减变化。这时，即使非银钱借贷业务，也要求用借贷记录，以求账簿记录的统一。这样，"借""贷"二字就逐渐地失去了原来的含义，而转化为纯粹的记账符号，变成会计上的专门术语。

借贷记账法于清朝末年从日本传入我国，在一部分企业得到应用。20世纪50年代，我国许多企业、事业、机关等单位都广泛采用了借贷记账法。20世纪60年代以后，我国开始改革记账方法，先后出现了一些新的记账方法，如增减记账法、钱物收付记账法、资金收付记账法、现金收付记账法等。但多数企业特别是工业企业仍广泛采用借贷记账法。1992年11月30日发布的《企业会计准则》第8条，明确规定会计记录采用借贷记账法。

（二）借贷记账法的记账符号与账户结构

借贷记账法的记账符号与账户结构是紧密相关的。只要理解账户的结构原理，就能把握记账符号的确切含义。

要在账户中记录经济业务，必须采用一定的记账方法。但是，在一定的记账方法下，应该怎样在账户中对发生的各项经济业务予以记录呢？为此，任何一种记账方法都必须规定所设账户的结构。借贷记账法是以"借""贷"记账符号而命名的一种复式记账法。因而要求一切账户的两个基本部分（左方和右方）都应以"借""贷"记账符号定名。人们习惯地把一切账户的左方称为"借方"，右方称为"贷方"。

账户的一般格式，如表4-1所示。

表4-1　　　　**账户名称（会计科目）**

年		凭证号码	摘　要	借　方	贷　方	余　额
月	日					

为便于说明，可采用简化的账户格式——“T”形账户，如表 4-2 所示。

表 4-2 账户名称(会计科目)

借方	贷方

确定借贷记账法下的账户结构，也就是规定账户的借方、贷方所登记的内容以及可能存在的账户余额的方向和内容。根据第三单元第三讲中说明的账户基本结构原理，在借贷记账法下，所有账户的借方和贷方都要按相反的方向记录，即一方登记增加金额，一方登记减少金额。但究竟是账户的借方登记增加金额，贷方登记减少金额；还是借方登记减少金额，贷方登记增加金额？这要取决于账户所要反映的经济内容——资金项目的性质是资产、负债与所有者权益，还是收入与费用。

为了保证记账的科学性与简明性，按照惯例，对资产、负债和所有者权益账户借方与贷方的登记内容作了统一规定。

1. 资产类账户的结构

对用来记录资产的账户，资产的增加额记入账户的借方，减少额记入账户的贷方。账户若有余额，一般为借方余额(与登记增加金额在同一方向)，表示期末资产余额。资产类账户的结构，如表 4-3 所示。

表 4-3 资产类账户

账户名称(会计科目)

借方		贷方	
期初余额	×××		
本期增加额	×××	本期减少额	×××
本期发生额合计	×××	本期发生额合计	×××
期末余额	×××		

资产类账户期末余额的计算公式如下：

借方期末余额＝借方期初余额＋借方本期发生额－贷方本期发生额

2. 负债类账户的结构

负债的增加记入账户的贷方，减少记入账户的借方。账户若有余额，一般为贷方余额，表示期末负债余额。负债类账户的结构，如表 4-4 所示。

表 4-4 负债类账户

账户名称(会计科目)

借方		贷方	
		期初余额	×××
本期减少额	×××	本期增加额	×××
本期发生额合计	×××	本期发生额合计	×××
		期末余额	×××

负债类账户期末余额的计算公式如下：

贷方期末余额＝贷方期初余额＋贷方本期发生额－借方本期发生额

3. 所有者权益类账户的结构

所有者权益类账户的结构与负债账户的结构相同，即所有者权益的增加额记入账户的贷方，减少额记入账户的借方。账户若有余额，一般为贷方余额，表示期末所有者权益余额。所有者权益类账户的结构，如表 4-5 所示。

表 4-5 **所有者权益类账户**

借方	账户名称（会计科目）		贷方
		期初余额	×××
本期减少额	×××	本期增加额	×××
本期发生额合计	×××	本期发生额合计	×××
		期末余额	×××

所有者权益类账户期末余额的计算公式与负债类账户相同，故略之。

4. 收入类账户的结构

收入的增加额记入账户的贷方，减少额（或转销额）记入账户的借方。期末时，本期收入增加额减去本期收入减少额后的余额，应转入有关所有者权益账户，所以期末没有余额。收入类账户的结构，如表 4-6 所示。

表 4-6 **收入类账户**

借方	账户名称（会计科目）		贷方
本期减少额	×××	本期增加额	×××
本期发生额合计	×××	本期发生额合计	×××

5. 费用类账户的结构

费用的增加额记入账户的借方，减少额（或转销额）记入账户的贷方。期末一般没有余额。费用类账户的结构，如表 4-7 所示。

表 4-7 **费用类账户**

借方	账户名称（会计科目）		贷方
本期增加额	×××	本期减少额	×××
本期发生额合计	×××	本期发生额合计	×××

6. 成本类账户的结构

成本类账户的结构与资产类账户的结构相同，其借方登记成本的增加额，贷方登记成本的减少额或转出额。期末若有余额，一般在借方，表示期末在产品的成本。成本类账户的结构，如表 4-8 所示。

表 4-8　　成本类账户

借方	账户名称(会计科目)		贷方
期初余额	×××		
本期增加额	×××	本期减少额	×××
本期发生额合计	×××	本期发生额合计	×××
期末余额	×××		

成本类账户的期末余额的计算公式如下：

借方期末余额=借方期初余额+借方本期发生额−贷方本期发生额

由上述可见，收入账户、费用账户与所有者权益账户之间有着密切的联系。实际上，每一个收入账户的贷方都是临时作为所有者权益账户贷方的一部分而发挥作用，每一个费用账户的借方都是临时作为所有者权益账户借方的一部分而发挥作用。由于所有者权益增加记贷方，因而取得收入而增加的所有者权益也应记在有关收入账户的贷方；由于所有者权益的减少记借方，因而发生费用而减少的所有者权益也应记在有关费用账户的借方。收入账户和费用账户通常称为临时性所有者权益账户，因为习惯上都于每一个会计期末将其通过转账手续结清余额。

综上所述，在借贷记账法下，所有账户的借、贷两方所反映的经济数据增减情况，如表 4-9 所示。

表 4-9　　账户名称(会计科目)

借方	贷方
资产的增加	资产的减少
负债的减少	负债的增加
所有者权益减少	所有者权益增加
费用成本增加	费用成本减少
收入成果减少	收入成果增加

(三) 借贷记账法的记账规则

运用借贷记账法在账户中记录经济业务时，首先应根据经济业务的内容，确定所涉及的账户是资产类账户还是权益类账户，然后确定账户金额是发生增加还是减少，最后确定应记入有关账户的借方还是贷方。

技能操作

山东宏利图书印务有限公司期初有关资料，如表 4-10 所示。

表 4-10　　山东宏利图书印务有限公司期初资产和权益　　单位：元

资　产	金　额	权　益	金　额
银行存款 原 材 料 固定资产	3 920 000 30 000 75 000	短期借款 实收资本	1 000 000 3 025 000
合　计	4 025 000	合　计	4 025 000

(1) 收到某企业以银行存款600 000元投资。

这是一项资产和所有者权益同时增加的业务,它涉及“银行存款”这个资产账户和“实收资本”这个所有者权益账户,使两者都增加了600 000元。由于资产账户的借方表示增加,所有者权益账户的贷方表示增加,因此,双方增加的数额应分别记入“银行存款”账户的借方和“实收资本”账户的贷方。

(2) 向银行借入短期借款300 000元,存入银行。

这是一项资产和负债同时增加的业务,它涉及“银行存款”这个资产账户和“短期借款”这个负债账户,使两者都增加了300 000元。由于资产账户的借方表示增加,负债账户的贷方表示增加,因此,双方增加的数额应分别记入“银行存款”账户的借方和“短期借款”账户的贷方。

(3) 从银行提取现金6 000元备用。

这是一项资产内部有关项目此增彼减的业务,它涉及“库存现金”和“银行存款”这两个资产账户。前者增加6 000元,后者减少6 000元。由于资产账户的借方表示增加,贷方表示减少,因此,增加的数额应记入“库存现金”账户的借方,减少的数额应记入“银行存款”账户的贷方。

(4) 用银行存款偿还一部分短期借款计180 000元。

这是一项资产和负债同时减少的业务,它涉及“银行存款”这个资产账户和“短期借款”这个负债账户,使两个账户都减少了180 000元。由于资产账户的贷方表示减少,负债账户的借方表示减少,因此,双方减少的数额应分别记入“银行存款”账户的贷方和“短期借款”账户的借方。

(5) 从某企业购进材料240 000元,用银行存款支付60 000元,余款暂欠。

这是一项资产和负债同时增加的复杂性业务,它涉及“原材料”“银行存款”这两个资产账户和“应付账款”这个负债账户,使原材料增加了240 000元,银行存款减少了60 000元,应付账款增加了180 000元。

(6) 从银行借入短期借款180 000元偿还前欠货款。

这是一项负债内部有关项目此增彼减的业务,它涉及“短期借款”和“应付账款”这两个负债账户。前者增加180 000元,后者减少180 000元。由于负债账户贷方表示增加,借方表示减少,因此,增加的数额应记入“短期借款”账户的贷方,减少的数额应记入“应付账款”账户的借方。

(7) 原投资单位代本公司偿还240 000元银行借款,作为增加对公司的投资。

这是一项所有者权益增加而负债减少的业务,它涉及“实收资本”这个所有者权益账户和“短期借款”这个负债账户。前者增加240 000元,后者减少240 000元。由于所有者权益账户的贷方表示增加,负债账户的借方表示减少,因此,增加的数额应记入“实收资本”账户的贷方,减少的数额应记入“短期借款”账户的借方。

(8) 原投资单位将它所欠某工厂货款30 000元,委托本公司代为偿还,作为投资的减少,公司尚未还款。

这是一项负债增加、所有者权益减少的业务,它涉及“应付账款”这个负债账户和“实收资本”这个所有者权益账户。前者增加30 000元,后者减少30 000元。由于负债账户的贷方表示增加,所有者权益账户的借方表示减少,因此,增加的数额应记入“应付账款”账户的贷方,减少的数额应记入“实收资本”账户的借方。

(9) 原投资单位从本公司收回投资60 000元,本公司用银行存款支付。

这是一项资产与所有者权益同时减少的业务,它涉及“银行存款”这个资产账户和“实收资本”这个所有者权益账户,使两者都减少了60 000元。由于资产账户的贷方表示减少,所有者权益账户的借方表示减少,因此,双方减少的数额应分别记入“银行存款”账户的贷方和“实收资本”账户的借方。

(10) 收到投资人投入的设备 120 000 元。

这是一项资产与所有者权益同时增加的业务，它涉及“实收资本”这个所有者权益账户和“固定资产”这个资产账户，使实收资本增加 120 000 元，固定资产增加 120 000 元。由于资产账户的借方表示增加，所有者权益账户的贷方表示增加，因此，双方增加的数额应分别记入“固定资产”账户的借方和“实收资本”账户的贷方。

从上述 10 笔业务可看出，每笔业务的发生，都是一个账户记借方，另一个账户记贷方，而且记入借方的金额同记入贷方的金额相等。因此，借贷记账法的记账规则可以概括为“有借必有贷，借贷必相等”。

从以上举例可知，根据借贷记账法的记账规则登记每项经济业务时，在各有关账户之间就形成了应借、应贷的相互关系，账户之间的这种应借、应贷的相互依存关系，称为账户对应关系。发生对应关系的账户，称为对应账户。通过账户的对应关系，可以了解经济业务的内容及其内在的联系。

在经济业务发生后，分析确定经济业务应如何记入有关账户的工作，在会计上是通过编制会计分录来完成的。所谓会计分录(简称分录)，是指在经济业务发生后，标明每项经济业务应借、应贷的账户和借、贷方向及金额的一种记录。会计分录有简单会计分录和复合会计分录两种。简单会计分录是指经济业务的发生只引起两个账户发生对应关系，即“一借一贷”的会计分录；复合会计分录是指经济业务的发生，引起两个以上账户发生对应关系，具体来说，复合会计分录就是以一个账户的借方与几个对应账户的贷方，或者几个账户的借方与一个对应账户的贷方，对应组成的会计分录，即“一借多贷”或“多借一贷”的会计分录。在会计实务中，有时也需要编制多借多贷的会计分录，不应把不同类型的经济业务合并在一起编制会计分录。

会计分录的书写具有一定的规范格式，即上借下贷，借贷错格，金额前不必写出货币符号。

在检查所确定的会计分录符合记账规则要求之后，即可据以登记有关账户。但还必须明确，在实际工作中，会计分录体现在记账凭证中(记账凭证将在第六单元中予以说明)。

现以上述 10 项经济业务为例，做会计分录如下：

(1) 借：银行存款	600 000	
贷：实收资本		600 000
(2) 借：银行存款	300 000	
贷：短期借款		300 000
(3) 借：库存现金	6 000	
贷：银行存款		6 000
(4) 借：短期借款	180 000	
贷：银行存款		180 000
(5) 借：原材料	240 000	
贷：银行存款		60 000
应付账款		180 000
(6) 借：应付账款	180 000	
贷：短期借款		180 000
(7) 借：短期借款	240 000	
贷：实收资本		240 000

(8) 借:实收资本 30 000
　　贷:应付账款 30 000
(9) 借:实收资本 60 000
　　贷:银行存款 60 000
(10) 借:固定资产 120 000
　　贷:实收资本 120 000

(四) 借贷记账法的试算平衡

运用借贷记账法的记账规则,在账户里记录经济业务的过程中,可能发生这样或那样的人为错误。为此,还必须确立科学的、简便的、用于检查和验证账户记录是否正确的方法,以便找出错误的原因,及时予以改正。这种检查和验证账户记录正确与否的方法,在会计上称为试算平衡。

借贷记账法的试算平衡有账户发生额试算平衡法和账户余额试算平衡法两种。前者是根据借贷记账法的记账规则来确定的,后者是根据资产等于权益(负债与所有者权益)的平衡关系原理来确定的。

由于借贷记账法以“资产=权益”这一会计基本等式为依据,以“有借必有贷、借贷必相等”为记账规则,这就保证了为每一项经济业务所编会计分录的借、贷两方发生额必然相等;在一定时期内(如1个月),所有账户的借方发生额合计与贷方发生额合计分别是每一项经济业务的会计分录借方发生额与贷方发生额的积累,所以两者必然保持平衡。所有账户的借方期末余额合计数与贷方期末余额合计数,又是以一定的期初余额和累计发生额为基础计算的结果,因此,它们两者也必然是相等的。

1. 账户发生额试算平衡法

账户发生额试算平衡法是用来检查本期每一笔或全部账户的借方发生额与贷方发生额是否相等的方法。其计算公式如下:

全部账户借方本期发生额合计=全部账户贷方本期发生额合计

在逐笔过账的情况下,各项经济业务的会计分录全部登记入账之后,可以根据各类账户的本期发生额编制“本期发生额试算平衡表”进行定期的试算平衡,即采用先入账后平衡的方法。在汇总记账的情况下,把全部经济业务做出会计分录后,首先定期编制“总分类账户本期发生额试算平衡表”进行试算平衡,然后据以过入各有关账户,即采用先平衡后入账的方法。

根据上面所举例的10项经济业务的会计分录,举例说明总分类账户本期发生额试算平衡法,如表4-11所示。

表4-11 **总分类账户本期发生额试算平衡表** 单位:元

账户名称(会计科目)	借　方	贷　方
库存现金	6 000	
银行存款	900 000	306 000
原材料	240 000	
固定资产	120 000	
应付账款	180 000	210 000
短期借款	420 000	480 000
实收资本	90 000	960 000
合　计	1 956 000	1 956 000

从表 4-11 可以看出，本期全部账户借方发生额合计和贷方发生额合计相等，这表明账户记录基本上是正确的。如果借贷不平衡，则说明记账有错误，必须及时查找出错误的原因，并加以纠正。

2. 账户余额试算平衡法

账户余额试算平衡法是用来检查所有账户的借方期末余额和贷方期末余额合计是否相等的方法。其计算公式如下：

全部账户借方余额合计＝全部账户贷方余额合计

技能操作

根据上面举例的内容，编制“总分类账户期末余额试算平衡表”如表 4-12 所示。

表 4-12　　总分类账户期末余额试算平衡表

××××年××月××日　　单位：元

账户名称（会计科目）	借方余额	贷方余额
库存现金	6 000	
银行存款	4 514 000	
原材料	270 000	
固定资产	195 000	
应付账款		30 000
短期借款		1 060 000
实收资本		3 895 000
合　计	4 985 000	4 985 000

上述总分类账户本期发生额试算平衡表和总分类账户余额试算平衡表，可以合并编制一张包括“期初余额”“本期发生额”“期末余额”三大栏，借贷方各自平衡的试算平衡表，这种合并的试算平衡表仍依照上面 10 项经济业务举例，如表 4-13 所示。

表 4-13　　试算平衡表

××××年××月××日　　单位：元

账户名称（会计科目）	期初余额		本期发生额		期末余额	
	借方	贷方	借方	贷方	借方	贷方
库存现金			6 000		6 000	
银行存款	3 920 000		900 000	306 000	4 514 000	
原材料	30 000		240 000		270 000	
固定资产	75 000		120 000		195 000	
应付账款			180 000	210 000		30 000
短期借款		1 000 000	420 000	480 000		1 060 000
实收资本		3 025 000	90 000	960 000		3 895 000
合　计	4 025 000	4 025 000	1 956 000	1 956 000	4 985 000	4 985 000

必须指出，试算平衡表只是通过借贷金额是否平衡来检查账户记录是否正确。如果借贷

不平衡,可以肯定账户记录或计算有错误。如果借贷平衡,可以大体上推断账户的记录是正确的,但不能绝对肯定记账没有错误。因为有些错误并不影响借贷双方的平衡。例如,某项经济业务的记录全部被漏记或者重记;又如,一笔经济业务的借贷双方,在编制会计分录时,金额上发生同样的错误;再如,在编制会计分录时,一笔经济业务应借应贷的账户互相颠倒,或误用了同类账户。诸如此类的错误,都不能通过试算平衡来发现。所以还需要对一切会计记录加强日常或定期的复核,以保证账面记录的正确性。

第三讲 账户平行登记

【知识要点】

一、总分类账户和明细分类账户的关系

总分类账户简称总账账户,是根据一级会计科目设置的、用于提供总括的核算资料和指标的账户。在总账账户中,只使用货币计量单位反映经济业务。总账账户提供概括核算资料和指标,是对其所属明细账户资料的综合,对明细账户起统驭作用。

明细分类账户简称明细账户,是根据明细科目设置的、用于提供详细核算资料和指标的账户。在明细账户中,除用货币计量单位反映经济业务外,必要时还要使用实物量或劳动量单位从数量或时间上来反映经济业务,以满足经营管理的需要。明细账户提供明细核算资料和指标,是对总账账户资料的具体化和补充说明,从属于总账账户。

总账账户与其所属的明细账户的核算内容相同,但提供核算指标的详细程度不同。总账账户反映总括情况,明细账户反映具体详细情况,两者相互补充、相互制约。只有把两者结合起来,才能既总括又详细地反映经济业务。因此,总账账户和明细账户应进行平行登记。

二、总分类账户和明细分类账户的平行登记

总账账户和明细账户的平行登记是指对于每一项经济业务,一方面要在有关的总账账户中进行总括登记,另一方面又要在该总账账户所属的明细账户中进行详细登记(没有明细账的除外)。

总账账户和明细账户平行登记的要点,可概括为以下四点。

(一) 同时期登记

对于每一项经济业务,一方面要记入有关总账账户,另一方面又必须在同一会计期间内记入其所属的明细账户。

(二) 同方向登记

一项经济业务的发生,登记总账账户和明细账户时的方向必须一致。即在总账账户中如果登记的是借方(或贷方),在明细账户中也必须登记在借方(或贷方)。

(三) 同金额登记

一项经济业务的发生,记入总账账户的金额必须与记入其所属明细账户中的金额之和相等。

(四) 同依据登记

总账账户和明细账户是对同一项经济业务不同详细程度的反映,因此,登记总账账户和明

细账户所依据的会计凭证相同。

技能操作

下面以“原材料”和“应付账款”账户为例，练习总账账户与明细账户平行登记的方法。

假设某企业“原材料”总分类账户和所属的明细分类账户期初余额如下：

甲材料	200 吨	每吨 100 元	明细账户余额	20 000 元
乙材料	2 000 千克	每千克 15 元	明细账户余额	30 000 元
原材料			总分类账户余额	50 000 元

又假设该企业“应付账款”总分类账户和所属的明细分类账户期初余额如下：

大城公司	明细分类账户余额	6 000 元
大桥公司	明细分类账户余额	5 000 元
应付账款	总分类账户余额	11 000 元

在上述基础上，该企业本月份发生的材料收发业务以及与采购单位的结算业务如下：

(1) 6 月 2 日，仓库发出生产用甲材料 180 吨，单价 100 元，计 18 000 元；乙材料 1 000 千克，单价 15 元，计 15 000 元，共计 33 000 元。

(2) 6 月 7 日，向大桥公司购入材料一批，其中：甲材料 100 吨，每吨 110 元，共计 11 000 元。材料已验收入库，货款未付。

(3) 6 月 11 日，向大城公司购入材料一批，其中：甲材料 200 吨，每吨 100 元，计 20 000 元；乙材料 600 千克，每千克 13 元，计 7 800 元。货款共计 27 800 元，尚未支付。

(4) 6 月 15 日，以银行存款偿还大桥公司的货款 12 000 元，大城公司的货款 30 000 元，共计 42 000 元。

根据上述有关经济业务，编制会计分录如下：

(1) 借：生产成本　　33 000
　　贷：原材料——甲材料　　18 000
　　　　　　　——乙材料　　15 000

(2) 借：原材料——甲材料　　11 000
　　贷：应付账款——大桥公司　　11 000

(3) 借：原材料——甲材料　　20 000
　　　　　　　——乙材料　　7 800
　　贷：应付账款——大城公司　　27 800

(4) 借：应付账款——大桥公司　　12 000
　　　　　　　　——大城公司　　30 000
　　贷：银行存款　　42 000

根据月初余额和编制的会计分录，在“原材料”和“应付账款”两个总分类账户和其所属的明细分类账户中进行平行登记如下：

“原材料”总分类账户和“应付账款”总分类账户，如表 4-14 和表 4-15 所示。

表 4-14 **总分类账户**

账户名称:原材料 单位:元

年		凭证号码	摘要	借方	贷方	借或贷	余额
月	日						
6	1		月初余额			借	50 000
6	2	①	生产领用材料		33 000	借	17 000
6	7	②	收入外购材料	11 000		借	28 000
6	11	③	收入外购材料	27 800		借	55 800
6	30		本月发生额及余额	38 800	33 000	借	55 800

表 4-15 **总分类账户**

账户名称:应付账款 单位:元

年		凭证号码	摘要	借方	贷方	借或贷	余额
月	日						
6	1		月初余额			贷	11 000
6	7	②	购进材料		11 000	贷	22 000
6	11	③	购进材料		27 800	贷	49 800
6	15	④	偿还货款	42 000		贷	3 900
6	30		本月发生额及余额	42 000	38 800	贷	7 800

甲、乙原材料明细分类账,如表 4-16 和表 4-17 所示。

表 4-16 **原材料明细分类账**

明细账户名称:甲材料 计量单位:吨 金额单位:元

年		凭证号码	摘要	收入			发出			结存		
月	日			数量	单价	金额	数量	单价	金额	数量	单价	金额
6	1		月初结存							200	100.00	20 000
6	2	①	生产领用材料				180	100	18 000	20	100.00	2 000
6	7	②	收入外购材料	100	110	11 000				120	108.30	13 000
6	11	③	收入外购材料	200	100	20 000				320	103.10	33 000
6	30		本月合计	300	103	31 000	180	100	18 000	320	103.10	33 000

表 4-17 **原材料明细分类账**

明细账户名称:乙材料 计量单位:千克 金额单位:元

年		凭证号码	摘要	收入			发出			结存		
月	日			数量	单价	金额	数量	单价	金额	数量	单价	金额
6	1		月初结存							2 000	15.00	30 000
6	2	①	生产领用材料				1 000	15	15 000	1 000	15.00	15 000
6	11	③	收入外购材料	600	13	7 800				1 600	14.30	22 800
6	30		本月合计	600	13	7 800	1 000	15	15 000	1 600	14.30	22 800

大城公司、大桥公司应付账款明细分类账，如表 4-18 和表 4-19 所示。

表 4-18　　应付账款明细分类账

明细账户名称：大城公司　　单位：元

年		凭证号码	摘　要	借　方	贷　方	借或贷	余　额
月	日						
6	1		月初结存			贷	6 000
6	11	③	购入甲、乙材料		27 800	贷	33 800
6	15	④	偿还货款	30 000		贷	3 800
6	30		本月合计	30 000	27 800	贷	3 800

表 4-19　　应付账款明细分类账

明细账户名称：大桥公司　　单位：元

年		凭证号码	摘　要	借　方	贷　方	借或贷	余　额
月	日						
6	1		月初结存			贷	5 000
6	7	②	购入甲材料		11 000	贷	16 000
6	15	④	偿还货款	12 000		贷	4 000
6	30		本月合计	12 000	11 000	贷	4 000

总分类账户本期发生额＝所属各明细分类账户本期发生额合计

总分类账户期末余额＝所属各明细分类账户期末余额合计

总分类账与明细分类账的核对，一般通过编制明细分类账户本期发生额和余额明细表进行，如表 4-20 和表 4-21 所示。

表 4-20　　原材料明细分类账户本期发生额和余额明细表　　单位：元

账户名称	月初余额		本期发生额		月末余额	
	借方	贷方	借方	贷方	借方	贷方
甲材料明细账	20 000		31 000	18 000	33 000	
乙材料明细账	30 000		7 800	15 000	22 800	
明细账合计	50 000		38 800	33 000	55 800	
原材料总账	50 000		38 800	33 000	55 800	

表 4-21　　应付账款明细分类账户本期发生额和余额明细表　　单位：元

账户名称	月初余额		本期发生额		月末余额	
	借方	贷方	借方	贷方	借方	贷方
大城公司明细账		6 000	30 000	27 800		3 800
大桥公司明细账		5 000	12 000	11 000		4 000
明细账合计		11 000	42 000	38 800		7 800
应付账款总账		11 000	42 000	38 800		7 800

单元测试

一、单项选择题

(1) 所有者权益在数量上等于(　　)。

A. 企业的全部资产减流动负债　　B. 企业的原有资金

C. 企业的新增利益　　D. 企业的全部资产减全部负债

(2) 某一项经济业务发生,一般会引起会计要素各个具体项目中的(　　)项目发生增减变动。

A. 一个　　B. 两个　　C. 两个或两个以上　　D. 全部

(3) 在借贷记账法下,任何账户的结构都分为(　　)。

A. 本期发生额和期末余额两个部分　　B. 期初余额和期末余额两个部分

C. 借方余额和贷方余额两个部分　　D. 借方和贷方两个部分

(4) 某企业期初资产总额为 25 000 元,当期期末负债总额比期初减少 20 000 元,期末所有者权益比期初增加 10 000 元,则该企业期末资产总额为(　　)元。

A. 15 000　　B. 35 000　　C. 25 000　　D. 45 000

(5) 下列经济业务的发生不会使等式两边总额发生变化的是(　　)。

A. 收到应收账款存入银行　　B. 用银行存款偿还短期借款

C. 收到投资者投入的设备　　D. 购入材料,货款尚未支付

(6) 一个账户的期初余额为 30 000 元,本期增加额为 120 000 元,期末余额为 60 000 元,则该账户本期减少额为(　　)元。

A. 50 000　　B. 30 000　　C. 90 000　　D. 150 000

(7) 某公司经股东大会批准,决定将 1 000 000 元的资本公积转增资本金。这笔经济业务发生后,该公司的(　　)。

A. 资产总额增加

B. 负债总额减少

C. 所有者权益减少、资产增加

D. 原有的资产、负债和所有者权益总额均未发生变化

(8) 下列各类经济业务中,会引起资产和负债同时增加的是(　　)。

A. 以银行存款投资办公司　　B. 向银行借款存入银行

C. 以银行存款购买材料　　D. 以银行存款偿还前欠货款

(9) 下列经济业务中,会引起一项负债减少,而另一项负债增加的是(　　)。

A. 从某企业赊购材料　　B. 以银行借款还清所欠货款

C. 向银行借款存入银行　　D. 以银行存款偿还前欠货款

(10) 经济业务发生仅涉及负债这一会计要素时,只引起该要素中的某些项目发生(　　)变动。

A. 同增　　B. 同减　　C. 一增一减　　D. 不增不减

(11) 下列(　　)分录反映了用银行存款 50 000 元归还前欠货款的业务。

A. 借:银行存款　　50 000
　　贷:应收账款　　50 000

B. 借:应收账款　　50 000
　　贷:银行存款　　50 000

C. 借:银行存款　　50 000
　　贷:应付账款　　50 000

D. 借:应付账款　　50 000
　　贷:银行存款　　50 000

(12) 下列账户中,借方登记增加额的是(　　)账户。

A. "应收账款"　　B. "应付账款"　　C. "本年利润"　　D. "盈余公积"

(13) 借贷记账法试算平衡的方法是(　　)。

A. 发生额平衡法　　B. 总分类账户明细账余额平衡法

C. 余额平衡法　　D. 发生额平衡法和余额平衡法

(14) 借贷记账法下,收入、费用类账户期末(　　)。

A. 总有借方余额　　B. 总账有期初余额　　C. 一般无余额　　D. 一般有余额

(15) 某企业原材料期末比期初减少了 120 000 元,本期购进原材料 300 000 元,则"原材料"账户的贷方发生额为(　　)元。

A. 80 000　　B. 180 000　　C. 420 000　　D. 无法确定

(16) 对于权益类账户,下列说法正确的是(　　)。

A. 借方记增加额,贷方记减少额

B. 贷方本期发生额一定大于借方本期发生额

C. 一般没有余额

D. 借方记减少额,贷方记增加额

(17) 复式记账法是对每项经济业务都要以相等的金额在两个或者两个以上账户中同时登记,其登记账户是(　　)。

A. 资产类账户　　B. 权益类账户

C. 相互联系的对应账户　　D. 总分类账户和明细分类账户

(18) 当前世界各国通用的复式记账法为(　　)。

A. 借贷记账法　　B. 收付记账法　　C. 增减记账法　　D. 资金记账法

(19) 借贷记账法的记账符号"借"表示(　　)。

A. 资产增加,权益减少　　B. 资产减少,权益增加

C. 资产增加,权益增加　　D. 资产减少,权益减少

(20) 借贷记账法的记账符号"贷"表示(　　)。

A. 资产减少,权益减少　　B. 资产增加,权益增加

C. 资产减少,权益增加　　D. 资产增加,权益减少

(21) 借贷账户之间的关系称为账户的对应关系,这两个相互关联的账户称为(　　)。

A. 对应账户　　B. 关联账户　　C. 应借账户　　D. 应贷账户

(22) 在复合会计分录"借:固定资产 50 000,贷:银行存款 30 000,应付账款 20 000"中,"银行存款"账户的对应账户是(　　)。

A. "应付账款"　　B. "银行存款"

C. "固定资产"　　D. "固定资产"和"应付账款"

二、多项选择题

(1) 下列各账户中,在借贷记账法下,本期增加的金额计入借方的有(　　)。

A. "银行存款"　　B. "实收资本"　　C. "主营业务收入"　　D. "销售费用"

(2) 借贷记账法的试算平衡公式有(　　)。

A. 借方账户金额＝贷方账户金额
B. 借方期末余额＝借方期初余额＋本期借方发生额－本期贷方发生额
C. 全部账户借方发生额合计＝全部账户贷方发生额合计
D. 全部账户借方余额合计＝全部账户贷方余额合计
(3) 在借贷记账法下，账户的贷方登记(　　)。
A. 负债的增加　　B. 收入的增加　　C. 费用的增加　　D. 负债的减少
(4) 下列错误中，能够通过试算平衡来发现的有(　　)。
A. 漏记了借方金额　　B. 漏记了经济业务
C. 误将借方金额 500 记成了 5 000　　D. 借贷双方同时将金额 500 写成了 5 000
(5) 资产与权益的平衡关系，可以用(　　)等式表示。
A. 资产＝权益　　B. 资产＝所有者权益
C. 资产＝负债＋所有者权益　　D. 资产＝负债＋所有者权益＋利润
(6) 试算平衡无法发现的错误有(　　)。
A. 漏记某项经济业务　　B. 重记某项经济业务
C. 借贷记账方向颠倒　　D. 借方账户使用错误
(7) 下列各项中，能够使企业资产总额增加的有(　　)。
A. 从银行取得短期借款　　B. 用银行借款直接偿还应付账款
C. 用银行存款偿还前欠货款　　D. 接受投资者投入的现金
(8) 下列账户期末余额计算公式中，正确的有(　　)。
A. 资产账户的期末余额＝期初余额－借方本期发生额－贷方本期发生额
B. 资产账户的期末余额＝期初借方余额＋本期借方发生额－本期贷方发生额
C. 账户的期末余额＝期初余额＋本期增加额－本期减少额
D. 权益账户的期末余额＝期初余额＋贷方本期发生额－借方本期发生额
E. 账户的期末余额＝本期增加额－本期减少额－期初余额
(9) 六大会计要素之间的关系可以表示为(　　)。
A. 资产＝负债　　B. 资产＝权益
C. 资产＝负债＋所有者权益　　D. 收入－费用＝利润
E. 资产＋费用＝负债＋所有者权益＋收入
(10) 下列经济业务中，引起资产和权益项目同时增加的有(　　)。
A. 从银行提取现金
B. 从国家取得拨入的资本金，划入银行存款户
C. 用银行存款偿还应付账款
D. 购入材料，货款暂欠
E. 用银行存款支付国家原来投入的资本
(11) 引起一项资产增加而另一项资产减少的业务有(　　)。
A. 管理部门领用一般性消耗材料　　B. 以银行存款购买设备
C. 以银行存款归还银行借款　　D. 外购材料入库，但货款未付
E. 从银行提取现金
(12) 复式记账法的要点包括(　　)。
A. 当经济业务发生时，既登记总账，又登记明细账

B. 当经济业务发生时，同时在两个账户中登记
C. 当经济业务发生时，同时在两个或两个以上相互联系的账户中登记
D. 当经济业务发生时，只登记与货币资金有关的经济业务
E. 当经济业务发生时，必须以相等的金额进行登记

三、判断题

(1) 只要实现了试算平衡关系，就说明账户记录一定是正确的。 ( )
(2)“资产＝负债＋所有者权益”等式是编制资产负债表的基础。 ( )
(3) 根据会计等式，不论发生何种经济业务，等式两边的平衡关系都保持不变。 ( )
(4) 会计等式是设置会计科目和账户、进行复式记账和编制会计报表的理论基础和依据。 ( )
(5) 资产类账户的期末余额一般在借方。 ( )
(6) 如果发生的经济业务只涉及资产或只涉及权益，则不会使资产和权益总额发生同增或同减的变化。 ( )
(7) 在复式记账法下，账户记录的结果可以反映每一项经济业务的来龙去脉。 ( )
(8) 根据借贷记账法的账户结构，账户贷方登记费用的增加。 ( )
(9) 虽然总账与明细账是平行登记的，但并不一定是同时登记，也并不完全是同方向登记。 ( )
(10) 账户期末余额的方向与本期增加额登记的方向一般是一致的。 ( )
(11) 经济业务发生后，使有关账户之间发生的应借应贷的关系称为账户的对应关系，存在对应关系的账户互称为对应账户。 ( )
(12) 只要发生经济业务，就会引起会计等式两边发生变化。 ( )
(13) 借贷记账法账户的基本结构是：左方为借方，右方为贷方。 ( )
(14) 从每一个账户来看，期初余额只可能在账户的一方：借方或贷方。 ( )
(15) 在借贷记账法下，不能编制一借多贷、一贷多借的会计分录，只能编制一借一贷的会计分录。 ( )

四、名词解释

复式记账法、借贷记账法、账户对应关系、对应账户、会计分录、简单会计分录、复合会计分录、试算平衡、平行登记。

五、简答题

(1) 什么是复式记账法？其优点是什么？
(2) 什么是借贷记账法？其基本内容是什么？
(3) 试述借贷记账法下的账户结构。
(4) 怎样理解借贷记账法的记账规则？
(5) 什么是账户对应关系？有何作用？
(6) 什么是会计分录？为什么要编制会计分录？如何编制会计分录？
(7) 什么是试算平衡？如何进行试算平衡？
(8) 为什么说试算平衡不能保证账户记录绝对正确？

(9) 什么是总分类账户？什么是明细分类账户？两者的关系是什么？

(10) 什么是平行登记？平行登记的要点有哪些？

实务训练

训练一

目的：熟悉与掌握会计恒等式。

资料：中会公司2019年1月31日资产总额为350 000元，负债总额为24 000元，所有者权益总额为326 000元。中会公司2月发生如下经济业务：

(1) 从银行提取现金2 000元。

(2) 用银行存款偿还原购买材料所欠货款(应付账款)10 000元。

(3) 向银行借款20 000元，存入银行。

(4) 新加入的投资者投资50 000元，存入银行。

(5) 用银行存款购买设备一台30 000元。

要求：

(1) 说明上述经济业务的发生对资产、负债、所有者权益项目增减变动的影响。

(2) 计算并列出等式，说明每笔经济业务的发生对会计恒等式“资产＝负债＋所有者权益”的具体影响。

训练二

目的：练习借贷记账法的运用。

资料：中意公司2019年8月发生下列经济业务(本例暂不考虑增值税)：

(1) 3日，从银行提取现金1 000元备用。

(2) 4日，用银行存款5 000元偿还所欠红星工厂的购货款。

(3) 5日，从红星工厂购入甲材料50吨，单价200元，货款10 000元用银行存款支付，甲材料已验收入库。

(4) 6日，从红星工厂购入乙材料240吨，单价50元，货款12 000元尚未支付，乙材料已验收入库。

(5) 10日，销售一批产品给大华工厂，价款35 000元已收到并存入本企业银行账户。

(6) 15日，从银行取得50 000元的短期借款，已存入本企业的银行账户。

(7) 18日，用银行存款12 000元偿还6日所欠红星工厂的购货款。

(8) 20日，用银行存款2 000元向水电部门支付管理部门用水电费。

(9) 20日，生产产品领用甲材料45吨，单价200元，货款9 000元；生产产品领用乙材料160吨，单价50元，货款8 000元。

(10) 30日，收到大庆公司投入的货币资金300 000元，已存入本企业的银行账户。

要求：根据上述资料，编制会计分录。

训练三

目的：通过练习掌握借贷记账法。

资料:中和公司 2019 年 5 月发生下列经济业务:

(1) 向银行借入短期借款 50 000 元,存入银行存款户。

(2) 以库存现金暂付职工王××出差预借差旅费 3 000 元。

(3) 从银行提取现金 45 000 元备发工资。

(4) 发放本月职工工资 45 000 元。

(5) 收回 A 单位前欠货款 230 000 元存入银行。

(6) 以库存现金购买办公用品 1 000 元,当即交付各办公室使用。

(7) 以银行存款偿还前欠 B 公司货款 70 000 元。

(8) 以银行存款偿还到期短期借款 200 000 元。

(9) 购入某公司发行 3 年期债券价值 80 000 元,开出转账支票付讫。

(10) 开出银行承兑汇票抵付前欠 C 公司货款 52 000 元。

(11) 以银行存款支付广告费 100 000 元。

(12) 将库存现金 5 000 元存入银行。

(13) 由银行取得 2 年期借款 2 000 000 元,存入银行存款户。

(14) 收回 D 公司欠款 90 000 元,存入银行。

(15) 以银行存款支付金融机构手续费 2 000 元。

要求:根据上述经济业务,编制会计分录。

训练四

目的:练习总分类账户和明细分类账户的平行登记方法。

资料:中意公司 2019 年 8 月 1 日"原材料"和"应付账款"总分类账户所属明细账户的期初余额资料如下:

"原材料"账户借方余额:

甲材料 10 吨,每吨 200 元　　计 2 000 元;

乙材料 20 吨,每吨 50 元　　计 1 000 元;

合计　　3 000 元。

"应付账款"账户贷方余额:

红星公司　　5 000 元;

合计　　5 000 元。

中意公司 2019 年 8 月发生的经济业务同本单元训练二。

要求:根据上述资料及本单元训练二编制的会计分录,登记"原材料"和"应付账款"两个总账及其所属明细账,并进行期末结账,编制"原材料明细账本期发生额及余额核对表"和"应付账款明细账本期发生额及余额核对表"。

训练五

目的:练习编制会计分录及试算平衡表。

资料:中正公司 2019 年 8 月初各资产、负债和所有者权益账户的余额,如表 4-22 所示。

表 4-22　　资产、负债和所有者权益账户余额　　单位：元

资产类账户	金　额	负债和所有者权益类账户	金　额
银行存款	30 000	短期借款	40 000
应收账款	50 000	应付账款	30 000
原材料	40 000	实收资本	50 000
合　计	120 000	合　计	120 000

该公司 8 月发生下列经济业务：

(1) 收回应收账款 40 000 元并存入银行。

(2) 用银行存款 20 000 元购入原材料(不考虑增值税)，原材料已验收入库。

(3) 以银行存款偿还前欠短期借款 30 000 元。

(4) 收到投资人追加投资 50 000 元并存入银行(假定全部为实收资本)。

(5) 购入原材料，货款 30 000 元(不考虑增值税)，原材料已验收入库，货款尚未支付。

(6) 从银行借入短期借款 10 000 元直接偿还应付账款。

要求：

(1) 根据以上资料编制会计分录。

(2) 编制发生额及余额的试算平衡表。

训练六

目的：熟悉经济业务对会计等式的影响。

资料：某企业月初资产总额 200 000 元，负债总额 85 000 元，所有者权益总额 115 000 元，本月发生以下经济业务：

(1) 接受某单位捐赠的机器设备 3 台，价值 30 000 元。

(2) 用银行存款 20 000 元归还长期借款。

(3) 购进一批材料，价值 10 000 元，货款尚未支付。

(4) 收到购买单位的预付货款 12 000 元，存入银行。

(5) 经批准，将盈余公积金 15 000 元转增资本金(即实收资本)。

(6) 用银行存款 8 000 元购买有价证券。

要求：

(1) 逐项分析上述业务发生后对资产、负债和所有者权益三个要素增减变动的影响。

(2) 月末计算资产、负债和所有者权益三个要素的总额并列出会计等式。

训练七

目的：熟悉资产、负债和所有者权益的内容及其划分和会计等式。

资料：某工厂 2019 年 1 月 31 日资产、负债与所有者权益的资料如下：

(1) 厂房两幢，计价 120 000 元。

(2) 各种机床设备 20 000 元。

(3) 北方工厂投入资本 230 000 元。

(4) 本厂未分配利润 80 000 元。

(5) 各种钢材 90 000 元。

(6) 装配用五金配件 13 000 元。

(7) 完工的产品 54 000 元。

(8) 现金 200 元,银行存款户存款 45 800 元。

(9) 运输卡车 1 辆,计 60 000 元。

(10) 向银行借入的短期借款 60 000 元。

(11) 应收账款 4 000 元,应付账款 30 000 元。

(12) 应交税金 7 000 元。

要求:

(1) 根据以上资料,确定它们属于会计基本要素中的哪一类,并指明科目的名称。

(2) 把相同科目的数字进行合并,填入表 4-23 中,并核对合计数是否符合会计基本等式。

表 4-23　资产、负债和所有者权益

业务号码	项目名称	资产=负债+所有者权益
1		
2		
3		
4		
5		
6		
7		
合　计		

训练八

目的:熟悉经济业务对会计等式的影响。

资料:东关服务部本月发生的 5 笔经济业务,如表 4-24 所示。

表 4-24　东关服务部本月经济业务

项　目	资产=负债+所有者权益					
	库存现金	银行存款	原材料	固定资产	应付账款	实收资本
期初	800	7 900	800	6 500	2 000	14 000
业务 1	−400	+400				
业务 2		−1 000			−1 000	
业务 3		+6 000				+6 000
业务 4			+8 500		+2 500	+6 000
业务 5	−2 000		+3 600		+1 600	

要求:

(1) 根据上述资料,用文字说明该服务部本月发生的 5 笔经济业务内容。

(2) 计算并说明 5 笔经济业务对资产、负债及所有者权益增减变动的影响。

第五单元　成本计算

知识目标

通过本项目的课程教学，学生应该了解企业筹资业务、采购业务、生产业务、销售业务的成本计算和财务成果形成及其分配业务核算的内容、一般程序和方法；理解借贷记账法基本原理，掌握企业主要经济业务核算应设置的主要账户，并能用这些账户对企业主要经营过程中的基本业务进行正确的账务处理。

技能目标

通过本项目的课程教学，学生应该在学会相关知识之后，能够做以下工作：①能区分企业基本经济业务所属的业务类别，并按照相应的程序与方法，运用复式记账法进行记账凭证的填制；②对制造业的各环节成本进行计算；③会计期末能对该会计期间的财务成果形成与分配进行账务处理。

案例导入

张磊与李明的奶茶店经营半年后，张磊因毕业考虑职业规划，面临两条路可以选择：一是担任某公司出纳，月薪 1 800 元；二是继续与李明一起经营奶茶店，奶茶店开业第一个月预付 1 年房租 12 000 元，购入设备共支出 30 000 元(设备预计可使用 5 年)，购入原材料支出 20 000 元，支付员工工资 12 000 元，支付水电等费用 10 000 元，获取营业收入60 000 元。

思考：根据上述资料，你认为张磊应该如何选择呢?

第一讲　企业资金筹集

【知识要点】

在企业的生产经营过程中，采购、生产、销售三个阶段都会发生一定的耗费，都要进行成本计算。采购阶段需要计算材料采购成本。生产阶段需要计算产品生产成本，销售阶段需要计算产品销售成本。本单元简要说明各阶段成本计算的内容和方法。

一、资金筹集业务核算的内容

资金筹集简称筹资，是企业的主要财务活动之一，是指企业为了满足自身生产经营活动的需要，从企业内部或外部筹措资金的活动。

企业进行生产经营活动所需要的资金主要从两个渠道筹集：一是投资者投入的资本，形成所有者权益；二是向债权人借入的资金，形成企业的负债。

(一) 投资者投入资本

投资者投入资本，包括国家、法人、个人和外商等投入的资本，构成所有者权益的主要部分。《企业法人登记管理条例》规定，企业申请开业，必须具备国家规定的与其生产经营和服务规模相适应的资金。投资者可以以货币资金、实物资产和无形资产对企业进行投资(无形资产投资必须在国家规定的比例范围以内)。

(二) 向债权人借入资金

企业在生产经营过程中，为了弥补自有资金的不足，经常需要向银行或其他金融机构等债权人借入资金，形成短期借款和长期借款。企业向银行或其他金融机构等借入的款项，偿还期限在 1 年以内(含 1 年)的借款称为短期借款，属于流动负债；偿还期限在 1 年以上(不含 1 年)的借款称为长期借款，属于非流动负债。企业借入的各种款项应按规定的用途使用，按期归还本金并支付利息。

企业向债权人借入资金，形成企业的负债。

二、资金筹集业务核算设置和运用的主要账户

(一)"银行存款"账户

"银行存款"账户属于资产类账户，用来核算企业存入银行或其他金融机构的各种款项。该账户的借方登记企业银行存款的增加数额；贷方登记企业银行存款的减少数额；期末余额在借方，反映企业银行存款的结余数。

(二)"固定资产"账户

"固定资产"账户属于资产类账户，用来核算企业持有的固定资产原价。该账户的借方登记增加固定资产的原价；贷方登记减少固定资产的原价；期末余额在借方，反映企业期末固定资产的原价。

该账户可按固定资产类别和项目设置明细分类账户，进行明细核算。

(三)"无形资产"账户

"无形资产"账户属于资产类账户，用来核算企业持有的无形资产成本。该账户的借方登记增加无形资产的成本；贷方登记减少无形资产的成本；期末余额在借方，反映企业期末无形资产的成本。

该账户可按无形资产项目设置明细分类账户，进行明细核算。

(四)"短期借款"账户

"短期借款"账户属于负债类账户，用来核算和监督企业向银行或其他金融机构借入的期限在 1 年以下(含 1 年)的各种借款。该账户的贷方登记企业借入的各种短期借款的本金数额；借方登记企业归还的短期借款的本金数额；期末余额在贷方，反映企业尚未偿还的短期借款的本金数额。

该账户可按借款种类、贷款人和币种设置明细分类账户，进行明细核算。

（五）“长期借款”账户

“长期借款”账户属于负债类账户，用来核算和监督企业向银行或其他金融机构借入的期限在1年以上（不含1年）的各种借款。该账户的贷方登记企业借入的各种长期借款的本金及利息；借方登记企业归还的各种长期借款的本金及利息；期末余额在贷方，反映企业尚未偿还的长期借款的本金及利息。

该账户可按贷款单位和借款种类设置明细分类账户，进行明细核算。

（六）“实收资本”账户

“实收资本”账户属于所有者权益类账户，用来核算企业投资人投入资本的增减变动及其结余情况。该账户的贷方登记企业实际收到投资人作为资本投入的货币资金、房屋建筑物、机器设备、材料物资等实物资产以及无形资产的投资额；借方登记投资人收回的资本；期末余额在贷方，反映企业实收资本总额。

该账户可按投资者设置明细分类账户，进行明细核算。

技能操作

山东宏大科贸有限公司（以下简称宏大公司）是增值税一般纳税人，以该公司2019年11月发生的资金筹集业务为例，说明企业资金筹集的核算。

【例5-1】 宏大公司收到股东投入资本人民币1 000 000元，已存入银行。

这项经济业务的发生，一方面，使宏大公司的银行存款增加1 000 000元，应记入“银行存款”账户的借方；另一方面，使股东对公司的投入资本增加1 000 000元，应记入“实收资本”账户的贷方。

根据出资证明和银行进账单（回单），编制会计分录如下：

借：银行存款　　　　1 000 000

　　贷：实收资本——股东　　　　1 000 000

【例5-2】 宏大公司收到大明公司投入的不需安装的全新机器设备一台，价值400 000元。

这项经济业务的发生，一方面，使宏大公司的固定资产原值增加400 000元，应记入“固定资产”账户的借方；另一方面，使大明公司对宏大公司的投入资本增加400 000元，应记入“实收资本”账户的贷方。

根据出资证明和固定资产交接单，编制会计分录如下：

借：固定资产　　　　400 000

　　贷：实收资本——大明公司　　　　400 000

【例5-3】 宏大公司收到大宇公司投入的专利权一项，双方协商确认的价格为200 000元，符合无形资产出资比例规定。

这项经济业务的发生，一方面，使宏大公司的无形资产增加200 000元，应记入“无形资产”账户的借方；另一方面，使大宇公司对宏大公司的投入资本增加200 000元，应记入“实收资本”账户的贷方。

根据出资证明单等，编制会计分录如下：

借：无形资产　　　　200 000

　　贷：实收资本——大宇公司　　　　200 000

【例 5-4】 宏大公司向银行借入临时借款 100 000 元，存入银行存款账户。

这项经济业务的发生，一方面，使宏大公司的银行存款增加 100 000 元，应记入“银行存款”账户的借方；另一方面，使短期借款增加 100 000 元，应记入“短期借款”账户的贷方。

根据银行的付款通知，编制会计分录如下：

借：银行存款　　100 000
　贷：短期借款　　100 000

第二讲　采购成本计算

【知识要点】

一、采购成本核算的内容

采购业务是企业经营过程的第一个阶段，是生产的准备阶段。在采购业务中，企业用货币资金购买各种原材料、辅助材料，形成材料储备，以保证生产需要。

采购业务的主要经济业务是材料物资采购。材料采购的核算主要分为两个环节：一是与采购单位的货款结算；二是材料验收入库。前者主要根据采购单位的结算凭证办理，后者则根据仓库转来的收料凭证进行账务处理。如果付款和收料手续都办妥，则表明材料采购业务结束。

企业在采购材料物资时，与采购单位进行货款结算，除了以库存现金、银行存款等资产支付材料采购货款和增值税（进项税额）外，还要支付材料的运费、装卸费等各种采购费用。材料的买价加上应由其负担的采购费用构成材料采购成本。

材料采购成本的支付、归集、计算和材料验收入库，增值税进项税额和应付账款的核算等，构成了采购成本核算的主要内容。

二、采购成本核算应设置和运用的主要账户

（一）“库存现金”账户

“库存现金”账户属于资产类账户，用来核算和监督企业库存现金的增减变动情况。该账户的借方登记企业库存现金的增加数；贷方登记企业库存现金的减少数；期末余额在借方，反映企业持有的库存现金数额。

（二）“在途物资”账户

“在途物资”账户属于资产类账户，用来核算企业采用实际成本进行材料、商品等物资的日常核算时货款已付但尚未验收入库的材料物资的采购成本。该账户的借方登记企业采购业务中发生的材料物资的实际采购成本；贷方登记企业验收入库的材料物资的实际采购成本；期末余额在借方，反映企业尚未验收入库的在途材料物资的采购成本。

该账户可按采购单位和物资品种设置明细分类账户，进行明细核算。

（三）“原材料”账户

“原材料”账户属于资产类账户，用来核算和监督企业库存材料的收入、发出和结存情况。该账户的借方登记已验收入库材料的成本；贷方登记发出材料的成本；期末余额在借方，反映库存材料的成本。

该账户可按材料的类别、品种和规格等设置明细分类账户，进行明细核算。

（四）“应付账款”账户

“应付账款”账户属于负债类账户，用来核算企业因购买材料、商品和接受劳务等经营活动应支付的款项。该账户的贷方登记因购买材料、商品或接受劳务采购而发生的应付未付的款项；借方登记偿还的应付账款；期末余额一般在贷方，反映企业尚未支付的应付账款余额。

该账户可按债权人设置明细分类账户，进行明细核算。

（五）“预付账款”账户

“预付账款”账户属于资产类账户，用来核算企业按照合同规定预付给采购单位的款项。该账户的借方登记预付或补付货款的金额；贷方登记企业收到所购物资时应支付的金额或退回多付的款项；期末余额一般在借方，反映企业预付的款项；期末余额如在贷方，反映企业尚未补付的款项。

该账户可按供货单位设置明细分类账户，进行明细核算。

（六）“应付票据”账户

“应付票据”账户属于负债类账户，用来核算企业购买材料、商品而开出、承兑的商业汇票，包括银行承兑汇票和商业承兑汇票。该账户的贷方登记企业开出、承兑商业汇票的面值；借方登记支付的票款；期末余额在贷方，反映企业已开出并承兑的尚未到期商业汇票的票面金额。

该账户可按商业汇票种类设置明细分类账户，进行明细核算。

（七）“应交税费——应交增值税”账户

应交税费是指企业根据税法规定计算的应当缴纳的各种税费，具体包括增值税、城市维护建设税、教育费附加、企业所得税等。

“应交税费”账户属于负债类账户，贷方登记企业按规定计算应交的各种税费金额；借方登记实际缴纳的各种税费金额；期末余额一般在贷方，反映企业尚未缴纳的税费。

该账户可按应交的税费项目设置明细分类账户，进行明细核算。

为了核算企业应交增值税的发生、抵扣、缴纳等情况，应在“应交税费”账户下设置“应交增值税”明细分类账户进行核算。该明细分类账户的贷方登记企业销售货物或提供劳务应缴纳的增值税销项税额；借方登记企业购进货物或接受应税劳务支付的增值税进项税额和实际已缴纳的增值税；期末余额如在贷方，反映企业尚未缴纳的增值税额；期末余额如在借方，反映企业多交或尚未抵扣的增值税。

“应交增值税”明细科目应设置“进项税额”“销项税额”“已交税金”等专栏，进行明细核算。

增值税一般纳税人从销项税额中抵扣进项税额后向税务部门缴纳增值税。小规模纳税人实行简易征收办法。

一般纳税人应纳增值税计算公式如下：

应纳税额＝当期销项税额－当期进项税额

销项税额＝销售额×增值税税率

进项税额＝购进货物或劳务价款×增值税税率

三、采购成本的计算

材料采购成本的计算就是按照各种外购材料的品名或类别作为成本计算对象，归集和分配材料物资采购过程中所支付的材料买价和有关采购费用，并按成本项目计算确定各种材料的实际采购总成本和单位成本。

(一) 材料采购成本的内容

材料采购成本是指企业材料物资从采购到入库前所发生的全部支出,包括:

(1) 买价(即供货单位所开具的销售发票上所列的货款金额,但不包括增值税专用发票上注明的增值税额)。

(2) 运杂费(包括运输费、装卸搬运费、保险费、包装费、仓储费等)。

(3) 运输途中的合理损耗。

(4) 入库前的挑选整理费用(包括整理挑选中发生的工费支出和必要损耗,并扣除回收的下脚废料价值)。

(5) 购入材料物资应负担的某些税金和其他费用(例如,企业购买材料物资时所发生的进口关税、消费税、资源税和不能从销项税额中抵扣的增值税进项税额以及其他费用)。

至于采购人员的差旅费、小额市内运杂费等,一般不计入采购成本,而是作为企业的管理费用列支。

(二) 材料采购成本的计算方法

材料采购成本,通过设置"材料采购明细分类账"进行归集计算。材料采购明细账按照材料采购成本项目("买价"和"采购费用")设置专栏。

在计算材料采购成本时,对于能直接分清受益材料、可以直接归属于有关受益对象的直接费用(例如,材料的买价支出、能直接划清的采购费用),应直接计入各种材料的采购成本,并根据有关凭证直接记入有关材料采购明细分类账户中;对于不能直接归属于有关受益对象的间接费用(例如,两种或两种以上材料共同负担的采购费用),则应先采用一定的标准,按材料的重量、买价、体积等比例,分配计入各种材料的采购成本,然后再据以记入有关材料采购明细分类账户中。

计算公式如下:

$$\text{采购费用分配率}=\frac{\text{采购费用总额}}{\text{各种材料的重量(体积或买价)之和}}$$

$$\text{某种材料应负担的采购费用}=\text{该种材料的重量(体积或买价)}\times\text{采购费用分配率}$$

技能操作

宏大公司是增值税一般纳税人,以该公司 2019 年 12 月发生的采购业务为例,说明企业采购成本的核算(假定材料的日常核算均采用实际成本核算,增值税税率 13%,暂不考虑运费的增值税)。

【例 5-5】 宏大公司 2019 年 12 月 1 日从黄河工厂购入甲材料 4 000 千克,单价 50 元/千克,货款 200 000 元,增值税进项税额 26 000 元,材料运费 3 000 元,款项已用银行存款支付,发票与货物同时到达。材料办理验收入库。

这项经济业务的发生,一方面,使宏大公司库存甲材料增加 200 000 元,应记入"原材料"账户的借方;同时,应交增值税进项税额增加 26 000 元,应记入"应交税费——应交增值税"账户的借方"进项税额"专栏,材料运费应计入材料成本。另一方面,使宏大公司的银行存款减少 229 000 元,应记入"银行存款"账户的贷方。

根据银行结算凭证、黄河工厂开具的增值税专用发票、甲材料验收入库的收料单、材料运费单据,编制会计分录如下:

借:原材料——甲材料 203 000
　　应交税费——应交增值税(进项税额) 26 000
　　贷:银行存款 229 000

【例 5-6】 宏大公司从光华公司购入乙材料 2 000 千克,单价 30 元/千克,取得的增值税专用发票上列明的货款为 60 000 元,进项税额为 7 800 元,材料尚未到达,货款及税金均未支付。

这项经济业务的发生,一方面,使宏大公司乙材料的采购成本增加 60 000 元,由于材料尚未到达,应记入"在途物资"账户的借方;同时,使应交增值税进项税额增加 7 800 元,应记入"应交税费——应交增值税"账户的借方"进项税额"专栏。另一方面,又使宏大公司应付给光华公司的款项增加 67 800 元,应记入"应付账款"账户的贷方。

根据光华公司开具的增值税专用发票,编制会计分录如下:

借:在途物资——乙材料 60 000
　　应交税费——应交增值税(进项税额) 7 800
　　贷:应付账款——光华公司 67 800

【例 5-7】 宏大公司从大兴公司购入丙材料 2 500 千克,单价 80 元/千克;购入丁材料 5 000 千克,单价 15 元/千克。取得的增值税专用发票上列明:货款共计 275 000 元,应交增值税进项税额共计 35 750 元。宏大公司开出商业承兑汇票一张,面值 310 750 元,付款期限为 3 个月。丙、丁两种材料均未到达。

这项经济业务的发生,一方面,使丙材料的采购成本增加 200 000 元,丁材料的采购成本增加 75 000 元,由于材料都尚未到达入库,应记入"在途物资"账户的借方;同时,使应交增值税进项税额增加 35 750 元,应记入"应交税费——应交增值税"账户的借方"进项税额"专栏。另一方面,由于宏大公司开出期限为 3 个月的商业承兑汇票,又使公司的流动负债增加 310 750 元,应记入"应付票据"账户的贷方。

根据商业承兑汇票存根和收到的大兴公司开具的增值税专用发票,编制会计分录如下:

借:在途物资——丙材料 200 000
　　　　　　——丁材料 75 000
　　应交税费——应交增值税(进项税额) 35 750
　　贷:应付票据 310 750

【例 5-8】 上述丙、丁两种材料到达验收入库,宏大公司用银行存款支付两种材料的运杂费 6 000 元。共同发生的运杂费按材料重量比例分配。计算过程如下:

运杂费分配率＝待分配的运杂费用÷各受益材料的重量
　　　　　　＝6 000÷(2 500＋5 000)＝0.8(元/千克)

丙材料应分配的运杂费＝丙材料重量×运杂费分配率
　　　　　　　　　　＝2 500×0.8＝2 000(元)

丁材料应分配的运杂费＝丁材料重量×运杂费分配率
　　　　　　　　　　＝5 000×0.8＝4 000(元)

这项经济业务的发生,使丙材料的采购成本增加 2 000 元,丁材料的采购成本增加 4 000 元,应计入原材料成本。

根据银行结算凭证、收到的运杂费收据、收料单,编制会计分录如下:

借:原材料——丙材料　　202 000
　　　　——丁材料　　79 000
　贷:在途物资——丙材料　　200 000
　　　　　　——丁材料　　75 000
　　银行存款　　6 000

根据上述资料,计算甲、丙、丁三种材料的材料采购成本如下:

(1) 材料的买价能直接明确其受益对象,应直接计入甲、丙、丁三种材料的采购成本,并分别直接记入甲、丙、丁三种材料的材料采购明细账的“买价”栏。

(2) 将丙、丁两种材料共同发生的运杂费按材料重量比例分配。

将上述分配结果,分别计入丙、丁两种材料的材料采购明细账的“采购费用”栏。

(3) 根据甲、丙、丁三种材料的材料采购明细账,编制甲、丙、丁三种材料的采购成本计算表,如表5-1所示。

表5-1　　材料采购成本计算表

编制单位:宏大公司　　2019年12月　　金额单位:元

成本项目	甲材料		丙材料		丁材料	
	总成本	单位成本	总成本	单位成本	总成本	单位成本
买价	200 000	50	200 000	80	75 000	150
采购费用	3 000	0.75	2 000	0.8	4 000	0.8
采购成本	203 000	50.75	202 000	80.8	79 000	15.8

【例5-9】 宏大公司以银行存款归还前欠光华公司的货款及税金70 200元。

这项经济业务的发生,一方面,使宏大公司应付给光华公司的款项减少70 200元,应记入“应付账款”账户的借方,另一方面,使宏大公司的银行存款减少70 200,应记入“银行存款”账户的贷方。

根据银行结算凭证,编制会计分录如下:

借:应付账款——光华公司　　67 800
　贷:银行存款　　67 800

【例5-10】 宏大公司根据合同预付给大盛公司150 000元,用于购买甲材料,款项已通过银行划转。

这项经济业务的发生,一方面,使宏大公司预付给大盛公司的款项增加150 000元,应记入“预付账款”账户的借方;另一方面,使银行存款减少150 000元,应记入“银行存款”账户的贷方。

根据银行结算凭证,编制会计分录如下:

借:预付账款——大盛公司　　150 000
　贷:银行存款　　150 000

【例5-11】 大盛公司按合同发来前已预付150 000元货款的甲材料2 400千克,单价50元/千克,发票与货物同时到达,并立即办理验收入库。增值税专用发票上注明,该批材料的买价为120 000元,增值税额为15 600元,共计135 600元,余款退回并存入银行。

这项业务的发生,一方面,使宏大公司库存甲材料增加120 000元,应直接记入“原材料”

账户的借方；同时，使应交增值税进项税额增加 15 600 元，应记入“应交税费——应交增值税”账户的借方“进项税额”专栏；退回的余款 14 400 元增加银行存款，应记入“银行存款”账户的借方。另一方面，使宏大公司的预付款项减少了 150 000 元，应记入“预付账款”账户的贷方。

根据增值税专用发票、银行结算凭证以及甲材料验收入库单，编制会计分录如下：

借：原材料——甲材料	120 000	
应交税费——应交增值税(进项税额)	15 600	
银行存款	14 400	
贷：预付账款——大盛公司		150 000

第三讲　生产成本计算

【知识要点】

一、生产成本核算的内容

企业的生产过程是从投入材料到产品完工并验收入库的全过程。生产过程既是产品的制造过程，又是物化劳动(劳动资料和劳动对象)和活劳动(劳动力)的消耗过程。企业在生产产品的过程中所发生的各种耗费称为生产费用，主要包括各种材料的耗费、固定资产的磨损、支付职工工资和其他费用等。为生产产品而发生的各种生产费用，要按一定种类的产品进行归集和分配，计算各种产品的生产成本。

因此，生产业务核算的主要内容是生产费用的发生、归集和分配以及产品成本的计算。

二、生产成本核算应设置和运用的主要账户

(一)“生产成本”账户

“生产成本”账户属于成本类账户，用来核算企业进行工业性生产发生的各项生产成本，并据以确定产品的实际生产成本。该账户的借方登记本期发生的全部生产费用，包括直接材料、直接人工以及由“制造费用”账户分配转入的制造费用；贷方登记应结转至“库存商品”账户借方的完工入库产品的实际生产成本；期末余额在借方，反映企业生产过程中尚未完工的在产品的实际生产成本。

该账户按产品的品种或类别设置明细分类账户，进行明细核算。

(二)“制造费用”账户

“制造费用”账户属于成本类账户，用来归集和分配企业生产车间(部门)为生产产品和提供劳务而发生的各项间接费用，包括生产车间发生的机器物料消耗、车间管理人员的工资、车间计提的固定资产折旧费、支付的车间办公费和水电费等。该账户的借方登记月份内实际发生的各项制造费用；贷方登记期末分配转入“生产成本”账户借方的制造费用；该账户期末一般应无余额。

该账户可按不同的生产车间、部门设置明细分类账户，进行明细核算。

(三)“应付职工薪酬”账户

职工薪酬是指企业为获得职工提供的服务而给予职工的各种形式的报酬以及其他相关支出，包括职工工资、奖金、津贴和补贴等。

“应付职工薪酬”账户属于负债类账户，用来核算企业根据有关规定应付给职工的各种薪

酬。该账户的贷方登记实际发生的应计入本期成本、费用的应付职工薪酬；借方登记实际支付的职工薪酬；期末余额在贷方，反映企业应付而未付的职工薪酬的结余数。

该账户可按职工薪酬的具体项目设置“工资”等明细分类账户，进行明细核算。

(四)“累计折旧”账户

固定资产在使用过程中由于磨损和耗费而损耗的价值称为折旧。企业应按照固定资产的原始价值和规定的折旧率按月计算折旧费用，计入产品成本或期间费用。管理上要求“固定资产”账户核算固定资产的原始价值，因此，需要设置“累计折旧”账户来反映企业提取的折旧。

“累计折旧”账户属于资产类账户，用来核算和监督企业固定资产的累计折旧，是“固定资产”账户的备抵账户。该账户的贷方登记固定资产折旧的增加数；借方登记企业因出售、报废等原因注销固定资产而减少的已计提的累计折旧额；期末余额在贷方，反映企业固定资产的累计折旧额。

(五)“库存商品”账户

“库存商品”账户属于资产类账户，用来核算企业已经生产完工并验收入库的各种产品的实际成本。该账户的借方登记已经完工验收入库的各种产品的实际成本；贷方登记企业因销售等发出的各种产品的实际成本；期末余额在借方，反映企业库存商品的实际成本。

该账户可按库存商品的种类、品种和规格等设置明细分类账户，进行明细核算。

(六)“管理费用”账户

“管理费用”账户属于损益类账户，用来核算企业行政管理部门为组织和管理生产经营活动所发生的各项管理费用。该账户的借方登记企业发生的各种管理费用；贷方登记期末转入“本年利润”账户借方的管理费用；期末结转后，该账户应无余额。

该账户可按管理费用的项目设置专栏，进行明细核算。

三、产品生产成本的计算

产品生产成本的计算，就是以生产产品的品种或类别为成本计算对象，归集和分配生产过程中所发生的各种生产费用，并按成本项目计算各种产品的总成本和单位成本。

(一) 产品生产成本的内容

产品生产成本也称制造成本，是指为生产(制造)产品或提供劳务而发生的成本。产品生产成本一般包括以下几项内容：

(1) 直接材料是指企业在生产过程中实际消耗的且直接形成产品的材料耗费，如原材料、辅助材料、设备配件、外购半成品、燃料、动力和周转材料等。

(2) 直接人工是指直接从事产品生产人员的工资、奖金、津贴和补贴等职工薪酬。

(3) 制造费用是指企业生产车间(部门)为组织和管理生产所发生的各项间接费用，包括生产车间发生的机器物料消耗、生产车间管理人员和技术人员的工资等职工薪酬、生产车间计提的固定资产折旧费、生产车间支付的办公费和水电费等。

(二) 产品生产成本计算的一般程序

(1) 确定成本计算对象。这是指为计算产品成本而确定的生产费用归集和分配的对象。企业在生产过程中，为生产各种产品发生的各种费用，应当以生产的各种产品为成本计算对象。

(2) 确定成本计算期。这是指两次成本计算之间的间隔期。从理论上讲，产品生产成本计算期应当同产品的生产周期一致。但在实际确定成本计算期时，还必须考虑企业生产技术和生产组织的特点。为了及时取得成本指标、加强成本管理，一般每月计算一次产品成本。

(3) 确定产品成本项目。这是指将计入产品成本的各种生产费用按其经济用途进行分类而划分的若干个项目，包括直接材料、直接人工和制造费用。

通过对一定对象成本项目的分析，可以初步查明成本升降的原因，挖掘降低成本的潜力。

(4) 按成本项目在各成本计算对象间归集和分配生产费用。成本计算的过程，实际上是各项生产费用归集和分配的过程。按成本计算对象归集和分配各种生产费用是成本计算的主要内容。

(5) 设置和登记生产成本明细分类账，编制产品成本计算表。在成本计算过程中，首先应按确定的成本计算对象分别设置生产成本明细账，然后分成本项目登记生产成本明细账，最后根据生产成本明细账编制各种成本计算表，确定各该成本计算对象的总成本和单位成本。

(三) 成本计算的要求

为了正确计算成本，要分清以下费用界限：

(1) 正确划分应计入产品成本和不应计入产品成本的费用界限。凡是用于产品生产的费用支出，都应计入产品成本；不是用于产品生产的费用支出，都不能计入产品成本。

(2) 正确划分各受益期间的费用界限。应计入生产成本的费用，还应在各成本计算期之间进行划分，以便分期计算产品成本。应由本期产品负担的费用，应全部计入本期产品成本；不应由本期负担的生产费用，则不应计入本期的产品成本。

(3) 按照受益原则，正确划分不同成本对象的费用界限。对于应计入本期产品成本的费用，还应在各种产品之间进行划分：凡是能分清应由某种产品负担的直接成本，应直接计入该产品成本；各种产品共同发生、不易分清应由哪种产品负担的间接费用，则应采用合理的方法分配计入有关产品的成本。

(4) 正确划分完工产品和在产品成本的界限。月末计算产品成本时，如果某产品已经全部完工，则计入该产品的全部生产成本之和，就是该产品的“完工产品成本”；如果某种产品全部未完工，则计入该产品的生产成本之和，就是该产品的“月末在产品成本”；如果某种产品既有完工产品又有在产品，已计入该产品的生产成本应采用适当的方法，在完工产品和在产品之间进行分配，以便分别确定“完工产品成本”和“月末在产品成本”。

技能操作

以宏大公司 2019 年 12 月发生的生产业务为例，说明企业生产业务的核算。

【例 5-12】 宏大公司本月领用各种材料，价值共计 491 000 元，按用途汇总，如表 5-2 所示。

表 5-2　**发出材料汇总表**

2019 年 12 月 31 日　单位：元

材料名称	领用金额	用途			
		A 产品	B 产品	一般耗用	公司管理用
甲材料	303 000	206 500	96 500		
乙材料	37 500	17 500	20 000		

（续表）

材料名称	领用金额	用途			
		A产品	B产品	一般耗用	公司管理用
丙材料	141 500	44 000	76 500	13 500	7 500
建材	5 000			5 000	
备件	4 000			4 000	
合　计	491 000	268 000	193 000	22 500	7 500

这项经济业务的发生，一方面，使宏大公司库存原材料减少了491 000元，应记入"原材料"账户的贷方。另一方面，使宏大公司成本费用增加491 000元，其中：直接用于生产A、B产品461 000元，是可直接计入产品生产成本的直接费用，应记入"生产成本"账户的借方；车间一般耗用材料22 500元，属于间接费用，应记入"制造费用"账户的借方；公司管理部门耗用材料7 500元，属于期间费用，应记入"管理费用"账户的借方。

根据发出材料汇总表，编制会计分录如下：

借：生产成本——A产品　　268 000
　　　　　　——B产品　　193 000
　　制造费用　　22 500
　　管理费用　　7 500
　　贷：原材料——甲材料　　303 000
　　　　　　　——乙材料　　37 500
　　　　　　　——丙材料　　141 500
　　　　　　　——建材　　5 000
　　　　　　　——备件　　4 000

【例5-13】 月末，宏大公司结算本月份应付职工工资共计104 880元，其中：制造A产品的生产工人工资30 210元，制造B产品的生产工人工资49 500元，车间管理人员工资3 420元，行政管理人员工资21 660元。

这项经济业务的发生，一方面，使宏大公司应付给职工的工资增加104 880元，应记入"应付职工薪酬"账户的贷方。另一方面，使宏大公司成本费用增加104 880元，其中：A、B产品的生产工人工资79 800元，属于直接生产费用，应记入"生产成本"账户的借方；车间管理人员工资3 420元，属于间接生产费用，应记入"制造费用"账户的借方；行政管理人员工资21 660元，属于期间费用，应记入"管理费用"账户的借方。

根据工资分配表，编制会计分录如下：

借：生产成本——A产品　　30 210
　　　　　　——B产品　　49 590
　　制造费用　　3 420
　　管理费用　　21 660
　　贷：应付职工薪酬——工资　　104 880

【例5-14】 宏大公司开出现金支票从银行提取现金104 880元备发工资。

这项经济业务的发生，一方面，使宏大公司的库存现金增加104 880元，应记入"库存现金”账户的借方；另一方面，使银行存款减少 104 880 元，应记入“银行存款”账户的贷方。

根据现金支票存根，编制会计分录如下：

借：库存现金　　104 880

　贷：银行存款　　104 880

【例 5-15】 宏大公司以现金发放职工工资 104 880 元。

这项经济业务的发生，一方面，使宏大公司的库存现金减少 104 880 元，应记入“库存现金”账户的贷方；另一方面，使宏大公司应付给职工工资减少 104 880 元，应记入“应付职工薪酬”账户的借方。

根据工资发放表，编制会计分录如下：

借：应付职工薪酬——工资　　104 880

　贷：库存现金　　104 880

【例 5-16】 宏大公司计提本月固定资产折旧 46 500 元，其中：车间固定资产折旧 38 000 元，行政管理部门固定资产折旧 8 500 元。

这项经济业务的发生，一方面，使固定资产折旧费用增加 46 500 元，应分别记入“制造费用”和“管理费用”账户的借方；另一方面，使计提的累计折旧增加 46 500 元，应记入“累计折旧”账户的贷方。

根据固定资产折旧计算表，编制会计分录如下：

借：制造费用　　38 000

　管理费用　　8 500

　贷：累计折旧　　46 500

【例 5-17】 宏大公司以银行存款支付车间房屋维修费 1 600 元，公司办公用房维修费 4 250 元。

根据《企业会计准则》的规定，企业生产车间的固定资产维修费计入管理费用。

这项经济业务使公司的制造费用增加 1 600 元，应记入“制造费用”账户的借方；公司管理费用增加 4 250 元，应记入“管理费用”账户借方；银行存款减少 5 850 元，应记入“银行存款”账户的贷方。

根据维修费发票及转账支票存根，编制会计分录如下：

借：制造费用——维修费　　5 850

　贷：银行存款　　5 850

【例 5-18】 宏大公司以银行存款支付水电费，某车间应负担 2 850 元，公司管理部门应负担 7 000 元。

这项经济业务增加制造费用和管理费用，同时减少银行存款，应分别记入“制造费用”和“管理费用”账户的借方及“银行存款”账户的贷方。

根据水电费发票及转账支票存根，编制会计分录如下：

借：制造费用——水电费　　2 850

　管理费用——水电费　　7 000

　贷：银行存款　　9 850

【例 5-19】 职工张静出差预借差旅费 2 000 元，出纳以现金付讫。

这项经济业务的发生，一方面，使宏大公司的其他应收款增加 2 000 元，应记入“其他应收款”账户的借方；另一方面，使公司库存现金减少 2 000 元，应记入“库存现金”账户的贷方。

根据借款单,编制会计分录如下:

借:其他应收款——张静　　2 000

　　贷:库存现金　　2 000

【例 5-20】 职工张静出差归来,报销差旅费 1 900 元,交回结余款项 100 元。

这项经济业务的发生,一方面,使差旅费增加 1 900 元,应记入"管理费用"账户的借方;同时,使公司库存现金增加 100 元,应记入"库存现金"账户的借方。另一方面,职工张静出差预借的差旅费冲减 2 000 元,应记入"其他应收款"账户的贷方。

根据差旅费报销单和借款单,编制会计分录如下:

借:管理费用　　1 900

　　库存现金　　100

　　贷:其他应收款——张静　　2 000

【知识拓展】

间接费用的分配

间接费用在各种产品之间的分配,不仅是指制造费用的分配,也包括材料、工资等要素费用的分配。例如,生产两种以上产品,共同领用一批原材料,或者一批工人同时生产两种以上的产品,这种情况下的材料费和人工费都必须通过分配才能计入各种产品的成本(分配结果仍然是直接记入各该产品的"生产成本"明细账)。

间接费用的分配要计算费用分配率,为此,正确选择分配标准是至关重要的。

费用分配率=待分配费用总额÷分配标准总数

某产品应负担的费用额=费用分配率×该产品的分配标准

实际工作中,常用的分配标准有生产工人工时、生产工人工资、机器工时、有关消耗定额等。在选用分配标准时,要注意科学性和可操作性。

科学性是指分配标准与待分配的间接费用有较密切的依存关系。例如,对直接材料费用的分配,一般采用材料的消耗定额作分配标准;对直接工人费用的分配,在计时工资形式下,一般采用生产工人工时作为分配标准;制造费用的分配,在劳动密集型企业,一般采用生产工人工时或生产工人工资作为分配标准,而在技术密集型企业,则可考虑选用机器工时作为分配标准。

可操作性是指分配标准的资料比较容易取得,并能进行客观计量。分配标准选定之后,一般不宜经常变动,应保持相对稳定,以利于各期资料进行对比分析。

【例 5-21】 宏大公司将本月发生的制造费用 66 770 元通过分配全部转入 A、B 产品的生产成本。其中:A 产品应分摊 25 277 元,B 产品应分摊 41 493 元。

宏大公司 2019 年 12 月发生的生产业务中,直接材料和直接工人费用均无需进行分配,只需要对制造费用在 A、B 两种产品之间进行分配。按提供的资料,生产工人工资是现成的分配标准。现将全月发生的制造费用总额 66 770 元,以生产工人工资作为分配标准,在 A、B 产品间进行分配。

宏大公司某车间 12 月制造费用 66 770 元,在 A、B 产品间进行分配。

A、B 产品生产工人工资(分配标准)合计=30 210+49 590=79 800(元)

制造费用分配率=66 770÷79 800=0.836 717

A 产品应分配制造费用＝0.836 717×30 210＝25 277(元)

B 产品应分配制造费用＝0.836 717×49 590＝41 493(元)

这项经济业务的发生，一方面，使生产成本增加 66 770 元，应记入“生产成本”账户的借方；另一方面，使制造费用因分配转销而减少 66 770 元，应记入“制造费用”账户的贷方。

根据制造费用分配表，编制会计分录如下：

借：生产成本——A 产品　　25 277
　　　　　　——B 产品　　41 493
　贷：制造费用　　66 770

【例 5-22】 宏大公司本月投产的 A 产品 677 件、B 产品 500 件全部生产完工，并已验收入库，其中：A 产品实际生产成本 323 487 元，B 产品实际生产成本 284 033 元。

这项经济业务的发生，一方面，使生产成本减少 607 570 元，应记入“生产成本”账户的贷方；另一方面，使库存商品增加 607 570 元，应记入“库存商品”账户的借方。

根据 A、B 产品的完工产品生产成本计算表和完工产品入库单，编制会计分录如下：

借：库存商品——A 产品　　323 487
　　　　　　——B 产品　　284 083
　贷：生产成本——A 产品　　323 487
　　　　　　　——B 产品　　284 083

【知识拓展】

以本任务中生产业务核算的实例说明产品生产成本的计算方法

宏大公司某车间是一个封闭式车间，生产 A、B 两种产品，采用品种法计算产品生产成本，成本计算对象就是这两种产品，按两种产品设置生产成本明细账，定期(按月)计算成本。成本计算的具体步骤如下：

(1) 归集生产费用。A、B 两种产品的直接生产费用——直接材料和直接人工已分别归集记入了两种产品的“生产成本明细账”，A 产品为 298 210 元，B 产品为 242 590 元。制造费用也汇集记入了“制造费用”账户，全月发生额为 66 770 元。

(2) 间接费用的分配(前已述及)。

(3) 完工产品与期末在产品分配费用。当全部生产费用都记入产品的“生产成本”明细分类账之后，就可以计算完工产品的成本了。这项工作，实际上就是在完工产品与期末在产品之间分配费用。完工产品与期末在产品之间的关系可表述为下列公式：

期初在产成本＋本期发生的生产费用＝完工产品成本＋期末在产品成本

等式左边的两项都是已知的。如果期末没有在产品，则全部生产费用就是完工产品的总成本；如果有期末在产品，则必须采用一定的方法，在完工产品和期末在产品之间进行费用分配。

宏大公司生产 A、B 两种产品，A、B 产品期末没有在产品。A 产品本期完工 677 件，总成本 324 487 元；B 产品本期完工 500 件，总成本 284 083 元。本期发生的生产费用，全部都是完工产品的成本，共计 607 570 元。

费用分配完毕，计算出完工产品的总成本之后，还要编制产品制造成本汇总计算表，如表 5-3 所示，计算出单位成本。

表 5-3　　产品制造成本汇总计算表　　单位：元

成本项目	A产品677件		B产品500件	
	总成本	单位成本	总成本	单位成本
直接材料	268 000	395.87	193 000	386.00
直接人工	30 210	44.62	49 590	99.18
制造费用	25 883	37.34	41 493	82.97
合　计	323 487	477.82	284 083	568.17

第四讲　销售成本计算

【知识要点】

一、销售业务核算的内容

销售是企业向购买单位出售产品、提供劳务并收取价款的经济活动。

销售过程的主要经济业务是销售产品取得营业收入，做好销售结算工作，以便尽快收回货款。由此决定销售过程核算的主要内容包括正确核算营业收入；正确核算营业成本和销售费用；正确核算增值税销项税额与营业税金；正确核算应收账款与应收票据，监督货款早日回收。

在销售过程中，企业一方面通过销售产品收回销售货款，实现产品销售收入；另一方面应计算结转已售产品的销售成本及缴纳的销售税金。

企业在销售产品、材料和提供劳务等过程中，还会发生各种费用支出，包括保险费、包装费、展览费和广告费、运输费、装卸费等以及为销售本企业产品而专设的销售机构（含销售网点、售后服务网点等）的职工薪酬、业务费、折旧费等各项经营费用。这些专为销售产品而发生的费用称为销售费用。同时，企业还应按照国家的有关税法规定，计算并缴纳销售税金。

因此，企业销售业务核算的主要内容包括：核算产品销售收入、销售成本、销售费用.；核算和监督销售货款结算情况；准确计算、缴纳税金及附加等。

二、销售业务核算应设置和运用的主要账户

（一）“主营业务收入”账户

“主营业务收入”账户属于损益类账户，用来核算企业在日常经营活动中确认的销售商品、提供劳务等主营业务的收入。该账户的贷方登记实现的主营业务收入；借方登记销售退回冲销的收入及期末转销数；月末应将贷方余额全数转入“本年利润”账户，结转后该账户应无余额。

该账户可按主营业务的种类设置明细分类账户，进行明细核算。

（二）“主营业务成本”账户

“主营业务成本”账户属于损益类账户，用来核算企业在确认销售商品、提供劳务等主营业务收入时应结转的实际销售成本。该账户的借方登记企业已销售产品、提供劳务等的实际销售成本；贷方登记期末转入“本年利润”账户的主营业务成本；期末结转后，该账户应无余额。

该账户可按主营业务的种类设置明细分类账户，进行明细核算。

(三)“销售费用”账户

“销售费用”账户属于损益类账户,用来核算企业销售商品、材料及提供劳务过程中发生的各种销售费用。该账户的借方登记企业月份内发生的各种销售费用;贷方登记期末转入“本年利润”账户借方的销售费用;期末结转后,该账户应无余额。

该账户可按费用项目设置明细分类账户,进行明细核算。

(四)“税金及附加”账户

“税金及附加”账户属于损益类账户,用来核算企业经营活动中发生的消费税、城市维护建设税、资源税、教育费附加及房产税、土地使用税、车船税等相关税费。但不包括增值税,因为增值税是价外税,是由消费者负担的,不是营业收入的抵减项目。该账户为费用类账户,借方登记按税法规定计算出应由主营业务负担的税金及附加;贷方登记冲销数;月末应将借方余额全数转入“本年利润”账户,结转后该账户应无余额。

该账户可按税种及附加项目设多栏式明细账户,进行明细核算。

(五)“应收账款”账户

“应收账款”账户属于资产类账户,用来核算企业因销售商品、提供劳务等经营活动应向购货单位或接受劳务单位收取的款项(含代购买单位垫付的包装费、运杂费等)。该账户的借方登记企业实际发生的应收账款的金额;贷方登记企业已收回的应收账款和已确认为坏账而注销的应收账款;期末余额一般在借方,反映企业尚未收回的应收账款;期末余额如果在贷方,反映企业预收的账款。

该账户可按债务人设置明细分类账户,进行明细核算。

(六)“应收票据”账户

“应收票据”账户属于资产类账户,用来核算企业因销售商品、提供劳务等而收到的商业汇票,包括银行承兑汇票和商业承兑汇票。该账户的借方登记企业因销售商品、提供劳务等而收到开出、承兑的商业汇票的金额及持有期间的利息;贷方登记商业汇票到期实际收回的本息;期末余额在借方,反映企业持有的尚未到期的商业汇票的金额。

该账户可按商业汇票的种类设置明细账户,进行明细核算。

(七)“预收账款”账户

预收账款是指企业按照合同规定向购货单位预收定金或全部货款而产生的债务,后期企业将用商品或劳务等偿付。

“预收账款”账户属于负债类账户,用来核算企业按照合同规定预收的款项。该账户的贷方登记企业预收购货单位的款项及收到购货单位补付的款项;借方登记销售实现时冲减的预收货款以及退回多付的款项;期末余额一般在贷方,反映企业预收的款项;期末余额如在借方,反映企业尚未转销、应由购货单位补付的款项。

该账户可按购货单位设置明细分类账户,进行明细核算。

(八)“其他业务收入”账户

“其他业务收入”账户属于损益类账户,用来核算企业确认的除主营业务活动以外的其他经营活动实现的收入,包括销售材料、出租固定资产、出租无形资产等实现的收入。该账户的贷方登记企业确认的其他业务收入;借方登记期末转入“本年利润”账户贷方的其他业务收入;期末结转后,该账户应无余额。

该账户可按其他业务收入的种类设置明细分类账户,进行明细核算。

(九)“其他业务成本”账户

“其他业务成本”账户属于损益类账户，用来核算企业确认的除主营业务活动以外的其他经营活动所发生的成本。该账户的借方登记企业实际发生的其他业务成本；贷方登记期末转入“本年利润”账户借方的其他业务成本；期末结转后，该账户应无余额。

该账户可按其他业务成本的种类设置明细分类账户，进行明细核算。

三、产品销售成本的计算

企业在销售过程中，应当以销售的各种产品为成本计算对象，计算各种已售产品的销售成本。

产品销售成本是指已售产品的生产成本。根据已售产品的数量乘以单位产品制造成本计算求得。用公式表示为：

$$产品销售总成本=\sum(各种产品单位生产成本\times销售数量)$$

技能操作

以宏大公司2019年12月发生的销售业务为例，说明企业销售过程中主要经济业务的核算，假设增值税税率13%。

【例5-23】 宏大公司向大江公司销售A产品400件，每件售价600元，共计价款240 000元，开出增值税专用发票，产品已发出。货款及税款收到271 200元支票一张，并存入银行。

这项经济业务的发生，一方面，使宏大公司销售产品的收入增加240 000元，应记入“主营业务收入”账户的贷方；同时，使应交增值税的销项税额增加31 200元，应记入“应交税费——应交增值税”账户的贷方“销项税额”专栏。另一方面，又使宏大公司银行存款增加271 200元，应记入“银行存款”账户的借方。

根据银行进账单(回单)和增值税专用发票存根，编制会计分录如下：

借：银行存款　　271 200
　　贷：主营业务收入　　240 000
　　　　应交税费——应交增值税(销项税额)　　31 200

【例5-24】 宏大公司向大阳公司销售A产品200件，每件售价600元，共计价款120 000元，开出增值税专用发票，产品已发出，并办妥委托银行收款手续，款项尚未收到。

这项经济业务的发生，一方面，使宏大公司销售产品的收入增加120 000元，应记入“主营业务收入”账户的贷方；同时，使应交增值税的销项税额增加15 600元，应记入“应交税费——应交增值税”账户的贷方“销项税额”专栏。另一方面，又使宏大公司应向大阳公司收取的款项增加135 600元，应记入“应收账款”账户的借方。

根据增值税专用发票存根和银行托收承付结算凭证(回单)，编制会计分录如下：

借：应收账款——大阳公司　　135 600
　　贷：主营业务收入　　120 000
　　　　应交税费——应交增值税(销项税额)　　15 600

【例5-25】 宏大公司向大阳公司销售B产品250件，每件售价820元，共计价款205 000元，增值税销项税额26 650元。产品已发出，收到大阳公司开出并承兑的商业承兑汇票一张，面值

231 650 元,期限 2 个月。

这项经济业务的发生,一方面,使宏大公司销售产品的收入增加 205 000 元,应记入"主营业务收入"账户的贷方;同时,使应交增值税的销项税额增加 26 650 元,应记入"应交税费——应交增值税"账户的贷方"销项税额"专栏。另一方面,使宏大公司应收票据增加 231 650 元,应记入"应收票据"账户的借方。

根据增值税专用发票存根等,编制会计分录如下:

借:应收票据	231 650	
贷:主营业务收入		205 000
应交税费——应交增值税(销项税额)		26 650

【例 5-26】 按合同规定,宏大公司预收大宇公司购买 B 产品的款项 100 000 元,已存入银行。

这项经济业务的发生,一方面,使宏大公司银行存款增加 100 000 元,应记入"银行存款"账户的借方;另一方面,使宏大公司对大宇公司的负债(预收账款)增加了 100 000 元,应记入"预收账款"账户的贷方。

根据银行进账单(回单),编制会计分录如下:

借:银行存款	100 000	
贷:预收账款——大宇公司		100 000

【例 5-27】 宏大公司按合同规定,向大宇公司发出 B 产品 100 件,每件售价 820 元,开出的增值税专用发票上列明:价款 82 000 元,增值税额 10 660 元,货款及税金共计 92 660 元,冲销前已预收的款项。

这项经济业务的发生,一方面,使宏大公司因销售产品而实现了 82 000 元的销售收入,应记入"主营业务收入"账户的贷方;同时,使应交增值税的销项税额增加 10 660 元,应记入"应交税费——应交增值税"账户的贷方"销项税额"专栏。另一方面,应按照发票金额,冲销原已预收的款项 90 660 元,应记入"预收账款"账户的借方。

根据增值税专用发票存根,编制会计分录如下:

借:预收账款——大宇公司	92 660	
贷:主营业务收入		82 000
应交税费——应交增值税(销项税额)		10 660

同时,余款交回大宇公司。

借:银行存款	7 340	
贷:预收账款——大宇公司		7 340

【例 5-28】 宏大公司收到大阳公司交来前欠货款及税款 140 400 元,已存入银行。

这项经济业务的发生,一方面,使宏大公司银行存款增加 140 400 元,应记入"银行存款"账户的借方;另一方面,使宏大公司应向大阳公司收取的款项减少了 140 400 元,应记入"应收账款"账户的贷方。

根据银行进账单(回单),编制会计分录如下:

借:银行存款	140 400	
贷:应收账款——大阳公司		140 400

【例 5-29】 宏大公司以银行存款支付本月广告费 3 500 元和展览费 1 500 元。

这项经济业务的发生,一方面,使宏大公司的销售费用增加了 5 000 元,应记入"销售费用”账户的借方；另一方面，使宏大公司的银行存款减少了 5 000 元，应记入“银行存款”账户的贷方。

根据支付广告费、展览费收据和银行结算凭证，编制会计分录如下：

借：销售费用　　5 000

　　贷：银行存款　　5 000

【例 5-30】 宏大公司向大星公司销售甲材料 150 千克，售价 60 元/千克，共计货款 9 000 元，增值税销项税额 1 170 元，款项已收讫并存入银行。

这项经济业务的发生。一方面，使公司因销售材料确认的其他业务收入增加 9 000 元，应记入“其他业务收入”账户的贷方；同时，使应交增值税的销项税额增加 1 170 元，应记入“应交税费——应交增值税”账户的贷方“销项税额”专栏。另一方面，使宏大公司银行存款增加 10 170 元，应记入“银行存款”账户的借方。

根据银行进账单(回单)和增值税专用发票存根，编制会计分录如下：

借：银行存款　　10 170

　　贷：其他业务收入　　9 000

　　　　应交税费——应交增值税(销项税额)　　1 170

【例 5-31】 月末，宏大公司结转本月已售产品的销售成本 486 786 元。其中：本月销售 A 产品 600 件，销售成本 287 232 元；销售 B 产品 350 件，销售成本 199 554 元。

这项经济业务的发生，一方面，使库存商品的成本减少 486 786 元，应记入“库存商品”账户的贷方；另一方面，使产品销售成本增加 486 786 元，应记入“主营业务成本”账户的借方。

根据产品出库单，编制会计分录如下：

借：主营业务成本　　486 786

　　贷：库存商品——A 产品　　287 232

　　　　　　　　——B 产品　　199 554

【例 5-32】 月末，宏大公司结转本月销售甲材料成本 7 500 元(销售发出甲材料单位成本 50 元/千克，共销售 150 千克)。

这项经济业务的发生，一方面，使库存材料的成本减少了 7 500 元，应记入“原材料”账户的贷方；另一方面，使其他业务成本增加 7 500 元，应记入“其他业务成本”账户的借方。

根据材料出库单，编制会计分录如下：

借：其他业务成本　　7 500

　　贷：原材料——甲材料　　7 500

【例 5-33】 月末，宏大公司按照税法规定，计算出本月应交城市维护建设税 5 969.6 元，应交教育费附加 2 558.4 元。

这项经济业务的发生，一方面，使税金及附加增加 8 528 元，应记入“税金及附加”账户的借方；另一方面，使应交税费增加 8 528 元，应记入“应交税费”账户的贷方。

根据城市维护建设税和教育费附加计算单，编制会计分录如下：

借：税金及附加　　8 528

　　贷：应交税费——应交城市维护建设税　　5 969.6

　　　　　　　　——应交教育费附加　　2 558.4

第五讲　财务成果计算

【知识要点】

一、财务成果形成及其分配业务核算的内容

财务成果是企业在一定时期内进行经营活动所实现的最终经营成果，也就是企业所实现的利润(或亏损)。

(一) 利润的构成内容

利润包括收入减去费用后的净额、直接计入当期损益的利得和损失等。企业利润通常是指营业利润、利润总额和净利润。其计算公式为：

营业利润＝营业收入－营业成本－税金及附加－销售费用－管理费用－财务费用－资产减值损失＋公允价值变动收益(－公允价值变动损失)＋投资收益(－投资损失)

利润总额＝营业利润＋营业外收入－营业外支出

净利润＝利润总额－所得税费用

(二) 利润分配的内容

利润分配是企业根据国家有关规定和企业章程、投资者的协议等，对企业当年可供分配的利润所进行的分配。

企业净利润的分配顺序是：

(1) 弥补企业以前年度亏损。

(2) 提取法定盈余公积金和任意盈余公积金(法定盈余公积金按照税后利润扣除弥补以前年度亏损后的10%提取，法定盈余公积金累计额达到注册资本的50%以后，可以不再提取；任意盈余公积金的提取比例由企业根据情况自行确定)。

(3) 向投资者分配利润。企业以前年度未分配的利润可并入本年度向投资者分配。

因此，财务成果形成及其分配核算的主要内容是准确核算企业财务成果，并按规定进行利润分配。

二、财务成果形成及其分配业务核算应设置和运用的主要账户

(一) “本年利润”账户

“本年利润”账户属于所有者权益类账户，用来核算企业当期实现的净利润(或发生的净亏损)。该账户的贷方登记期末由增加利润的损益类账户(例如，“主营业务收入”“其他业务收入”“营业外收入”等账户)转入的余额；借方登记期末由减少利润的损益类账户(例如，“主营业务成本”“其他业务成本”“营业外支出”“税金及附加”“管理费用”“财务费用”“销售费用”及“所得税费用”等账户)转入的余额。

企业期末应将各损益类账户的金额转入“本年利润”账户，结平各损益类账户。结转后，“本年利润”账户如为贷方余额，反映从年初起至本期期末止已累计实现的利润总额；若为借方余额，反映从年初起至本期期末止已累计发生的亏损。

年末应将本年实现的净利润转入“利润分配”账户，借记“本年利润”账户，贷记“利润分配——未分配利润”账户；如为净亏损，则做相反的会计分录。年末结转后，“本年利润”账户应无余额。

（二）“营业外收入”账户

“营业外收入”账户属于损益类账户，用来核算企业发生的与生产经营无直接关系的各项净收入，主要包括捐赠利得、盘盈利得、非流动资产处置利得等。该账户的贷方登记企业实际确认的营业外收入；借方登记期末转入“本年利润”账户贷方的本期营业外收入额；期末结转后，该账户应无余额。

该账户可按营业外收入项目设置明细分类账户，进行明细核算。

（三）“营业外支出”账户

“营业外支出”账户属于损益类账户，用来核算企业发生的各项营业外支出，主要包括公益性捐赠支出、非常损失、盘亏损失、非流动资产处置损失等。该账户的借方登记企业实际发生的各项营业外支出；贷方登记期末转入“本年利润”账户借方的本期营业外支出数额；期末结转后，该账户应无余额。

该账户可按支出项目设置明细分类账户，进行明细核算。

（四）“财务费用”账户

“财务费用”账户属于损益类账户，用来核算企业为筹集生产经营所需资金等而发生的筹资费用，包括利息支出（减利息收入）以及相关的手续费等。该账户的借方登记企业实际发生的各项财务费用；贷方登记期末转入“本年利润”账户借方的本期财务费用；期末结转后，该账户应无余额。

该账户可按费用项目设置明细分类账户，进行明细核算。

（五）“所得税费用”账户

“所得税费用”账户属于损益类账户，用来核算企业确认的应从当期利润总额中扣除的所得税费用。该账户的借方登记企业本期发生的所得税费用；贷方登记期末转入“本年利润”账户借方的本期所得税费用；期末结转后，该账户应无余额。

（六）“利润分配”账户

“利润分配”账户属于所有者权益类账户，用来核算企业利润的分配（或亏损的弥补）和历年分配（或弥补）后的余额。该账户的借方登记提取盈余公积、向投资者分配利润及年末由“本年利润”账户贷方转入的本年累计亏损数额；贷方登记盈余公积弥补亏损数及年末由“本年利润”账户借方转入的本年累计净利润数额；期末贷方余额，反映企业尚未分配的利润；期末借方余额，反映企业尚未弥补的亏损。

该账户应按利润分配项目，分别设置“提取法定盈余公积”“提取任意盈余公积”“应付现金股利或利润”“未分配利润”等明细分类账户，进行明细核算。

年度终了，企业应将“利润分配”账户所属其他明细分类账户的余额全部转入“利润分配——未分配利润”明细分类账户。结转后，“利润分配”账户除“未分配利润”明细分类账户外，其他明细分类账户均应无余额。

（七）“盈余公积”账户

“盈余公积”账户属于所有者权益类账户，用来核算企业从净利润中提取的盈余公积。该账户的贷方登记企业按规定提取的盈余公积金；借方登记弥补亏损或转增资本而减少的盈余公积金；期末余额在贷方，反映企业盈余公积金结余数。

该账户应当分别“法定盈余公积”“任意盈余公积”设置明细分类账户，进行明细核算。

（八）“应付股利”账户

“应付股利”账户属于负债类账户，用来核算企业分配的应付给投资者的现金股利或利润。

该账户的贷方登记应付而未付给投资者的现金股利或利润；借方登记实际支付给投资者的现金股利或利润；期末余额在贷方，反映企业应付而未付的现金股利或利润。

该账户可按投资者设置明细分类账户，进行明细核算。

技能操作

以宏大公司 2019 年 12 月财务成果形成及其分配业务为例，说明企业财务成果形成及其分配业务的核算。

【例 5-34】 宏大公司通过希望工程对外进行公益性捐赠 10 000 元，以转账支票支付。

企业对外进行公益性捐赠与企业日常活动无直接关系，属于营业外支出。

这项经济业务的发生，一方面，使宏大公司的营业外支出增加 10 000 元，应记入“营业外支出”账户的借方；另一方面，使宏大公司银行存款减少了 10 000 元，应记入“银行存款”账户的贷方。

根据捐款证明和银行转账支票存根，编制会计分录如下：

借：营业外支出　　10 000

　贷：银行存款　　10 000

【例 5-35】 宏大公司以银行存款支付本月开户银行收取的手续费 12 100 元。

这项经济业务的发生，一方面，使宏大公司的财务费用增加了 12 100 元，应记入“财务费用”账户的借方；另一方面，使宏大公司银行存款减少了 12 100 元，应记入“银行存款”账户的贷方。

根据银行付款通知，编制会计分录如下：

借：财务费用　　12 100

　贷：银行存款　　12 100

【例 5-36】 12 月 31 日，宏大公司将各损益类账户的余额结转至“本年利润”账户，结转前各损益类账户余额，如表 5-4 所示。

表 5-4 **结转前各损益类账户余额** 单位：元

账户名称	借方余额	贷方余额
主营业务收入		647 000
其他业务收入		9 000
主营业务成本	486 786	
其他业务成本	7 500	
税金及附加	8 528	
管理费用	50 810	
销售费用	5 000	
财务费用	12 100	
营业外支出	10 000	
合　计	580 724	656 000

根据上述资料，期末结转损益类账户的账务处理如下：

首先，将损益类各账户的贷方余额从各个账户的借方转入“本年利润”账户的贷方，编制会计分录如下：

借：主营业务收入　　647 000
　　其他业务收入　　9 000
　　贷：本年利润　　656 000

其次，将损益类各账户的借方余额从各个账户的贷方转入“本年利润”账户的借方，编制会计分录如下：

借：本年利润　　580 724
　　贷：主营业务成本　　486 786
　　　　其他业务成本　　7 500
　　　　税金及附加　　8 528
　　　　管理费用　　50 810
　　　　销售费用　　5 000
　　　　财务费用　　12 100
　　　　营业外支出　　10 000

【例 5-37】 宏大公司本月实现利润总额 75 276 元（656 000－580 724）。

假定该公司 2019 年 1～11 月累计利润总额为 924 724 元，则本年度企业的利润总额为 1 000 000 元，本年度无纳税调整事项。按 5%的税率计算和结转应交所得税 50 000 元。

这项经济业务的发生，一方面，使宏大公司的所得税费用增加 50 000 元，应记入“所得税费用”账户的借方；另一方面，使应交所得税增加 50 000 元，应记入“应交税费”账户的贷方。

根据企业所得税计算单，编制会计分录如下：

借：所得税费用　　50 000
　　贷：应交税费——应交所得税　　50 000

【例 5-38】 结平损益类的“所得税费用”账户，将其借方余额 50 000 元结转至“本年利润”账户。

这项经济业务应记入“所得税费用”账户的贷方和“本年利润”账户的借方各 50 000 元，编制会计分录如下：

借：本年利润　　50 000
　　贷：所得税费用　　50 000

【例 5-39】 结转本年实现的净利润。将年末“本年利润”账户贷方余额 950 000（1 000 000－50 000 元）从“本年利润”账户的借方转入“利润分配——未分配利润”账户的贷方，编制会计分录如下：

借：本年利润　　950 000
　　贷：利润分配——未分配利润　　950 000

【例 5-40】 宏大公司根据有关规定，按税后净利润 950 000 元的 10%计提法定盈余公积 95 000 元。

这项经济业务的发生，一方面，使宏大公司的法定盈余公积增加 95 000 元，应记入“盈余公积”账户的贷方；另一方面，计提盈余公积属于利润分配，应记入“利润分配”账户的借方。

根据盈余公积金计算表，编制会计分录如下：

借:利润分配——提取法定盈余公积 95 000

贷:盈余公积——法定盈余公积 95 000

【例 5-41】 宏大公司根据董事会决议,决定向投资者分配现金股利 300 000 元。

这项经济业务的发生,一方面,使宏大公司应付给投资者的现金股利增加 300 000 元,应记入"应付股利"账户的贷方;另一方面,使宏大公司已分配利润增加 300 000 元,应记入"利润分配"账户的借方。

根据董事会决议,编制会计分录如下:

借:利润分配——应付现金股利或利润 300 000

贷:应付股利 300 000

【例 5-42】 年终结转本年已分配的利润。将"利润分配"账户所属的其他明细分类账户的借方余额 375 000 元(其中:"提取法定盈余公积"95 000 元、"应付现金股利或利润"300 000 元)结转至"利润分配——未分配利润"明细分类账户的借方。编制会计分录如下:

借:利润分配——未分配利润 395 000

贷:利润分配——提取法定盈余公积 95 000

——应付现金股利或利润 300 000

单元测试

一、单项选择题

(1) 材料的明细账,应按(　　)设置。

A. 材料的供应单位　　B. 材料的领用单位

C. 材料的品种、规格　　D. 材料单位成本的档次

(2)"原材料"明细账采用账簿的格式为(　　)。

A. 三栏式　　B. 数量金额式　　C. 多栏式　　D. 三种格式可任选

(3)"实收资本"账户一般按(　　)设置明细账户。

A. 企业　　B. 投资人　　C. 捐赠者　　D. 受资企业

(4) 对外捐赠支出应计入(　　)。

A. 管理费用　　B. 营业外支出　　C. 投资损失　　D. 销售费用

(5) 出售固定资产的净收益应计入(　　)。

A. 主营业务收入　　B. 其他业务收入　　C. 投资收益　　D. 营业外收入

(6) 无形资产摊销应计入(　　)。

A. 制造费用　　B. 管理费用　　C. 财务费用　　D. 销售费用

(7)"累计折旧"账户属于(　　)账户。

A. 资产类　　B. 负债类　　C. 所有者权益类　　D. 损益类

(8) 某企业为增值税一般纳税人。本期外购原材料一批,取得的增值税专用发票上列明材料价款 200 000 元,增值税进项税额为 26 000 元。另外支付运杂费 2 000 元,入库前发生挑选整理费 1 000 元,该批材料的采购成本为(　　)元。

A. 237 000　　B. 202 000　　C. 203 000　　D. 200 000

(9) 出租房屋的租金收入属于(　　)。

A. 主营业务收入　B. 其他业务收入　C. 投资收益　D. 营业外收入

(10)"生产成本"账户的期末借方余额表示(　　)。

A. 期末在产品的实际生产成本　B. 本期完工产品的实际生产成本

C. 期末库存产成品的实际生产成本　D. 本期产品生产的全部费用

(11) 公司以银行存款缴纳教育费附加时,应借记(　　)账户。

A."应交税费"　B."税金及附加"　C."其他应付款"　D."其他应交款"

(12) 下列各项中,应在"销售费用"账户核算的是(　　)。

A. 广告费　B. 业务招待费　C. 工会经费　D. 差旅费

(13) 应交所得税的账务处理是(　　)。

A. 借:所得税费用
　贷:利润分配

B. 借:所得税费用
　贷:本年利润

C. 借:所得税费用
　贷:应交税费

D. 借:应交税费
　贷:所得税费用

(14) 公司实现的净利润按10%计提法定盈余公积,其账务处理是(　　)。

A. 借:利润分配
　贷:盈余公积

B. 借:本年利润
　贷:盈余公积

C. 借:盈余公积
　贷:利润分配

D. 借:盈余公积
　贷:本年利润

(15) 年终结账后,"利润分配"账户的贷方余额表示(　　)。

A. 本年累计已经分配的利润数　B. 年终未分配的利润数

C. 本年累计已实现的利润数　D. 本年净利润

(16) 下列账户中,期末应将余额转入"本年利润"账户的是(　　)。

A."生产成本"　B."制造费用"　C."应收账款"　D."销售费用"

(17) 为了反映企业固定资产的(　　),应设置"固定资产"账户。

A. 磨损价值　B. 累计折旧　C. 原始价值　D. 净值

(18) 短期借款的应计利息支出应记入(　　)账户的借方。

A."管理费用"　B."制造费用"　C."生产成本"　D."财务费用"

(19)"在途物资"账户是用来核算(　　)的账户。

A. 库存材料的增减变动及其结果

B. 外购材料的买价和采购费用,计算确定材料采购成本

C. 自制材料的生产成本

D. 购入材料时应付账款的发生和偿还情况

(20)"生产成本"账户是用来核算(　　)的账户。

A. 生产产品所发生的直接费用,计算产品成本

B. 生产产品所发生的各项费用,确定产品实际生产成本,并反映在产品资金占用情况

C. 生产产品所发生的直接费用、间接费用及期间费用,计算产品实际成本

D. 生产过程中发生的除待摊费用、预提费用外的所有费用

(21)"制造费用"账户是用来核算(　　)的账户。

A. 生产产品所发生的各项直接费用

B. 发生在生产车间用来生产产品的全部费用

C. 车间为生产产品而发生的各项间接费用

D. 企业为生产产品而发生的间接费用和直接费用

(22) "固定资产"账户的借方余额减去"累计折旧"账户的贷方余额的差额是( )。

A. 固定资产的损耗价值 B. 固定资产的现有原始价值

C. 固定资产的折余价值,即净值 D. 固定资产的重置价值

(23) "预收账款"账户属于( )账户。

A. 负债类 B. 资产类 C. 收入类 D. 成本类

(24) "预付账款"账户属于( )账户。

A. 资产类 B. 负债类 C. 盘存类 D. 收入类

(25) "应付职工薪酬"账户的期末余额在( )。

A. 借方 B. 贷方

C. 借方或贷方或无余额 D. 无余额

(26) 产品生产间接耗用的费用,先在( )归集,然后计入有关产品成本。

A. 间接费用 B. 直接费用 C. 制造费用 D. 期间费用

(27) 职工福利是企业从费用中按工资总额的( )提取的职工福利费。

A.11% B.12% C.13% D.14%

(28) 下面各项中,属于其他业务收入的是( )。

A. 利息收入 B. 投资收益

C. 清理固定资产净收益 D. 出售材料收入

二、多项选择题

(1) 对于"应付职工薪酬"账户,下述说法正确的有( )。

A. 这是一个负债类账户

B. 其借方登记实际发放的工资

C. 其贷方登记应付职工的工资等

D. 应付职工薪酬要按用途计入相关成本费用

(2) 固定资产折旧应记入( )。

A. "固定资产"账户的贷方 B. "累计折旧"账户的贷方

C. "生产成本"账户的借方 D. "制造费用""管理费用"等账户的借方

E. "销售费用"账户的借方

(3) 应在"财务费用"账户核算的内容包括( )。

A. 银行借款利息 B. 汇兑损失

C. 银行存款利息 D. 债券投资收到的利息

E. 金融机构手续费

(4) 公司若没有设置"预付账款"账户,可通过"应付账款"账户核算,则"应付账款"账户在期末( )。

A. 可能无余额 B. 可能有借方余额

C. 可能有贷方余额 D. 不可能有借方余额

(5) 下列各项中,属于资产类的账户有( )。

A. "预收账款" B. "应收账款" C. "预付账款" D. "应付账款"

(6) 下列各项中，属于其他业务收入的有(　　)。

A. 出售工厂积压的原材料　　B. 出租厂房、机器设备所取得的租金

C. 转让无形资产　　D. 销售库存商品

(7) 下列费用中，应记入“制造费用”账户的有(　　)。

A. 车间房屋的折旧费　　B. 车间机器设备的折旧费

C. 产品的宣传广告费　　D. 生产工人的劳动保护费

E. 车间照明用电费

(8) 下列各项中，属于营业外收入的有(　　)。

A. 固定资产盘盈的处理　　B. 处理固定资产净收益

C. 罚款净收入　　D. 无法支付的应付款项

(9) “利润分配”账户一般应设置的明细账户有(　　)。

A. 提取法定盈余公积　　B. 应付股利

C. 应交所得税　　D. 未分配利润

(10) 下列各项中，属于期间费用的有(　　)。

A. 管理费用　　B. 制造费用

C. 销售费用　　D. 财务费用

(11) 下列各项中，属于企业“税金及附加”账户核算内容的有(　　)。

A. 增值税　　B. 消费税

C. 资源税　　D. 城市维护建设税

(12) 计算营业利润的主要组成项目有(　　)。

A. 主营业务收入　　B. 主营业务成本　　C. 其他业务利润　　D. 税金及附加

E. 三项期间费用

(13) 下述总账账户中，月末转账后无余额的有(　　)。

A. “制造费用”　　B. “管理费用”　　C. “主营业务收入”　　D. “营业外收入”

E. “本年利润”

(14) 下列关于“本年利润”账户的说法中，正确的有(　　)。

A. 该账户属于损溢类账户

B. 该账户属于所有者权益类账户

C. 该账户期末如有贷方余额，反映从年初起至本期末止已累计发生亏损

D. 年末，应将该账户的余额结转至“利润分配”账户，结转后该账户应无余额

(15) 企业实现的净利润要按一定的顺序进行分配，下列各项中，属于利润分配内容的有(　　)。

A. 缴纳所得税　　B. 归还借款利息

C. 提取法定盈余公积金　　D. 向投资者分配利润

(16) 下列各项中，属于产品成本项目的有(　　)。

A. 直接材料　　B. 直接人工　　C. 管理费用　　D. 销售费用

E. 制造费用

(17) 下列费用中，应记入“管理费用”账户的有(　　)。

A. 车间辅助人员的工资及福利费

B. 企业行政管理部门固定资产的折旧费、修理费

C. 差旅费和企业行政管理部门的办公费

D. 福利部门人员(如医生、保育人员等)的工资

E. 企业行政管理部门的长病人员的工资

(18) 下列账户中,月末应无余额的有(   )账户。

A. "生产成本"　B. "管理费用"　C. "财务费用"　D. "制造费用"

E. "应付利息"

三、判断题

(1) 无形资产摊销的账务处理是借记"管理费用"账户,贷记"无形资产摊销"账户。(   )

(2) 为购建固定资产而借入款项产生的全部利息支出,现制度规定应计入固定资产购建成本,不能计入财务费用。(   )

(3) "库存商品"账户既核算外购商品的实际成本,也核算自制的商品产品、自制半成品的实际成本。(   )

(4) "应付账款"账户核算各种应付未付的款项,包括应付供应单位的款项、应付运输单位的款项以及其他各种暂存企业的款项。(   )

(5) 企业向投资者筹集资金,一方面增加了企业的资产,另一方面也相应地增加了企业的负债。(   )

(6) 凡是销售收入,包括产品、商品、材料的销售收入,都属于主营业务;凡是提供劳务的收入,如技术转让、修理修配劳务,都是其他业务。(   )

(7) 应收账款、应收票据、预收账款都是产品销售过程中涉及的结算类账户,它们都是资产类账户。(   )

(8) 计算出应交教育费附加后,应借记"税金及附加"账户,贷记"应交税费——应交教育费附加"账户。(   )

(9) 盈余公积可用于弥补亏损或转增资本。(   )

(10) "所得税费用"账户是一个负债类账户,它表示企业应交未交的所得税。(   )

(11) "累计折旧"账户属于资产类账户,因此,其账户结构与"固定资产"账户结构相同。(   )

(12) 投资者可以以货币资金、实物资产对企业进行投资,也可以在国家规定的比例范围内以无形资产对企业进行投资。(   )

(13) 企业所有者权益主要包括实收资本、资本公积、盈余公积和未分配利润四部分。(   )

(14) 主营业务成本是指结转已销售产品的生产成本。(   )

(15) 所得税费用是企业按可分配利润计算应交的所得税,它并不作为公司本期损益的费用。(   )

(16) 税金及附加核算的是在产品销售过程中的增值税等各种税金的相关内容。(   )

(17) 一般纳税企业购入材料时支付的增值税不计入材料的采购成本。(   )

(18) 资本公积金包括盈余公积、实收资本及接受捐赠的资产价值。(   )

(19) 企业从事生产经营活动所取得的一切收入,都属于主营业务收入。(   )

(20) 销售费用是因销售产品而发生的费用。因此,如果本期没有取得主营业务收入,自然就不会有销售费用发生。(   )

四、名词解释

资金筹集、材料采购成本、产品生产成本、产品销售成本、财务成果。

五、简答题

(1) 采购业务通常要发生哪些主要经济业务？要设置哪些账户进行核算？
(2) 生产业务通常要发生哪些主要经济业务？要设置哪些账户进行核算？
(3) 销售业务通常要发生哪些主要经济业务？要设置哪些账户进行核算？
(4) 资金进入企业和退出企业要设置哪些账户进行核算？
(5) “应付利息”账户如何进行核算？
(6) 材料采购成本由哪些内容组成？如何进行材料采购费用的分配？
(7) 什么叫投资净收益？什么是营业外收支净额？
(8) 利润总额是怎样组成的？如何计算营业利润？
(9) 期末如何结转本年利润？
(10) “利润分配”账户下应设置哪些明细分类账户？期末应如何进行利润分配？

实务训练

训练一

目的:练习资金筹集业务的核算。

资料:普润公司 2019 年 2 月发生部分经济业务如下：

(1) 收到 A 公司投入资本人民币 400 000 元,款项已存入银行。

(2) 收到 B 公司投入不需安装的全新设备 2 台,价值 350 000 元,已在工商行政管理部门办理完增资手续。

(3) 收到 C 公司投入的专利权一项,双方协商确认的价格为 200 000 元,符合无形资产出资比例规定。

(4) 因扩大生产规模需要,向中国工商银行借入款项 500 000 元,期限 5 年,已存入银行。

(5) 从中国建设银行借入临时借款 100 000 元,期限为 8 个月,已存入银行。

要求:根据上述资料,编制会计分录。

训练二

目的:练习采购业务的核算。

资料:某工厂 2019 年 7 月发生采购材料的经济业务如下：

(1) 购进丙材料 200 吨,每吨 350 元,增值税税率为 13%;货款、税款均以银行存款支付,运杂费 200 元以现金支付,材料已验收入库。

(2) 购进下列原材料,货、税款以 6 个月期的商业承兑汇票结算,增值税税率为 13%。甲材料:1 600 千克,每千克 10 元,计 16 000 元;乙材料:800 千克,每千克 16 元,计 12 800 元。

(3) 以银行存款支付上述材料的运杂费 480 元(按重量分配)。

(4) 上述甲、乙两种材料已验收入库,结转甲、乙材料采购成本。

(5) 在红星厂购入乙材料 1 000 千克,每千克 16 元,计 16 000 元,货税款尚未支付(增值税税率 13%)。

(6) 以银行存款支付上述丁材料运费 1 020 元。

(7) 以上丁材料已验收入库,结转丁材料采购成本。

(8) 从外地购入甲材料 550 千克,每千克 10 元;乙材料 350 千克,每千克 16 元,价税款以银行存款支付(增值税税率为 13%),材料尚未到达企业。

(9) 用银行存款支付上月欠蓝飞公司购材料款 42 000 元。

(10) 光明厂发来原材料 1 000 千克,每千克 10 元,增值税税率为 13%,材料已入库,抵上月预付给光明厂的货款 5 000 元,不足部分以银行存款补付。

要求:

(1) 根据上述材料采购的经济业务,编制会计分录。

(2) 材料的采购费用按要求分别分配计入材料采购成本。

训练三

目的:练习生产业务的核算。

资料:前进公司 2019 年 5 月发生部分经济业务如下:

(1) 8 日,材料仓库发出下列材料:生产 A 产品耗用甲材料 2 000 吨,单价 200 元;耗用乙材料 5 000 吨,单价 20 元。生产 B 产品耗用乙材料 1 000 吨,单价 20 元;耗用丙材料 600 吨,单价 50 元。车间一般耗用乙材料 150 吨,单价 20 元;行政管理部门耗用甲材料 10 吨,单价 200 元。

(2) 10 日,接到水电费清单,以银行存款支付水电费 3 500 元。其中:行政管理部门耗用 1 000 元,车间耗用 2 500 元。

(3) 12 日,用现金 310 元支付办公费。其中:行政管理部门办公费 190 元,车间办公费 120 元。

(4) 15 日,职工林杰出差回来报销差旅费 2 100 元,扣除上月预借差旅费 2 000 元外,出纳另外补付现金 100 元。

(5) 20 日,从银行提取现金 136 000 元,并用现金发放工资。

(6) 30 日,计提本月固定资产的折旧费 5 000 元,其中:生产车间固定资产应提折旧 3 500 元,行政管理部门固定资产应提折旧 1 500 元。

(7) 30 日,分配结转本月应付给职工的工资 165 000 元。其中:生产 A 产品工人工资 90 625 元;生产 B 产品工人工资 54 375 元;车间管理人员工资 12 500 元;行政管理人员工资 7 500 元。

(8) 31 日,分配结转本月制造费用 21 620 元(制造费用以 A、B 产品生产工时为标准进行分配,生产 A 产品耗用 5 000 工时,生产 B 产品耗用 3 000 工时)。计算出 A 产品应负担 13 512.50 元,B 产品应负担 8 107.50 元。

(9) 31 日,结转本月完工入库产品成本 716 620 元,其中:A 产品的完工产品成本为 604 137.50 元,B 产品的完工产品成本为 112 482.50 元。

要求:

(1) 根据上述资料编制会计分录(要求列示有关的明细账户)。

(2) 开设“生产成本”“制造费用”两个“T”形总分类账户,并进行过账及结账。

训练四

目的:练习销售业务的核算。

资料:某公司 2019 年 3 月发生有关经济业务如下:

(1) 1 日,销售给乙单位 M 产品 100 件,单价 600 元,计 60 000 元,增值税额 7 800 元。货款收到,存入银行。

(2) 3 日,销售给丁单位 M 产品 100 件,单价 600 元,计 60 000 元;N 产品 200 件,单价 500 元,计 100 000 元,增值税额共计 20 800 元;以银行存款为对方垫付运费 3 000 元。办妥委托银行收款手续。

(3) 6 日,向丙单位销售 N 产品 300 件,单价 500 元,计 150 000 元,增值税额 19 500 元。收到对方交来 100 000 元转账支票一张,余款暂欠。

(4) 8 日,向甲单位发出 M 产品 100 件,单价 600 元,计 60 000 元,增值税额 7 800 元,货款从上月预收甲单位的 80 000 元中扣除,余款当即从银行汇出。

(5) 10 日,接银行通知,应收丁单位货款 183 800 元已收回;同日,丙单位还来欠款 69 500 元,存入银行。

(6) 15 日,向乙单位销售 M 产品 200 件,单价 600 元,计 120 000 元,增值税额 15 600 元。收到乙单位签发并承兑的商业汇票一张,面值 135 600 元,期限 5 个月。

(7) 18 日,3 个月前收到的乙单位签发的商业汇票一张已到期,收回票款 58 500 元存入银行。

(8) 22 日,结转已销 M、N 产品的生产成本(设 M、N 产品的单位生产成本分别为 450 元和 360 元)。

(9) 23 日,出售材料收入 20 000 元,增值税额 2 600 元,存入银行。

(10) 23 日,经查,上项材料账面成本余额 16 000 元。

(11) 26 日,以银行存款支付产品广告费 50 000 元。

(12) 27 日,分配销售人员工资 7 000 元。

(13) 28 日,以银行存款支付销售过程中的包装费 1 200 元、运杂费 3 000 元。

(14) 28 日,出售 E 材料一批,售价 10 000 元,增值税额 1 300 元,货款收到,存入银行。

(15) 29 日,结转上述 E 材料的成本 8 000 元。

(16) 30 日,收到出租营业用房的租金 50 000 元,存入银行。

(17) 30 日,计提出租营业用房的折旧费 12 000 元。

(18) 31 日,经计算,本月应交城市维护建设税 5 278 元,教育费附加 2 262 元。

要求:根据上述经济业务,编制会计分录。

训练五

目的:练习财务成果的核算。

资料:某公司 2019 年 6 月有关经济业务如下:

(1) 12 日,以银行存款支出违约罚款 1 000 元。

(2) 18 日,向希望工程捐款 100 000 元,款项通过银行汇出。

(3) 22 日,因水灾损失 C 材料一批,计 3 000 元。

(4) 30 日,设本月各损益类账户余额如下,要求结转本月利润并计算利润总额。

主营业务收入	1 200 000	投资收益	25 000
主营业务成本	800 000	管理费用	70 000
税金及附加	18 000	财务费用	30 000
其他业务收入	200 000	销售费用	50 000
其他业务成本	150 000	营业外支出	104 000
营业外收入	3 000		

(5) 30 日，根据利润总额，按 5%计算应交所得税，并将“所得税费用”账户发生额转入“本年利润”账户，然后计算净利润。

(6) 30 日，根据本期净利润，分别按 10%、5%和 40%的比例计提法定盈余公积、任意盈余公积，向投资者分配股利。

(7) 7 月 5 日，以银行存款缴纳本月所得税。

(8) 设该企业全年实现净利润 1 600 000 元，全年提取法定盈余公积 160 000 元，任意盈余公积 80 000 元，向投资者分配 900 000 元。要求进行年终转账。

要求：根据上述经济业务，编制会计分录。

训练六

目的：练习其他经济业务的核算。

资料：某工厂某年 7 月发生的其他经济业务如下：

(1) 出售积压甲材料一批 8 000 元，增值税税率 13%，货款已收到，存入银行。

(2) 上述积压材料的成本为 6 000 元。

(3) 出租暂时闲置的固定资产，收到承租人交来的租金 16 000 元，存入银行，租期 8 个月。

(4) 预收下半年出租包装物的租金收入 4 200 元。

(5) 本月出租包装物的租金收入 400 元，出租固定资产租金收入 2 000 元。

要求：根据上述资料，编制会计分录(要求列示有关的明细账户)。

第六单元　填制凭证

知识目标

通过本项目的课程教学，学生应该了解记账凭证的含义、填制和审核，理解并掌握记账凭证的种类、基本内容以及记账凭证审核的主要内容，掌握记账凭证的填制要求和方法。

技能目标

通过本项目的课程教学，学生应该在学会相关知识之后，能够做以下工作：①给定一张具体的记账凭证，能区分它是哪一种凭证；②给定一张空白的记账凭证，能够进行填制；③对给定的记账凭证，能够进行审核分析。

案例导入

会计专业大学一年级学生张林在学校的组织下参观了宏达公司的财务科。在财务科办公室的档案橱里，他看到了一本一本装订整齐、陈列有序的会计资料。工作人员介绍说，这里有会计凭证、会计账簿和会计报表。张林翻看了一下会计凭证册，发现它是由一札一札会计凭证装订成册的，凭证册封面上分别写着“通用凭证”“收款凭证”和“付款凭证”。张林仔细观察各种凭证的格式和内容，发现有所相似又有所不同。

思考：为什么凭证要有不同形式？如何选用不同的凭证？如何填制凭证？

第一讲　认识记账凭证

【知识要点】

一、记账凭证的种类

记账凭证是根据原始凭证的内容，运用账户和复式记账的原理编制的直接作为记账依据的分录凭证。编制记账凭证，对于保证账簿记录的正确性是十分必要的。

（一）按内容分

记账凭证按其内容不同，分为专用记账凭证和通用记账凭证。

1. 专用记账凭证

专用记账凭证是指分类记录经济业务的记账凭证。专用记账凭证按其记录的经济业务与款项收付有无关系，又可分为收款凭证、付款凭证和转账凭证。

（1）收款凭证，是指专门用于记录现金和银行存款收款业务的记账凭证。收款凭证根据有关库存现金、银行存款收入业务的原始凭证填制，是登记现金日记账和银行存款日记账的依据，一般按现金和银行存款分别编制。它的特点是借方科目设置在表格外部的左上角，而且只记录"库存现金"科目和"银行存款"科目，贷方科目设置在表格内。这种设置便于借方科目的汇总。

（2）付款凭证，是指专门用于记录现金和银行存款付款业务的记账凭证。付款凭证根据库存现金、银行存款支付业务的原始凭证填制。付款凭证是登记现金日记账和银行存款日记账的依据，一般按现金和银行存款分别编制。它的特点是贷方科目设置在表格外部的左上角，而且只记录"库存现金"科目和"银行存款"科目，借方科目设置在表格内。这种设置便于贷方科目的汇总。

（3）转账凭证，是指用于记录不涉及现金和银行存款收付业务的记账凭证，如原材料的领用、成本的结转等。转账凭证是根据有关转账业务的原始凭证填制的，是登记总分类账和明细分类账的依据。它的特点是借方科目和贷方科目均设置在表格内。

收款凭证、付款凭证和转账凭证分别用于记录现金、银行存款收款业务、付款业务和转账业务，为了便于识别，各种专用凭证印制成不同的颜色。在会计实务中，对于现金和银行存款之间的收付款业务，为了避免记账重复，一般只编制付款凭证，不编制收款凭证。

2. 通用记账凭证

对于规模较大、收付业务较多的单位，采用收款凭证、付款凭证、转账凭证进行会计核算，有利于区别不同的经济业务进行分类管理，有利于经济业务的检查，但工作量较大。对于规模较小、经济业务较简单、收付款业务不多的单位，可采用通用记账凭证来记录所有经济业务。

通用记账凭证是指用来记录所有经济业务的记账凭证。采用通用记账凭证不再区分收款、付款及转账业务，而将所有经济业务统一编号，在统一格式中进行记录。通用记账凭证的格式与转账凭证基本相同。

（二）按填制方式分

记账凭证按其填制方式的不同，可分为复式凭证和单式凭证。

复式凭证是在每一张凭证上反映一笔经济业务所涉及的全部会计科目，但不能将不同性质的经济业务合并填入。复式记账凭证可以完整、集中地反映账户的对应关系，有利于了解经济业务全貌，分析经济业务的合法性和合理性，也便于复核查错，减少凭证填制工作量。但不便于分工汇总和记账。

单式凭证是在一张凭证上只填写一个会计科目。一笔经济业务涉及几个会计科目，就填写几张凭证。这种记账凭证有利于分工汇总、记账，加速日常账务处理工作；但不便于了解每笔经济业务的来龙去脉，也不便于查账。

（三）按反映经济业务的数量分

记账凭证按其反映经济业务的数量不同，可分为单项记账凭证和汇总记账凭证。

单项记账凭证是在一张凭证上只记录一笔经济业务，或同日内经济性质相同的经济业务。单项记账凭证一般在日常工作中进行。

汇总记账凭证是将一定数量的记账凭证每天或定期汇总成记账凭证汇总表，或将记账凭证分类别编制汇总表，汇总反映一定时期内各项经济业务的发生额，用来登记总账以简化记账工作。同时，通过汇总记账凭证，计算出各账户在一定时期内的发生额，可试算账目的平衡。

有些单位为了简化核算手续，也可采用一种通用的记账凭证，用来填制不同的经济业务，其格式与转账凭证基本相似。

二、记账凭证的基本内容

记账凭证的设置一般是按各单位所采用的记账方法，以及经济业务量的大小而定。不同的记账方法采用的记账凭证不同。即使采用相同的记账方法，各单位也可能采用不同的记账凭证。但就其内容来讲，各种记账凭证应具备以下一些基本内容：

(1) 凭证的名称。

(2) 凭证的填制日期和编号。

(3) 经济业务的内容摘要。

(4) 会计科目和明细科目的名称、记账方向和金额。

(5) 所附原始凭证的张数。

(6) 有关人员的签字盖章。

除以上内容外，每种记账凭证都有其独特的内容、格式及填制方法。

第二讲　填制记账凭证

【知识要点】

一、记账凭证的填制要求

填制记账凭证，除了做到上述要求以外，还应当做到以下几点：

(1)“摘要”栏文字说明应简明概括清楚。

(2) 会计科目和子细目填制应根据经济业务的性质和会计制度的规定，不得任意更改。

(3) 不同类型的经济业务不能合并填制在一张记账凭证上。

(4) 所附原始凭证的张数必须注明并相符，以便复核和查阅。

(5) 记账凭证必须连续编号，如果一笔经济业务需要填制多张记账凭证，可以采用分数编号。例如，一笔经济业务需要填制 3 张凭证，顺序号是 20，则可编 $20\frac{1}{3}$，$20\frac{2}{3}$，$20\frac{3}{3}$号。

(6) 填制的记账凭证送审核人员复核后，转交记账人员记账。填制人员、复核人员、记账人员及会计主管人员应予签章；收付款凭证还应由出纳人员签章，以明确经济责任。

二、记账凭证的填制方法

由于记账方法的不同，记账凭证的内容、格式和填制方法也有所不同。现采用借贷记账法，分别说明收款凭证、付款凭证、转账凭证和汇总记账凭证的格式和填制方法。

(一) 收款凭证的填制方法

收款凭证是用来记录货币资金收款业务的凭证,是由出纳人员根据审核无误的原始凭证收款后填制的。在收款凭证左上方所填列的借方科目,应是“库存现金”或“银行存款”科目。在凭证内所反映的贷方科目,应填列与“库存现金”或“银行存款”相对应的总账科目及其所属的明细科目。“摘要”栏内登记经济业务的简要说明。“金额”栏填列经济业务实际发生的数额。在凭证的右侧或右上方填写所附原始凭证张数,防止凭证失落,以便日后查阅,同时在出纳及制单处签名或盖章。“记账符号”栏应填写记入总账、日记账或明细账的页次,也可打“√”表示。收款凭证的格式,如表 6-1 所示。

技能操作

【例 6-1】 山东宏运工贸有限公司(以下简称宏运公司)10 日收到甲单位前欠货款 24 000 元,乙单位前欠货款 18 400 元存入银行,根据原始凭证,编制收款凭证,如表 6-1 所示。

表 6-1　　　　**收款凭证**

借方科目:银行存款　　　　××××年××月 10 日　　　　银收字第×号　附件 2 张

摘　要	贷方科目		金　额										记账符号
	总账科目	明细科目	千	百	十	万	千	百	十	元	角	分	
收到购货单位前欠货款	应收账款	甲单位				2	4	0	0	0	0	0	
		乙单位				1	8	4	0	0	0	0	
合　计					¥	4	2	4	0	0	0	0	

会计主管　　　记账　　　出纳　　　审核　　　制单

(二) 付款凭证的填制方法

付款凭证是用来记录货币资金付款业务的凭证,是由出纳人员根据审核无误的原始凭证付款后填制的。其填制方法与收款凭证基本相同。在付款凭证左上方所填列的贷方科目,应是“库存现金”或“银行存款”科目。凭证借方科目,应填列与“库存现金”或“银行存款”相对应的科目。“金额”栏填列经济业务实际发生的数额,在凭证的右侧填写所附原始凭证的张数,并在出纳及制单处签名或盖章。涉及现金和银行存款之间的划转业务,按规定只填制一张付款凭证,以免重复记账。例如,现金存入银行,只填制现金付款凭证;从银行提取现金,只填制银行付款凭证。付款凭证的格式,如表 6-2 所示。

技能操作

【例 6-2】 20 日,宏运公司以库存现金购买会计账簿等办公用品 160 元,根据销货发票,编制记账凭证,如表 6-2 所示。

表 6-2 **付款凭证**

贷方科目:库存现金　　　　××××年××月 20 日　　　　现付字第×号　附件 1 张

摘　要	贷方科目		金　额										记账符号
	总账科目	明细科目	千	百	十	万	千	百	十	元	角	分	
购买办公用品	管理费用	办公费						1	6	0	0	0	
合　计							¥	1	6	0	0	0	

会计主管　　　　记账　　　　出纳　　　　审核　　　　制单

对于库存现金和银行存款之间相互划转的经济业务,一般只编制付款凭证,不编制收款凭证,以免重复记账。

(三) 转账凭证的填制方法

转账凭证是根据有关转账业务的原始凭证编制的,作为登记有关账簿的依据,转账凭证的格式,如表 6-3 所示。

技能操作

【例 6-3】 25 日,宏运公司生产车间领用钢材 6 000 元,其中用于甲产品 5 200 元,用于乙产品 800 元,根据领料单,填制记账凭证,如表 6-3 所示。

表 6-3 **转账凭证**

××××年××月 25 日　　　　转字第×号　附件 2 张

摘　要	总账科目	明细科目	借方金额	贷方金额	记账符号
领用材料	生产成本	甲产品	5 200		
		乙产品	800		
	原材料	钢材		6 000	
合　计			¥6 000	¥6 000	

会计主管　　　　记账　　　　审核　　　　制单

通用记账凭证的填制方法与转账凭证基本相同。

(四) 汇总记账凭证的填制方法。

在实际工作中,各单位可以根据业务量的多少,每天或每旬、每月将记账凭证汇总,填制汇总记账凭证,据以登记总账。这样,可以减少登记总账的工作。

汇总记账凭证按汇总方法不同，可分为分类汇总和全部汇总。分类汇总可定期按库存现金、银行存款和转账凭证分别汇总，也可按科目对应关系进行汇总。全部汇总是按企事业、行政单位一定时期内编制的记账凭证，全部汇总在一张记账凭证汇总表上（或称科目汇总表）。记账凭证汇总表的格式，如表 6-4 所示。

表 6-4　　记账凭证汇总表

记账凭证自　　号至　　号　　　　年　月　日　　　　字第　　号

会计科目	本期发生额		总账页
	借方	贷方	
合　计			

现将记账凭证汇总表的编制方法做简要说明：

记账凭证汇总表中的会计科目，应按总账中会计科目的排列顺序进行填制。将记账凭证中相同会计科目的借方金额和贷方金额分别相加，填入汇总表中各该会计科目的同一方向栏内。并分别加计会计科目的借方和贷方发生额合计数，填入合计行。记账凭证汇总表还要写明汇总日期，并按年度顺序编号。

记账凭证汇总表经复核无误后，方可据以登记总账。

第三讲　审核记账凭证

【知识要点】

记账凭证是登记账簿的依据，是保证账簿记录正确的前提。为了保证记账凭证编制正确，编制人员应严格按要求填制，同时，还应建立相互审核或专人审核记账凭证的制度。对记账凭证的审核主要包括以下几项内容。

一、真实性审核

真实性审核主要审核记账凭证是否有原始凭证为依据、所附原始凭证张数及其内容是否与记账凭证一致、记账凭证汇总表的内容与其所依据的记账凭证的内容是否一致等。根据执行的会计制度、会计方针及会计准则的规定，审核记账凭证所确定的会计分录是否合规、合法，也就是要求审核人员必须根据记账凭证所附原始凭证的经济内容，按照会计核算方法的要求，审核会计分录的编制（主要是确定会计科目及其金额）是否准确无误，同时审核记账凭证是否附有审核无误的原始凭证。

二、完整性审核

根据记账凭证的要素，逐项审核记账凭证的填写是否齐全。例如，日期、凭证编号、摘要、会计科目、金额、所附原始凭证张数及有关人员签章等。

三、正确性审核

正确性审核主要审核科目是否正确，即应借会计科目和应贷会计科目是否正确、是否有明确的账户对应关系、所使用的会计科目是否符合国家统一的会计制度的规定等;金额是否正确,即审核记账凭证所记录的金额与原始凭证的有关金额是否一致、计算是否正确、记账凭证汇总表的金额与记账凭证的金额合计是否相符等;书写是否正确,即审核记账凭证中的记录是否文字工整、数字清晰,是否按规定进行更正。

此外,出纳人员在办理收款或付款业务后,应在凭证上加盖"收讫"或"付讫"的戳记,以免重复收付。

第四讲　会计凭证管理

【知识要点】

一、会计凭证的传递

(一) 会计凭证传递的作用

会计凭证的传递是指会计凭证从编制时起到归档时止,在单位内部各有关部门及人员之间的传递程序和传递时间。为了能够利用会计凭证正确、及时地反映各项经济业务,提供会计信息,发挥会计监督的作用,必须正确、及时地进行会计凭证的传递,不得积压。

正确组织会计凭证的传递,对于及时处理和登记经济业务、明确经济责任、实行会计监督,具有重要作用。从一定意义上讲,会计凭证的传递在单位内部经营管理各环节之间起着协调和组织的作用。会计凭证传递程序的科学与否,说明该企业管理的科学程度。其主要作用有以下几个方面。

1. 有利于完善经济责任制度

经济业务的发生或完成及记录,是由若干责任人共同负责、分工完成的,会计凭证作为记录经济业务、明确经济责任的书面证据,体现了经济责任制度的执行情况。公司企业会计制度可以通过会计凭证传递程度和传递时间的规定,进一步完善经济责任制度,使各项业务的处理顺利进行。

2. 有利于及时进行会计记录

从经济业务的发生到账簿登记有一定的时间间隔,通过会计凭证的传递,会计部门能尽早了解经济业务发生和完成情况。会计部门内部的凭证传递,能使有关人员及时记录经济业务,进行会计核算,实行会计监督。

(二) 会计凭证传递的组织

为了充分发挥会计的作用,必须合理组织会计凭证的传递。合理组织会计凭证的传递是会计管理制度的重要方面,也是经济管理的重要组成部分。会计凭证的传递是否科学、严密、有效,对于加强企业内部管理,提高会计信息质量具有重要的影响。各种记账凭证所记载的经济业务内容不同,涉及的部门和人员不同,办理的经济业务手续也不尽一致。组织会计凭证传递,必须遵循内部牵制原则,力求做到及时反映、记录经济业务。

1. 内部牵制原则与制度

内部牵制原则是建立内部牵制制度的基本准则,主要是指办理经济业务的各项手续制度要相互制约、相互监督。内部牵制制度是单位内部的一项管理制度,是指单位的领导、各职能部门、基层机构及其人员之间,在处理各项经济业务时相互联系、相互制约的管理制度体系。通过其相互联系、相互制约的关系,达到控制和管理经济活动的目的。

2. 内部牵制制度的建立

建立单位的内部牵制制度，必须结合单位内部管理的特点及要求，必须符合内部牵制的基本准则。内部牵制制度的基本准则主要包括以下三个方面的内容：

（1）各职能部门及其人员的职权和责任必须划分清楚。

（2）各职能部门及其人员按办理经济业务程序，明确各自的手续制度。

（3）明确各职能部门及其人员之间的相互联系。

内部牵制制度特别强调相互制约的关系，要求在处理各项经济业务时，应由多人负责，共同完成，并相互制约，防止一人包办，尤其要钱、物、账分管，同时建立复核查对制度。

（三）会计凭证传递的实施

组织会计凭证的传递，还必须根据办理经济业务手续所需的时间，规定会计凭证在各环节的停留时间，保证经济业务及其记录的顺利进行。

各单位在制定会计凭证的传递程序、规定其传递时间时，应该注意考虑以下几点：

（1）根据各单位的经济业务的特点、企业内部机构组织、人员分工情况以及经营管理的需要，从完善内部牵制制度的角度出发，规定各种会计凭证的联次及其流程，使经办业务的部门及其人员及时办理各种凭证手续，既符合内部牵制原则，又提高工作效率。

（2）根据有关部门和人员办理经济业务的必要时间，同相关的部门和人员协商制定会计凭证在各经办环节停留时间，以便合理确定办理经济业务的最佳时间，及时反映、记录经济业务的发生和完成情况。

（3）在会计凭证传递过程中，若遇有不合理的环节，应根据实际情况及时加以修正，确保会计凭证传递程序的合理化、制度化和传递时间的节约。

例如，制造企业入库单首先是由仓库有关人员在材料验收入库时填制一式若干联。其中，第一联由仓库留做原始凭证，登记仓库材料保管的账簿；第二联由仓库传递到有关业务部门，如采购部门，使采购部门了解到该项采购业务所购进的材料已经入库，以便其掌握库存材料的动向；第三联由仓库传递到会计部门，使会计部门从价值方面掌握库存材料。会计部门据此记录材料的增加，进行会计核算。入库单也可以按其他途径传递。无论按何种途径传递，都应该保证它经过必要的环节，在每一环节停留必要的时间。

二、会计凭证的整理

任何单位在用完凭证以后，都应该认真地对凭证进行整理，防止凭证的散失，便于今后使用。

对会计凭证的整理应规定时间（例如，每天、每旬、每月），到期应将各种记账凭证，连同所附的原始凭证或原始凭证汇总表，按照编号顺序折叠整齐，加上封面、封底、装订成册，注明单位名称、年度、月份和起讫日期、凭证种类、起讫号码，并在封签处加盖会计主管的图章。

对于数量过多的原始凭证，可以单独装订，在封面上注明记账凭证的日期、编号、种类，同时在记账凭证上注明“附件另存”。

对各种重要的原始凭证，如各种押金收据以及涉外文件等重要原始凭证，应另编目录，单独整理存放，并在记账凭证上加以说明，以便考查。

三、会计凭证的保管

会计凭证的保管是指会计凭证登记入账后的整理、装订和归档存查。对于会计凭证的保管，既要做到会计凭证的安全和完整无缺，又要便于凭证的事后查阅利用。会计凭证保管的要求如下。

(一) 定期装订成册

各种记账凭证，连同所附原始凭证或原始凭证汇总表，应按原编号顺序进行整理，在确保记账凭证及其所附原始凭证完整无缺后，分类折叠整齐，按期装订成册，并加具封面，填写单位名称、年度、月份和起讫日期、凭证种类以及起讫号码。为了防止任意拆装，还需在装订处贴上封签，并由会计主管人员或指定的经办人员在封签处加盖骑缝章。对于数量过多的原始凭证，可以单独装订成册，并在封面上注明记账日期、编号、种类，并且需要在记账凭证上注明“附件另订”。

(二) 会计凭证的造册归档

每年的会计凭证都应由会计部门按照归档的要求，负责整理立卷或装订成册。当年的会计凭证，在会计年度终了后，可暂由会计部门保管1年，期满后，原则上应移交本单位档案部门保管；未设立档案部门的，应当在会计部门内部指定专人保管。

(三) 会计凭证的借阅

一般情况下，会计凭证不得外借，其他单位因特殊原因需要使用时，经本单位负责人批准后，在不拆散原卷册的前提下，提供查阅或复制。

(四) 会计凭证的销毁

按《会计档案管理办法》规定，原始凭证、记账凭证的保管期限为30年。保管期满需要销毁的会计凭证，应由本单位档案机构提出销毁意见，会同会计机构共同进行审查和鉴定，并在此基础上编制会计档案销毁清册。单位负责人在销毁清册上签署意见后，方可销毁。

单元测试

一、单项选择题

(1) 会计凭证按其(　　)不同，可以分为原始凭证和记账凭证。

A. 填制的时间　　B. 取得的渠道

C. 填制的程序和用途　　D. 反映的经济内容

(2) 发料凭证汇总表属于(　　)。

A. 一次凭证　　B. 累计凭证　　C. 汇总凭证　　D. 记账凭证

(3) 原始凭证的基本内容中，不包括(　　)。

A. 日期及编号　　B. 内容摘要

C. 实物数量及金额　　D. 会计科目

(4) 原始凭证和记账凭证的相同点是(　　)。

A. 反映经济业务的内容相同　　B. 编制的时间相同

C. 所起的作用相同　　D. 经济责任的当事人相同

(5) 原始凭证是(　　)的依据。

A. 登记总账　　B. 编制记账凭证

C. 编制科目汇总表　　D. 编制汇总记账凭证

(6) 会计人员在审核原始凭证过程中，对于手续不完备的原始凭证，按规定应(　　)。

A. 扣留原始凭证　　B. 拒绝执行

C. 向上级机关反映　　D. 退回出具单位要求补办手续

(7) 下列各项中,不属于原始凭证的是(　　)。

A. 销货发票　　B. 差旅费报销单

C. 现金收据　　D. 银行存款余额调节表

(8) 汇总原始凭证与累计原始凭证的主要区别在于(　　)不同。

A. 填制方法　　B. 登记经济内容

C. 会计核算工作繁简　　D. 填制时期

(9) 将现金存入银行,按规定应编制(　　)。

A. 现金收款凭证　　B. 银行存款收款凭证

C. 现金付款凭证　　D. 银行存款付款凭证

(10) 原始凭证按(　　)的不同,可以分为一次凭证、累计凭证和原始凭证汇总表。

A. 取得的途径　　B. 具体格式　　C. 经办人员　　D. 填制的方法

(11) 企业外购材料一批,已验收入库,货款已付,根据有关的原始凭证应填制(　　)。

A. 收款凭证　　B. 付款凭证　　C. 转账凭证　　D. 累计凭证

(12) 差旅费报销单应属于(　　)。

A. 累计凭证　　B. 记账凭证　　C. 外来原始凭证　　D. 自制原始凭证

(13) 原始凭证按其取得的来源不同,可以分为(　　)。

A. 收款凭证、付款凭证和转账凭证　　B. 外来原始凭证和自制原始凭证

C. 一次凭证和累计凭证　　D. 单式记账凭证和复式记账凭证

(14) 一笔业务需要填制多张记账凭证时,应采用(　　)编号法。

A. 整数　　B. 连续　　C. 分数　　D. 尾数

(15) 下列各项业务中,应当编制转账凭证的是(　　)。

A. 支付购买材料款　　B. 车间领用材料

C. 收回出售材料款　　D. 支付材料运杂费

(16) 从银行提取现金的业务,应编制(　　)。

A. 现金收款凭证　　B. 银行存款收款凭证

C. 现金付款凭证　　D. 银行存款付款凭证

(17) 登记与货币资金收付款业务无关的经济业务,应编制(　　)。

A. 收款凭证　　B. 付款凭证　　C. 转账凭证　　D. 累计凭证

(18) 记账凭证的基本内容不包括(　　)。

A. 会计科目的名称

B. 记账凭证的编号

C. 经济业务的内容摘要

D. 经济业务的实物数量、单价和金额

(19) 付款凭证中,"金额"栏合计数表示(　　)。

A. 借方发生额　　B. 贷方发生额

C. 借、贷双方的记账金额　　D. 借方金额扣减贷方金额后的净额

(20) 下列各种凭证中,与通用记账凭证的填制方法相同的是(　　)。

A. 原始凭证　　B. 收款凭证　　C. 付款凭证　　D. 转账凭证

二、多项选择题

(1) 记账凭证按其反映的经济业务内容来划分，可分为(　　)。

A. 收款凭证　　B. 累计凭证　　C. 付款凭证　　D. 转账凭证

(2) 自制原始凭证按填制手续不同，可分为(　　)。

A. 一次凭证　　B. 累计凭证　　C. 汇总凭证　　D. 单式凭证

(3)专用记账凭证按其与库存现金、银行存款收付有无关系，可分为(　　)。

A. 收款凭证　　B. 付款凭证　　C. 转账凭证　　D. 记账凭证

(4) 下列关于填制原始凭证与记账凭证的表述中，正确的有(　　)。

A. 原始凭证是由经办人员填制的，记账凭证一律由会计人员填制

B. 原始凭证根据发生或完成的经济业务填制，记账凭证根据审核后的原始凭证填制

C. 原始凭证仅用于记录、证明经济业务已经发生或完成，记账凭证是根据会计科目对已经发生或完成的经济业务进行归类、整理

D. 原始凭证是填制记账凭证的依据，记账凭证是登记账簿的依据

(5) 记账凭证的内容有(　　)。

A. 凭证的名称、日期及编号　　B. 经济业务的摘要及附件

C. 会计科目及方向　　D. 经济业务的金额

(6) 填制记账凭证应根据(　　)。

A. 外来原始凭证　　B. 原始凭证汇总表

C. 自制原始凭证　　D. 收款、付款、转账凭证

(7) 下列各项中，属于记账凭证审核内容的有(　　)。

A. 金额是否齐全　　B. 科目是否正确　　C. 书写是否正确　D. 内容是否真实

(8) 能够据以登记账簿的会计凭证有(　　)。

A. 现金支票存根　　B. 汇总记账凭证　　C. 科目汇总表　　D. 记账凭证

(9) 下列经济业务中，应编制付款凭证的有(　　)。

A. 支付前欠货款　　B. 将现金存入银行

C. 修理机器领用材料　　D. 职工预借差旅费

(10) 下列经济业务中，应编制收款凭证的有(　　)。

A. 收到出租包装物押金　　B. 收到支票存入银行

C. 支付货款　　D. 收到现金

(11) 企业购入材料一批已验收入库，货款已付，根据这项业务所填制的会计凭证有(　　)。

A. 收款凭证　　B. 付款凭证　　C. 收料单　　D. 一次凭证

E. 累计凭证

(12) 在填制的付款凭证中，借方科目可能涉及(　　)。

A.“库存现金”　　B.“银行存款”　　C.“应付账款”　　D.“应交税费”

E.“销售费用”

三、判断题

(1) 原始凭证一般都在外单位取得，证明经济业务的发生或完成，而本单位不会产生原始凭证。(　　)

(2) 原始凭证可以提供经营管理所需的总量指标，是具有法律效力的证明文件，因此它是进行会计核算的重要原始依据。（　　）

(3) 记账凭证是依据审核无误的原始凭证或原始凭证汇总表编制的。（　　）

(4) 各种凭证不得随意涂改、刮擦、挖补，若填写错误，应用红字更正法予以更正。（　　）

(5) 原始凭证必须按规定的格式和内容逐项填写齐全，同时必须由经办业务的部门和人员签字盖章。（　　）

(6) 原始凭证可以由非财会部门和人员填制，但记账凭证只能由财会部门和人员填制。（　　）

(7) 原始凭证是在经济业务发生时直接取得或填制的，是用来记载经济业务发生和完成情况、明确经济责任的书面证明。（　　）

(8) 为了便于加强管理、简化手续，可以用累计凭证来反映一定时期内若干项不断重复发生的经济业务。（　　）

(9) 记账凭证按其填制手续不同，可以划分为收款凭证、付款凭证和转账凭证。（　　）

(10) 原始凭证是登记日记账和明细账的直接依据。（　　）

(11) 经济业务发生后，只要取得了原始凭证，就可以根据原始凭证填制记账凭证。（　　）

(12) 涉及现金和银行存款相互划转的经济业务时，填制一张收款凭证也可以填制一张付款凭证，任选其一。（　　）

(13) 记账凭证与原始凭证填制的要求是相同的。（　　）

(14) 记账凭证是根据审核后的原始凭证或原始凭证汇总表编制的，用来证明经济业务已经发生或完成的会计凭证。（　　）

(15) 记账凭证按其填制方式不同，可以分为一次凭证和累计凭证。（　　）

四、名词解释

会计凭证、记账凭证、收款凭证、付款凭证、转账凭证、单式记账凭证。

五、简答题

(1) 什么是会计凭证？如何分类？

(2) 记账凭证应具备哪些内容？

(3) 填制记账凭证应遵循哪些要求？

(4) 如何审核记账凭证？

(5) 合理组织会计凭证传递的意义是什么？

实务训练

训练一

目的：练习记账凭证的填制。

资料：某公司 2019 年 5 月发生下列经济业务（假定购买材料和销售产品不考虑增值税）：

(1) 2 日，收到 D 单位前欠购货款 50 000 元，存入银行。

(2) 7 日，向 T 工厂购进甲材料 1 000 千克，每千克 30 元，货款以银行存款支付。

(3) 8 日，王林出差暂借差旅费 2 000 元，以现金支付。

(4) 9 日，以现金支付甲材料装卸搬运费 350 元。

(5) 10 日，向 H 工厂购进乙材料 500 千克，每千克 250 元，货款暂未支付。

(6) 15 日，以银行存款归还前欠购材料款 35 000 元。

(7) 16 日，从银行提取 5 000 元现金备用。

(8) 17 日，销售产品一批 32 000 元，货款暂未收到。

(9) 18 日，销售产品一批 14 000 元，货款收存银行。

(10) 20 日，将当日销售款现金 28 000 元存入银行。

要求：用通用记账凭证处理上述经济业务。

训练二

目的：练习记账凭证的填制。

资料：某企业 2019 年 8 月发生下列有关经济业务：

(1) 2 日，收到国家投入资本 500 000 元，款项已存入银行。

(2) 3 日，从明星公司购入甲材料 10 吨，每吨 2 000 元，增值税进项税额 2 600 元。材料已运达但尚未验收入库，货款及税费尚未支付。

(3) 7 日，从新兴公司购进乙材料 10 吨，每吨 300 元，运杂费 500 元，增值税进项税额 390 元，材料已经验收入库，所有款项均以银行存款支付。

(4) 9 日，以银行存款 7 000 元向达远公司预付购买丙材料货款。

(5) 15 日，以银行存款偿还欠明星公司购货款 23 400 元。

(6) 16 日，收到达远公司发来已预付货款的丙材料，该批材料买价 5 000 元，增值税进项税额 650 元，预付款项尚未结清。

(7) 17 日，收到达远公司退回的预付账款，存入银行。

(8) 18 日，本月 3 日从明星公司购入的甲材料验收入库，按实际采购成本转账。

(9) 20 日，生产产品领用甲材料 11 640 元，其中：A 产品耗用 6 760 元，B 产品耗用 4 880 元。

(10) 31 日，根据考勤记录及产量记录，本月应付职工工资 51 000 元，其中：A 产品生产工人工资 20 000 元，B 产品生产工人工资 15 700 元，车间管理人员工资 6 300 元，厂部管理人员工资 9 000 元。

(11) 31 日，以现金 1 500 元支付本月厂部管理部门耗用水电费。

(12) 31 日，计提本月固定资产折旧费 2 460 元，其中：车间 2 000 元，厂部管理部门 460 元。

要求：根据上述业务，分别填制收款凭证、付款凭证和转账凭证。

第七单元　登记账簿

知识目标

通过本项目的课程教学，学生应该了解会计账簿的概念、作用、种类，掌握各种账簿的设置与登记的要求和方法，掌握错账的更正、结账与对账的程序和方法。

技能目标

通过本项目的课程教学，学生应该在学会相关知识之后，能够做以下工作：①给定一项经济业务，能够恰当地选择和登记各类会计账簿；②给定一项处理有误的经济业务，能够进行错账更正。

案例导入

会计专业大学一年级学生张林参观宏达公司财务科时，翻看了公司整理入档的会计账簿。张林发现公司有好多本账簿，有"总分类账""明细账""库存现金日记账""银行存款日记账"等。认真观察，发现这些账簿中的账页内容、格式和登记方法有相同之处，又有不同之处。

思考：为什么要有这么多不同的账簿呢？账页的格式、内容具体有何异同呢？如何恰当选用不同的账页？如何登记账簿？

第一讲　认识会计账簿

【知识要点】

一、会计账簿的概念

会计账簿又称会计账册，是指由具有一定格式、相互联系的账页所组成的，以会计凭证为依据，用来全面、系统、连续地记录各项交易或事项的簿籍。会计账簿是记录会计核算过程和结果的主要载体，是会计信息形成的重要环节，也是会计资料的重要组成部分。账簿的设置一般称为建账。设置和登记会计账簿，是重要的会计核算基础工作，也是会计核算重要的专门方法之一。

在会计核算中，对单位发生的每一笔经济交易或事项，都必须取得和填制会计凭证，通过会计凭证的填制和审核，可以反映和监督单位每笔交易或事项的发生和完成情况。但是，由于会计凭证数量很多、零星分散、缺乏系统性，只能反映一笔或若干笔相同性质经济交易或事项的情况，因而不能连续、系统、全面地反映单位在一定时期内的某类和全部交易或事项，而且会计凭证容易散失，也不便于资料的查找。所以，需要设置会计账簿并根据经过审核的会计凭证进行登记，把分散在会计凭证上的大量核算资料，加以集中归类整理，分门别类地记录在账簿中，使之系统化、条理化，从而提供全面、系统的会计信息，满足经济管理和编制会计报表的需要。

设置并有效利用会计账簿，才能进行会计资料的收集、整理、加工和储存，才能连续、系统、全面、综合地反映单位的财务状况和经营成果，才能通过会计账簿所反映的信息来揭示经济活动中存在的问题，寻找改善经营管理的对策。因此，任何单位都必须设置会计账簿，这既是国家法律的强制性规定，也是每个单位加强经济管理的客观要求。

会计账簿的设置和登记是取得全面系统的会计资料的重要手段，也是会计核算工作的基础。设置和登记账簿，主要有以下几个作用。

(一) 为经济管理提供系统完整的会计信息

通过设置和登记账簿，可以将企业发生的各种交易或事项的核算资料加以归类整理并汇总，形成集中、全面、系统的会计核算资料，向企业提供各项资产、负债、所有者权益增减变化情况及企业财务成果形成情况的信息。会计账簿的记录，既可以提供总括、综合的资料，又可以提供具体、详细的资料，为经济管理提供信息，这对于企业合理使用资金，加强经营管理具有十分重要的作用。

(二) 为编制会计报表提供依据

会计报表是根据账簿记录整理编制的，会计资料通过账簿进行归类整理后，就能提供一个单位在一定时期内的资产、负债、所有者权益的增减变化和结存情况，以及收入、费用、收益及其分配等的经营情况，这就为计算成本和编制会计报表提供了全面和具体的资料。

(三) 为考核、分析和检查经济活动情况提供依据

根据账簿记录，可以全面、系统地提供资金、成本和利润等各项经济指标，据此考核企业的财务状况和经营成果的执行情况，进而发现生产经营过程中存在的问题，扬长避短，从而不断提高企业的经营管理水平。例如，将财产物资的账面数和实存数对比，可以检查账实是否相符；如果不符，进一步追查原因，以保证财产物资的安全完整。

依法设置会计账簿是单位进行会计核算的最基本的要求。《会计法》规定："各单位必须设置会计账簿，并保证其真实、完整。各单位发生的经济业务事项应当在依法设置的会计账簿上统一登记、核算，不得违反《会计法》和国家统一会计制度的规定私设会计账簿登记、核算。"

二、会计账簿的种类

会计账簿的种类很多，用途和形式也各不相同，相互之间构成了严密的组织结构体系，从而为经营管理者提供不同的会计信息。为了正确地设置和运用会计账簿，需要了解账簿的种类。会计账簿可按以下几种方法进行分类。

(一) 按用途分类

会计账簿按其用途不同，可以分为序时账簿、分类账簿和备查账簿。

1. 序时账簿

序时账簿是指按照经济交易或事项发生时间的先后顺序，逐日逐笔地进行登记的账簿。由于这种账簿是按照每天发生的经济交易或事项的时间先后进行记账的，所以又称为日记账或分录账。序时账簿按其记录的内容不同，可以分为普通日记账和特种日记账。

(1) 普通日记账。这是指用来登记全部经济交易或事项发生情况的序时账。这种序时账的主要功能在于对发生的所有交易或事项，都需要在该账簿中确定记录的方向及其金额(即编制会计分录)，并予以全面、连续地登记，这种日记账也称分录账。由于登记普通日记账要花费大量的时间和精力，而且查阅也不方便，逐渐被各种特种日记账所替代，现在用的很少。

(2) 特种日记账。它是指用来登记某一类特定交易或事项的日记账。例如，记录库存现金收付业务及其结存情况的"现金日记账"，记录银行存款收付业务及其结存情况的"银行存款日记账"，以及专门记录转账业务的"转账日记账"，这种序时账主要将发生频繁、需要经常核对、性质相同的经济交易或事项，按时间先后顺序逐笔进行登记。各单位一般都要设置现金日记账、银行存款日记账，以加强对货币资金的核算和管理。

序时账作为经济交易或事项的序时记录，便于查阅交易或事项的发生或完成情况，因此可作为分类账登记的依据，也可以与分类账的有关账户核对、检查。这种账簿能防止原始凭证的散失和抽换，对会计凭证的完整性起到保护作用。

2. 分类账簿

分类账簿是指对各项经济交易或事项按照账户进行分类登记的账簿。分类账簿可分为总分类账和明细分类账。

(1) 总分类账。这是指按照总分类账户分类登记经济业务事项的分类账簿，简称总账。

(2) 明细分类账。这是指按照明细分类账户分类登记经济业务事项的分类账簿，简称明细账。明细分类账能够提供明细核算资料，是对总账的补充和具体化，并受总账的控制。

分类账簿是根据经营和决策需要而设置的，可以分别反映和监督各项资产、负债、所有者权益、收入、费用和利润的增减变动情况及其结果，归集并汇总各类信息。因此，分类账反映了一个经济单位所有的经济活动情况和财务状况，提供的会计核算信息是编制会计报表的主要依据，在会计工作中起到非常重要的作用。

分类账簿和序时账簿的作用不同。序时账簿能提供连续系统的信息，反映企业资金运动的全貌；分类账簿是按照经营决策需要而设置的账户，归集并汇总各类信息，反映资金运动的各种状态、形式及其构成。

小型单位的业务简单、总分类账户不多，为简化工作，可以将序时账簿和分类账簿结合起来，设置联合账簿。日记总账便是典型的联合账簿。

3. 备查账簿

备查账簿又称辅助账簿或备查簿，是指对序时账簿和分类账簿等主要账簿不能记载或记载不全的事项，为便于查考而进行补充登记的账簿。备查账簿主要是为某些交易或事项的内容提供必要的参考资料，例如，"受托加工材料登记簿"、所有权不属于企业的"租入固定资产登记簿"等。备查账只是对其他账簿记录的一种补充，与其他账簿之间不存在紧密的依存和勾稽关系。

备查账簿应根据统一会计制度的规定和企业管理的需要设置。并不是每个企业都要设置备查账簿，而应根据管理的需要来确定，但是对于会计制度规定必须设置备查簿的科目，如"应收票据""应付票据"等，必须按照会计制度的规定设置备查账簿。

备查账簿没有固定的格式，其格式可由企业根据内部管理的需要自行确定。

各单位按需要来设置账簿，格式可由各单位自行设计。一般来说，一个单位，总分类账簿和明细分类账簿必不可少，以全面登记企事业单位全部会计要素的增减变化及其结存情况；同时，为了加强对库存现金和银行存款的管理，还需设置现金日记账和银行存款日记账，由出纳负责登记，并且与库存现金及银行存款实物做到日清月结，月底还要与"库存现金"和"银行存款"总分类账簿核对一致。备查账簿则由企业根据需要决定是否设置，发挥备查参考和补充经济信息的作用。

(二) 按外表形式分类

会计账簿按其外表形式不同，可以分为订本式账簿、活页式账簿和卡片式账簿。

1. 订本式账簿

订本式账簿是指在未启用之前，将一定数量的印有专门格式的账页按顺序号装订成册的账簿，简称订本账。一般具有统驭性和重要性的账簿，如总分类账、现金日记账、银行存款日记账等都采用订本式账簿。使用订本式账簿的优点是能够避免账页散失和防止抽换账页的不正当行为。其缺点是这种账簿同一时间内只能由一人登记，不利于分工记账；账页固定，不能根据需要增减账页；必须为每一账户预留空白账页，预留账页过多会造成浪费，预留账页过少会影响账户记录的连续登记，不便于查询。

2. 活页式账簿

活页式账簿是指在启用时账页不装订成册而置放于活页账夹内，随时可以取放的账簿，简称活页账。使用活页式账簿的优点是可根据实际需要，随时加入或抽出账页，使用起来比较灵活。其缺点是账页容易散失或被人为抽换。因此，在使用时，要对账页进行编号，并在账页上加盖有关人员图章，以明确责任。活页账在年度终了要装订成册并存档，由专人保管，活页账一般适用于各种明细分类账。

3. 卡片式账簿

卡片式账簿是指由若干零散的有专门格式的卡片组成的账簿，简称卡片账。实际上，卡片账是将账户所需格式印刷在硬卡上，使用卡片账时，每一张卡片均需要编号，登记后按顺序放置在卡片盒(箱)内，以免丢失。使用卡片账的优点是可根据需要，随时增减，方便查阅；可按不同要求归类整理，不易损坏；还可以根据需要，跨年度使用。其缺点是容易散失和被抽换。因此，在实际使用时，卡片账同活页账一样，也要连续编号，并加盖有关人员的图章，由专人妥善保管。卡片账一般适用于固定资产、周转材料、原材料等资产的明细分类账。

(三) 按账页格式分类

会计账簿按其账页格式分类，可以分为两栏式账簿、三栏式账簿、数量金额式账簿、多栏式账簿和横线登记式账簿等。

1. 两栏式账簿

两栏式账簿是指只有"借方"和"贷方"两个基本栏目的账簿。普通日记账和转账日记账一般采用两栏式。

2. 三栏式账簿

三栏式账簿是指将账页中登记金额的部分分为三个栏目，即"借方""贷方"和"余额"三栏。

三栏式适用于只提供价值核算信息，不需要提供数量核算信息的账簿。例如，总账、现金日记账、银行存款日记账、资本、债权债务类明细账等。三栏式账簿又分为设对方科目和不设对方科目两种。

3. 数量金额式账簿

数量金额式账簿又称三大栏式账簿，是指在"借方""贷方"和"余额"三个栏目内，都分设"数量""单价"和"金额"三小栏，用以登记财产物资的数量、单价和总金额。这种账簿适用于既需要提供价值信息，又需要提供实物数量信息的明细分类账簿。例如，原材料明细账和库存商品明细账等。

4. 多栏式账簿

多栏式账簿是指在账簿的借方和贷方按需要分设专栏的账簿，详细反映借、贷方金额的组成情况。例如，多栏式日记账、多栏式明细账。专栏的设置是在借方，还是在贷方，或者两方同时设置，设多少专栏，要根据需要确定。这种账簿适用于核算项目较多，且管理上要求提供各核算项目详细信息的明细分类账簿。例如，成本、费用等明细账，应交增值税明细账等。

5. 横线登记式账簿

横线登记式账簿是指利用平行式账页，将同一交易或事项的若干内容在同一横行进行详细登记，便于核对与注销的账簿。例如，材料采购明细账、备用金明细账等。

三、会计账簿的基本内容

各单位均应按照国家统一会计制度的规定和本单位会计业务的需要，设置会计账簿。尽管账簿种类很多、格式各异、用途不同，但一般都应具有以下基本内容。

(一) 封面

封面上主要写明账簿的名称和企业单位的名称。例如，××总分类账、××明细分类账、××日记账等。

(二) 扉页

扉页上应附账簿启用和经管人员一览表及账户目录。账簿启用和经管人员一览表一般应列明单位名称、账簿名称、起止页数、启用日期、单位负责人、会计主管、经管人员、交接记录等。

(三) 账页

账页是账簿的主体，用来具体记录经济交易或事项。其格式因记录的经济交易或事项内容不同而有所不同，但一般都应包括如下内容：①账户名称；②记账日期栏；③记账凭证的种类和号数栏；④摘要栏；⑤金额栏；⑥总页次和分户页次等。

第二讲　登记会计账簿

【知识要点】

一、账簿的设置原则

为了科学地记录和反映各项经济业务，各单位都必须合理地设置账簿。设置账簿一般应遵循以下原则。

(一) 全面性

账簿的设置要能保证全面、系统地核算和监督各项经济业务，为管理提供完整系统的会计核算资料。因此，各单位必须严格按照会计制度的统一规定设置会计账簿，以保证账簿记录与所反映的经济活动内容口径一致，便于上级主管部门和在整个国民经济范围内进行会计资料的汇总和比较，便于有关部门和人员检查账簿，更好地发挥账簿在经济管理中的作用。

（二）实用性

账簿设置要能够全面地反映经济活动和财务收支情况，满足经济管理的需要。对于经济管理中需要考核的指标，都应该在账簿上得到及时反映。账簿设置还应能够控制财产物资的增减变动，保护财产物资的安全完整和合理使用。同时，在设置账簿时必须充分考虑会计账簿与财务报表之间指标的衔接，为及时、正确地编制财务报表做好准备工作。

（三）科学性

设置账簿，要适应企业规模的大小，经济业务的繁简和会计机构、会计人员的设置配备情况。账簿组织应当严密，避免重复或遗漏，以保证在全面、正确反映经济活动的情况下，力求简化。账簿中的账页格式要简单明了，账册大小适中，便于日常使用，也便于保存。各种账簿要明确分工，相互制约，才能保证全面、系统、正确地提供经济管理所需的各项经济指标。

二、账簿的启用与登记要求

（一）账簿的启用

会计账簿是企业重要的经济档案，为了保证账簿记录的合法性和合理性，保证账簿资料的完整性，防止舞弊行为，明确记账责任，会计人员启用新的会计账簿时，应在账簿的扉页上填制"账簿启用表"和"经管账簿人员一览表"（有的合称"账簿启用及交接记录表"）。其格式，如表7-1所示。

表 7-1　　账簿启用及交接记录表

<table>
<tr><td colspan="12">账簿启用和交接记录表
账簿名称＿＿＿＿＿＿＿＿　　单位名称＿＿＿＿＿＿＿＿
账簿编号＿＿＿＿＿＿＿＿　　账簿册数＿＿＿＿＿＿＿＿
账簿页数＿＿＿＿＿＿＿＿　　启用日期＿＿＿＿＿＿＿＿
会计主管（签章）　　记账人员（签章）</td></tr>
<tr><td colspan="3">移交日期</td><td colspan="2">移交人</td><td colspan="3">接管日期</td><td colspan="2">接管人</td><td colspan="2">会计主管</td></tr>
<tr><td>年</td><td>月</td><td>日</td><td>姓名</td><td>盖章</td><td>年</td><td>月</td><td>日</td><td>姓名</td><td>盖章</td><td>姓名</td><td>盖章</td></tr>
<tr><td></td><td></td><td></td><td></td><td></td><td></td><td></td><td></td><td></td><td></td><td></td><td></td></tr>
</table>

（二）账簿的登记要求

1. 准确完整

登记会计账簿时，应当将会计凭证的日期、编号、业务内容摘要、金额和其他有关资料逐项记入账内，做到数字准确、摘要清楚、登记及时、字迹工整。每一项会计事项，一方面要记入有关的总账，另一方面要记入该总账所属的明细账。

账簿记录中的日期，应该填写记账凭证上的日期；以自制的原始凭证，如收料单、领料单等作为记账依据的，账簿记录中的日期应按有关自制凭证上的日期填列。

2. 注明记账符号

登记完毕后，要在记账凭证上签名或者盖章，并注明已经登账的符号，表示已经记账。在记账凭证上设有专门的栏目供注明记账的符号，以免发生重记或漏记。

3. 文字和数字必须整洁清晰，准确无误

在登记书写时，不要滥造简化字，不得使用同音异体字，不得写怪字体；摘要文字紧靠左线；数字要写在“金额”栏内，不得越格错位、参差不齐；文字、数字字体大小适中，紧靠下线书写，上面要留有适当空距，一般应占格宽的$\frac{1}{2}$，这样，一旦发生登记错误时，能比较容易地进行更正，同时也方便查账工作。记录金额时，如为没有角分的整数，应分别在角分栏内写上“0”，不得省略不写，或以“—”号代替。阿拉伯数字一般可自左向右适当倾斜，以使账簿记录整齐、清晰。为防止字迹模糊，墨迹未干时不要翻动账页；夏天记账时，可在手臂下垫一块软质布或纸板等书写，以防汗浸。

4. 正常记账使用蓝黑墨水

登记账簿要用蓝黑墨水或者碳素墨水书写，不得使用圆珠笔(银行的复写账簿除外)或者铅笔书写。在会计的记账书写中，数字的颜色是重要的语素之一，它同数字和文字一起传达出会计信息。如同数字和文字错误会表达错误的信息，书写墨水的颜色用错了，其导致的概念混乱也不亚于数字和文字错误。

5. 特殊记账使用红墨水

下列情况，可以用红色墨水记账：①按照红字冲账的记账凭证，冲销错误记录；②在不设“借”或“贷”等栏的多栏式账页中，登记减少数；③在三栏式账户的余额栏前，如未印明余额方向的，在“余额”栏内登记负数余额；④根据国家统一会计制度的规定可以用红字登记的其他会计记录。

6. 顺序连续登记

各种账簿按页次顺序连续登记，不得跳行、隔页，更不得随便更换账页和撤出账页，作废的账页也要留在账簿中，如果发生跳行、隔页，应当将空行、空页划线注销，或者注明“此行空白”“此页空白”字样，并由记账人员签名或者盖章。这对杜绝在账簿登记中可能出现的漏洞，是十分必要的防范措施。

7. 结出余额

凡需要结出余额的账户，结出余额后，应当在“借或贷”等栏内写明“借”或者“贷”等字样。没有余额的账户，应当在“借或贷”等栏内写“平”字，并在余额栏内用“0”表示。现金日记账和银行存款日记账必须逐日结出余额。一般说来，对于没有余额的账户，在余额栏内标注的“0”应当放在“元”位。

8. 换页

每一账页登记完毕结转下页时，应当结出本页合计数及余额，写在本页最后一行和下页第一行有关栏内，并在“摘要”栏内注明“过次页”和“承前页”字样；也可以将本页合计数及金额只写在下页第一行有关栏内，并在“摘要”栏内注明“承前页”字样。也就是说，“过次页”和“承前页”的方法有两种：一是在本页最后一行内结出发生额合计数及余额，然后过次页并在次页第一行承前页；二是只在次页第一行承前页写出发生额合计数及余额，不在上页最后一行结出发生额合计数及余额后过次页。

对需要结计本月发生额的账户，结计“过次页”的本页合计数应当为自本月初起至本页末止的发生额合计数；对需要结计本年累计发生额的账户，结计“过次页”的本页合计数应当为自年初起至本页末止的累计数；对既不需要结计本月发生额也不需要结计本年累计发生额的账户,可以只将每页末的余额结转次页。

9. 更正错误

登记发生错误时,必须按规定方法更正,严禁刮、擦、挖、补,或使用化学药物清除字迹。发现差错后,必须根据差错的具体情况,采用划线更正、红字更正、补充登记等方法更正。

10. 定期打印

实行会计电算化的单位,总账和明细账应当定期打印;发生收款和付款业务的,在输入收款凭证和付款凭证的当天,必须打印出现金日记账和银行存款日记账,并与库存现金核对无误。这是因为在以机器或其他磁性介质储存的状态下,各种资料或数据的直观性不强,而且信息处理的过程不明,不便于进行某些会计操作和内部或外部审计,不利于会计信息的安全性和完整性。

(三) 账簿的更换

为了反映每个会计年度的财务状况和经营成果情况,保持会计资料的连续性,企业应按照会计制度的规定进行账簿的更换。

账簿的更换是指在会计年度终了时,将上年度的账簿更换为次年度的新账簿的工作。在每一会计年度结束、新一会计年度开始时,应按会计制度的规定,更换一次总账、日记账和大部分明细账。少部分明细账年度内变动不多,可以继续使用,年初可以不更换账簿。例如,固定资产明细账等。

三、日记账的设置与登记

如前所述,每个企业单位都应设置日记账,目前应用比较广泛的是现金日记账和银行存款日记账。

(一) 现金日记账

现金日记账简称现金账,用来反映库存现金的收入、支出和结存情况。通过现金日记账的登记,有利于执行现金管理制度和现金保管、使用制度。

现金日记账的格式一般采用“三栏式”,基本结构为“借方”栏、“贷方”栏和“余额”栏,具体如表 7-2 所示。

表 7-2 现金日记账 第 页

年		凭证		摘　要	对方科目	借　方	贷　方	余　额
月	日	字	号					

年度开始后,应先将上年度转来的库存现金数登记到“余额”栏,以后每发生一笔库存现金收支业务,都应按照发生的时间先后顺序,根据记账凭证所附库存现金收付的原始凭证,逐日逐笔顺序登记,做到日清日结,并将每日结余数与库存现金实际库存数核对,做到账实相符。

(二) 银行存款日记账

银行存款日记账简称银行账,用来逐日反映企业、事业、机关等单位银行存款的收入、支出和结余情况的账簿。

银行存款日记账的格式一般采用“三栏式”,具体如表 7-3 所示。

表 7-3 银行存款日记账 第 页

年		凭证		摘要	结算凭证		对方科目	借 方	贷 方	余 额
月	日	字	号		种类	号数				

银行存款日记账中的"结算凭证"栏根据收款凭证和付款凭证所附的银行结算凭证填列，其他项目的登记方法与库存现金账相同。每日终了，应结出存款余额，并定期与银行对账单核对。现金日记账与银行存款日记账，也可按照收款业务和付款业务，分别设置收入和支出日记账，其格式一般采取多栏式。

四、分类账的格式和登记方法

(一) 总分类账

总分类账简称总账，是对各项经济业务按照总分类账户进行分类、连续登记的账簿。

总分类账一般采用"三栏式"，基本结构为"借方""贷方""余额"三栏，具体如表 7-4 所示。

表 7-4 总分类账

会计科目： 第 页

年		凭证		摘 要	借 方	贷 方	借或贷	余 额
月	日	字	号					

总分类核算只运用货币量度，其登记方法比较灵活，可以根据记账凭证逐笔登记，也可以根据科目汇总表、汇总记账凭证登记。多栏式日记账按日、按旬、按月定期汇总登记。

(二) 明细分类账

明细分类账应根据记账凭证及所附原始凭证登记，明细账的格式应根据它反映经济内容的特点，以及实物管理的不同要求来登记。其格式主要有三栏式、数量金额式和多栏式等。

1. 三栏式明细账

三栏式明细账与总账相同，主要适用于只要求反映金额的经济业务。例如，应收账款、应付账款、其他应付款等结算业务的明细分类核算。三栏式明细账根据记账凭证及所附原始凭证逐笔登记。其具体格式，如表 7-5 所示。

表 7-5 应收账款明细账

二级或明细科目： 第 页

年		凭证		摘 要	借 方	贷 方	借或贷	余 额
月	日	字	号					

2. 数量金额式明细账

数量金额式明细账适用于既需要反映金额,又需要反映数量的经济业务。例如,原材料、库存商品等财产物资的明细分类核算。数量金额式明细账根据材料物资的收发凭证逐笔登记,如表 7-6 所示。

表 7-6 原材料明细账

类别: 名称和规格: 计量单位: 仓库: 第 页

年		凭证		摘要	收入			发出			结存		
月	日	字	号		数量	单价	金额	数量	单价	金额	数量	单价	金额

3. 多栏式明细账

多栏式明细账适用于生产成本、制造费用、管理费用、主营业务收入、本年利润等的明细分类核算。多栏式明细账是根据各项业务的经济内容和提供资料的要求,在一张账页上按明细项目分设专栏,以提供这类经济业务的详细资料。因此,其专栏的设置也不相同。如果设置的专栏只反映借方金额,则当发生贷方金额时,可用红字在借方有关栏内进行登记。多栏式明细账的具体格式,如表 7-7 和表 7-8 所示。

表 7-7 生产成本明细账

产品名称: 第 页

年		凭证		摘要	借方					借方余额
月	日	字	号		材料	人工费	动力费	制造费用	合计	

表 7-8 管理费用明细账

二级或明细科目: 第 页

年		凭证		摘要	借方					贷方	余额
月	日	字	号						合计		

五、备查账的格式和登记

备查账又称辅助账,它没有固定格式,一般根据实际需要设计。例如,为了加强租入固定资产的管理,记录其租入、使用和归还情况,需要设置“租入固定资产备查账”。备查账可根据记账凭证和有关的原始凭证等进行登记。

六、对账

《会计法》第 17 条规定:“各单位应当定期将会计账簿记录与实物、款项及有关资料相互核对,保证会计账簿记录与实物及款项的实有数额相符、会计账簿记录与会计凭证的有关内容相符、会计账簿之间相对应的记录相符、会计账簿记录与会计报表的有关内容相符。”

(一) 对账的概念

对账是指会计人员对账簿记录进行的核对工作。对账包括账簿与凭证的核对、账簿与账簿的核对、账簿与财产物资实有数额的核对。对账的目的是为了确保账证相符、账账相符、账实相符,从而使会计信息真实可靠。

(二) 对账的内容

1. 账证核对,做到账证相符

账证核对是指将各种账簿(包括总分类账、明细分类账、现金日记账和银行存款日记账)记录与有关的会计凭证(包括记账凭证及其所附的原始凭证)进行核对,做到账证相符。账证核对一般是在平时记账时进行的。

2. 账账核对,做到账账相符

账账核对是指对各种账簿记录的内容所进行的核对工作,做到账账相符。其具体内容包括:

(1) 总分类账中各账户的本期借、贷方发生额合计数,期末借、贷方余额合计数,应当分别核对相符,以检查总分类账户的登记是否正确。

(2) 现金日记账、银行存款日记账的本期发生额合计数以及期末余额合计数,分别与总账中的“库存现金”“银行存款”账户的记录核对相符,以检查日记账的登记是否正确。

(3) 总分类账户本期借、贷双方发生额及余额与所属明细分类账户本期借、贷方发生额合计数及余额合计数核对相符,以检查总分类账户和明细分类账户登记是否正确。

(4) 会计部门登记的各种财产物资明细分类账的结存数,与财产物资保管或使用部门的有关保管账的结存数核对相符,以检查双方登记是否正确。

3. 账实核对,做到账实相符

账实核对是指在账账核对的基础上,将各种账簿记录余额与各项财产物资、库存现金、银行存款及各种往来款项的实存数核对,做到账实相符。其具体内容包括:

(1) 现金日记账的余额与现金实际库存数核对相符。

(2) 银行存款日记账的发生额及余额与银行对账单核对相符。

(3) 财产物资明细账的结存数分别与财产物资的实存数核对相符。

(4) 各种债权、债务的账面记录应定期与有关债务、债权单位或个人核对相符。

七、结账

结账是指在本期内所发生的经济业务全部登记入账的基础上,按照规定的方法对本期内的账簿记录进行小结,结算出本期发生额合计数和期末余额,并将其余额结转下期或者转入新账的过程。

(一) 结账的主要程序

(1) 将本期发生的经济业务事项全部登记入账,并保证其正确性。

(2) 根据权责发生制的要求,调整有关账项,合理确定本期应计的收入和费用。

（3）将损溢类账户余额转入“本年利润”账户，结平所有损溢类账户。

（4）结算出资产、负债和所有者权益账户的本期发生额和余额，并结转下期。

（二）结账的具体方法

（1）对不需按月结计本期发生额的账户，每次记账以后，都要随时结出余额，每月最后一笔余额即为月末余额。月末结账时，只需要在最后一笔经济业务事项记录之下通栏划单红线，不需要再结计一次余额。

（2）现金、银行存款日记账和需要按月结计发生额的收入、费用等明细账，每月结账时，要结出本月发生额和余额，在“摘要”栏内注明“本月合计”字样，并在下面通栏划单红线。

（3）需要结计本年累计发生额的某些明细账户，每月结账时，应在“本月合计”行下结出自年初起至本月末止的累计发生额，登记在月份发生额下面，在“摘要”栏内注明“本年累计”字样，并在下面通栏划单红线。12 月末的“本年累计”就是全年累计发生额，全年累计发生额下通栏划双红线。

（4）总账账户平时只需结出月末余额。年终结账时，将所有总账账户结出全年发生额和年末余额，在摘要栏内注明“本年合计”字样，并在合计数下通栏划双红线。

（5）年度终了结账时，有余额的账户，要将其余额结转下年，并在“摘要”栏注明“结转下年”字样；在下一会计年度新建有关会计账户的第一行“余额”栏内填写上年结转的余额，并在“摘要”栏注明“上年结转”字样。

第三讲　更正会计差错

【知识要点】

一、错账的查找

会计人员在记账和对账过程中，有可能发现错账，需认真查找并及时更正。当发现错账时，先要确定错账的差数，进行分析，从而找出错误。常用以下查找数字差错的方法。

（一）差数法

差数法是指根据错账的差数去查找错误的方法。记账时，如果只登记了某项业务的一部分，或在计算账户余额时漏算了一项记录，就会遗漏一笔金额，造成错误。查找时，应根据确定的错账差数，在所发生的经济业务和账簿、凭证中，回忆查找有无与错账差数相同的数字，从而确定错误所在。差数法对发现漏记账目比较有效，也比较简便。

（二）除二法

除二法是指以 2 除差数，按商数查找记错的数字的方法。这种方法适用于查找数字记错方向的错误。例如，某项业务的借方被错记成贷方，或贷方错记成借方时，其差数可用 2 除尽，而商数就是记错方向的数字。这样，就可按照其商数查找有无相同的数字，判断是否记错了方向。

（三）除九法

除九法是指以 9 除差数，根据商数分析判断查找记错的数字。这种方法适用于查找数字错位和相邻两数次序颠倒所产生的错账。例如，将 380 误写成 830，将 1 450 误写成 145，其差额往往容易辨认，因为它总可以被 9 除尽。因此，如果错账差额是 450(830—380)或 1 305(1 450—145)等，均能被 9 整除，就可以根据商数分析、判断，查找错误。

如果只有一种错误，可用上述方法之一进行查对。如果由几种错误同时引起错账，查找就比较复杂，要查对每一项记录，核对计算账户余额，并确定在抄录或加计总数时有无错误。

二、错账的更正

账簿记录发生错误时，应该根据错误的性质和具体情况，按照下列更正错账的方法进行更正。

(一) 划线更正法

在结账以前，如果发现账簿中所记文字或数字有笔误或数字计算上有错误，但记账凭证填制正确，则可采用划线更正法进行更正。更正时，先将错误的文字或数字划一条红线注销，并使原来字迹仍可辨认。然后，在红线上面空白处填上正确的文字或数字，并由记账人员在更正处加盖图章。文字写错，可更正个别错字；数字写错，应将错误数字全部注销，不得只更正个别错误数码。

(二) 红字更正法

红字更正法又称红字冲销法或红字订正法。记账之后，无论是结账前还是结账后，如果发现记账凭证中的会计科目、记账方向(借或贷)或金额发生错误，均可采用此法更正。更正时，应先填制一张与原来发生错误相同的记账凭证，但金额应用红字，据以登记账簿，冲销原来的错误记录，然后，再用蓝字重新填制一张正确的记账凭证，据以记账。

技能操作

【例 7-1】 某企业以银行存款支付购买原材料货款 5 600 元，编制记账凭证时，误做下列会计分录，并已登记入账。

借：原材料　　5 600

　　贷：应付账款　　5 600

当发现错误时，应先用红字重填一张记账凭证：

借：原材料　　$\boxed{5\ 600}$

　　贷：应付账款　　$\boxed{5\ 600}$

注：$\boxed{\quad}$表示红字。

登记入账时，将原错误记录冲销，再用蓝字填制一张正确的记账凭证：

借：原材料　　5 600

　　贷：银行存款　　5 600

并登记入账。

如果原记账凭证所使用的会计科目和记账方向都正确，只是所填金额大于应填金额，可将多填金额用红字填制一张记账凭证，其会计科目和记账方向与原凭证相同，据以入账，将多记金额冲销。

上述填制的更正错账的记账凭证缺少原始凭证，应在“摘要”栏注明“更正第×号凭证的错误”。

(三) 补充更正法

补充更正法又称补充登记法。在记账之后，如果发现记账凭证中所使用的会计科目和记账方向都正确，只是所记金额小于应记金额时，可采用此法进行更正。更正时，可将少记金额用蓝字填制一张与原凭证相同的凭证，据以登记入账，以补少记金额。

技能操作

【例 7-2】 生产车间领用原材料 15 000 元，用于制造产品。编制记账凭证如下，并已登记入账。

借：生产成本　　1 500

　　贷：原材料　　1 500

发现错误后，应将少记金额 13 500 元，用蓝字填制一张记账凭证：

借：生产成本　　13 500

　　贷：原材料　　13 500

并登记入账，补充少记金额。

为了便于和银行对账，如果发生银行存款所记金额大于或小于应记金额时，应采用红字更正法将原记金额全部冲销，再用蓝字填制一张正确的记账凭证，并登记入账。

单元测试

一、单选选择题

(1) 下列账簿中，一般采用活页账形式的是(　　)。

A. 日记账　　B. 总分类账　　C. 明细分类账　　D. 备查账

(2) 下列账簿中，必须逐日逐笔进行登记的是(　　)。

A. 实收资本明细账　　B. 固定资产明细账

C. 现金日记账　　D. 原材料明细账

(3) 下列明细账户中，应该采用借方多栏式的是(　　)。

A. 原材料明细账　　B. 管理费用明细账

C. 其他业务收入明细账　　D. 本年利润明细账

(4) 序时账簿按其所记内容的不同，可分为(　　)。

A. 普通日记账和特种日记账　　B. 银行存款日记账和现金日记账

C. 普通日记账和日记总账　　D. 三栏式日记账和多栏式日记账

(5) 在结账以前，如发现账簿记录有文字或数字错误，而记账凭证无错，可采用的更正方法是(　　)。

A. 划线更正法　　B. 红字更正法　　C. 补充登记法　　D. 平行登记法

(6) 序时账簿、分类账簿和备查账簿划分的依据是(　　)不同。

A. 账簿的格式　　B. 外表形式　　C. 账簿的用途　　D. 登记方式

(7) 登记序时账簿的方式是按经济业务发生时间的先后顺序进行(　　)。

A. 逐日汇总　　B. 逐日逐笔　　C. 逐笔定期　　D. 定期汇总

(8) 下列四种情况，可用补充登记法的是(　　)。

A. 记账凭证中的应记科目与金额正确，但登记入账时所记金额大于应记金额

B. 记账凭证中的应记科目与金额正确，但登记入账时所记金额小于应记金额

C. 记账凭证中的应记科目正确,但所记金额大于应记金额,并已入账

D. 记账凭证中的应记科目正确,但所记金额小于应记金额,并已入账

(9) 下列各项中,不属于账账核对的是(　　)。

A. 明细分类账簿之间的核对

B. 总分类账簿与所属明细分类账簿之间的核对

C. 总分类账簿与序时账簿之间的核对

D. 会计账簿与原始凭证之间的核对

(10) 适用于"三栏式"明细分类账簿的是(　　)。

A. 财务费用　B. 应付账款　C. 制造费用　D. 生产成本

(11) 会计人员在填制记账凭证时,将5 200元误写为2 500元并已记账,更正时应采用(　　)。

A. 划线更正法　B. 红字更正法　C. 补充登记法　D. 以上均可

(12) 账簿按其外观形式不同,可分为(　　)。

A. 序时账、订本账、活页账　B. 序时账、分类账、备查账

C. 订本账、活页账、备查账　D. 活页账、卡片账、订本账

(13) 企业的银行存款日记账属于(　　)。

A. 特种日记账　B. 普通日记账　C. 分栏日记账　D. 备查账簿

(14) 下列会计资料中,属于账簿的是(　　)。

A. 发出材料汇总表　B. 银行存款余额调节表

C. 现金日记账　D. 车间、班组生产进度记录

(15) 生产成本明细账宜采用(　　)结构。

A. 三栏式　B. 多栏式　C. 数量金额式　D. 都可以选择使用

(16) 现金日记账的"日期"栏应填列的日期是(　　)。

A. 结账日期　B. 现金实际收付的日期

C. 登记账簿的日期　D. 编制记账凭证的日期

(17) 记账过程中,不能使用红色墨水笔的情况是(　　)。

A. 冲销账簿记录　B. 改正错账

C. 出现隔页、跳行现象　D. 平时登记明细账

(18) 某会计人员根据记账凭证登记入账时,误将600元填写为6 000元,而记账凭证无误,应用(　　)予以更正。

A. 红字更正法　B. 补充登记法　C. 划线更正法　D. 平行登记法

(19) 将现金存入银行,登记银行存款日记账的依据是(　　)。

A. 现金收款凭证　B. 银行存款收款凭证

C. 银行存款付款凭证　D. 现金付款凭证

(20) 补充登记法纠正错账时,应编制(　　)记账凭证。

A. 红字　B. 蓝字

C. 红字或蓝字　D. 同时使用红、蓝字

(21) 固定资产明细账一般采用(　　)形式。

A. 订本式账簿　B. 卡片式账簿

C. 活页账簿　D. 多栏式明细分类账

(22) 管理费用明细账一般采用的格式是(　　)。

A. 借、贷、余三栏式　　B. 数量金额式的明细账格式

C. 多栏式明细账　　D. 任意一种明细账格式

(23) 记账员根据记账凭证登记账簿时，误将应记入"其他应收款"账户的款项登入"应收账款"账户，更正这种记账错误应采用(　　)。

A. 红字更正法　　B. 划线更正法

C. 补充登记法　　D. 任意一种更正方法

(24) 结账以后，对于期末无余额的账户，应在"借或贷"栏内(　　)。

A. 写"无"字　　B. 写"平"字　　C. 写"贷"字　　D. 写"借"字

二、多项选择题

(1) 账簿按外表形式分类，可分为(　　)。

A. 订本账　　B. 日记账　　C. 活页账　　D. 卡片账

(2) 下列业务中，不需要编制记账凭证的有(　　)。

A. 采用划线更正法更正错账时　　B. 采用红字更正法更正错账时

C. 采用补充登记法更正错账时　　D. 年终新旧账户余额的结转事项

(3) 因记账凭证错误而导致的账簿记录错误，可采用的更正方法有(　　)。

A. 划线更正法　　B. 差数法　　C. 补充登记法　　D. 红字更正法

(4) 下列账簿记录中，可以使用红色墨水的有(　　)。

A. 结账　　B. 改错　　C. 冲账　　D. 登记期初余额

(5) 登记账簿时，应遵循(　　)的原则。

A. 账簿中书写的文字和数字上面要留适当空隙，不要写满格，一般占$\frac{1}{2}$格

B. 登记账簿用蓝黑或黑色墨水笔书写

C. 各种账簿按页次顺序连续登记，不得跳行、隔页

D. 凡需要结出余额的账户，结出余额后，应在"借或贷"栏内写明"借""贷"或"平"字样

(6) 对账的主要内容包括(　　)。

A. 账证核对　　B. 账账核对　　C. 账实核对　　D. 账表核对

(7) 下列有关更正错账的说法中，正确的有(　　)。

A. 记账凭证无错，只是账簿记录发生笔误，用划线更正法

B. 记账凭证上会计科目有错，导致登账有错，用红字更正法

C. 记账凭证上会计科目和方向无错，只是所记金额比应记金额多，导致登账有错，用红字冲销法

D. 记账凭证上会计科目和方向无错，只是所记金额比应记金额少，导致登账有错，用补充登记法

(8) 下列各项中，采用数量金额式明细账的有(　　)。

A. 库存商品　　B. 生产成本　　C. 原材料　　D. 本年利润

(9) 依据会计凭证登记账簿时，应登记的内容有(　　)。

A. 账户名称　　B. 日期、摘要

C. 凭证种类、号数　　D. 应借、应贷的金额

(10) 会计账簿由封面、扉页和账页组成，其中扉页主要用来登载经管人员一览表，其填列的主要内容有(　　)。

A. 账簿名称　　B. 经管人员　　C. 单位领导　　D. 移交日期

(11) 每年更换的账簿有(　　)。

A. 序时账簿　　B. 总分类账簿　　C. 往来明细账　　D. 固定资产明细账

(12) 现金日记账主要包括(　　)。

A. “日期”栏　　B. “凭证”栏　　C. “摘要”栏　　D. “对方科目”栏

E. “借方”“贷方”栏和“余额”栏

(13) 下列关于总账和明细账相互关系的说法中，正确的有(　　)。

A. 两者所反映的经济业务内容相同

B. 登记账簿的原始依据相同

C. 总账对明细账起着统驭作用

D. 设置总账必须以设置明细账为前提条件

E. 在会计核算工作中，对两者进行平行登记

(14) 银行存款日记账登记的一般依据包括(　　)。

A. 原始凭证　　B. 收款凭证　　C. 付款凭证　　D. 转账凭证

E. 银行存款余额调节表

(15) 任何会计主体必须设置的账簿有(　　)。

A. 现金日记账　　B. 银行存款日记账　　C. 总分类账簿　　D. 备查账簿

E. 明细分类账簿

(16) 明细分类账可以根据(　　)登记。

A. 原始凭证　　B. 汇总原始凭证　　C. 记账凭证　　D. 经济合同

E. 日记账

(17) 总分类账户与明细分类账户的平行登记，应满足(　　)等要求。

A. 原始依据相同　　B. 同期登记　　C. 同金额登记　　D. 同方向登论

E. 逆方向登记

(18) 数量金额式明细分类账的账页格式适用于(　　)。

A. 库存商品明细账　　B. 生产成本明细账

C. 应付账款明细账　　D. 原材料明细账

E. 应收账款明细账

(19) 多栏式明细分类账的账页格式适用于(　　)。

A. 应收账款明细分类账　　B. 预收账款明细分类账

C. 管理费用明细分类账　　D. 制造费用明细分类账

E. 营业外收入明细分类账

(20) 下列行为中，违反账簿登记规则的有(　　)。

A. 用蓝色圆珠笔记账

B. 用红色墨水笔冲销账簿记录

C. 一张账页记满后，在该页最末一行加计发生额合计数，结出余额，并在该行“摘要”栏内注明“承前页”字样

D. 抽换活页式账簿中的部分账页

E. 记账时按账户页次顺序逐页登记

三、判断题

(1) 会计人员在记账以后，若发现所依据的记账凭证中的应借、应贷会计科目有错误，则不论金额是多记还是少记，均采用红字更正法进行更正。 (　　)

(2) 有关库存现金、银行存款收支业务的凭证，如果填写错误。应把凭证上的错误用红笔删掉，将正确内容写在其上方。 (　　)

(3) 账账核对是指各种账簿之间的核对，包括总账的借贷方金额核对；总账与库存现金、银行存款日记账核对；各明细账之间的核对；会计部门的财产物资明细账与财产物资保管部门、使用部门明细账的核对。 (　　)

(4) 结账时，月结只需在"本月合计"下面划通栏单红线，表示结账；年结需在"本年合计"数下划通栏双红线，表示完成年结工作。 (　　)

(5) 会计账簿所提供的资料，不仅是考核企业经营成果的依据，也是分析和检查企业经济活动的依据。 (　　)

(6) 每个企业都必须设置现金日记账和银行存款日记账。 (　　)

(7) 各种账簿均应按规定的保管期限妥善保管，保管期限满，单位可自行销毁。 (　　)

(8) 各种明细分类账户的登记依据，既可以是原始凭证、原始凭证汇总表，也可以是记账凭证。 (　　)

(9) 用划线法更正错误时，应编制红字纠正分录，即红字记账凭证。 (　　)

(10) 若发现记账凭证上应记科目和金额错误并已登记入账，则可将填错的记账凭证销毁，并另填一张正确的记账凭证，据以入账。 (　　)

(11) 账簿记录是编制记账凭证和会计报表的直接依据。 (　　)

(12) 记账只能用蓝黑色墨水钢笔书写、不允许用铅笔或圆珠笔记账。 (　　)

(13) 不论是总账和明细分类账，都要按一级会计科目开设账户。 (　　)

(14) 设立账簿时，可以将会计凭证所提供的繁多而分散的资料加以归类汇总。 (　　)

(15) 年终结账以后，总账和日记账应当更换新账，明细分类账一般也应更换，但有些明细账可连续使用不必更换。 (　　)

四、名词解释

账簿、分类账簿、序时账簿、备查账簿、结账、对账。

五、问答题

(1) 什么是账簿？设置账簿有什么意义？

(2) 设置账簿的原则是什么？

(3) 账簿按用途分为哪几类？每类账簿各有哪些？

(4) 试述现金日记账与银行存款日记账的内容和登记方法。

(5) 试述总分类账户的格式。

(6) 明细分类账有哪几种格式？各种格式的明细分类账应怎样登记？

(7) 试述总账账簿启用的规则和登记规则。

(8) 更正错账的方法有哪几种？各种更正方法的特点和适用条件是什么？

(9) 什么是对账？对账工作包括哪些内容？

(10) 什么是结账？结账工作包括哪些内容？

实务训练

训练一

目的：练习数量金额式明细账的登记。

资料：

(1) 某企业3月1日“原材料”总账期初余额为180 000元，其中：甲材料1 000千克，每千克60元，计60 000元；乙材料3 000千克，每千克40元，计120 000元。

(2) 3月发生如下材料收、发业务：

① 2日，甲材料入库2 000千克，每千克61元，计122 000元。

② 3日，发出甲材料1 500千克。

③ 4日，乙材料入库2 000千克，每千克38元，计76 000元。

④ 6日，甲材料入库3 000千克，每千克59元，计177 000元；乙材料2 000千克，每千克40元，计80 000元。

⑤ 8日，甲材料发出2 000千克；乙材料发出3 000千克。

⑥ 10日，乙材料发出1 500千克。

⑦ 12日，乙材料入库3 000千克，每千克42元，计126 000元。

⑧ 15日，甲材料发出1 500千克，乙材料发出2 500千克。

⑨ 18日，甲材料入库3 000千克，每千克60元，计180 000元；乙材料入库2 000千克，每千克40元，计800 00元。

⑩ 22日，乙材料发出1 600千克。

⑪ 25日，甲材料入库2 000千克，每千克59元，计118 000元。

⑫ 28日，甲材料出库3 000千克；乙材料出库1 200千克。

要求：

(1) 根据资料(1)，开设原材料明细分类账。

(2) 根据资料(2)，直接登记原材料明细分类账，并结出结存数量。

训练二

目的：练习日记账的登记。

资料：某企业2019年6月初，“库存现金”账户借方余额为1 000元，“银行存款”账户借方余额为500 000元，本月发生下列经济业务：

(1) 2日，购入原材料2 000千克，其中：甲材料800千克，每千克100元；乙材料1 200千克，每千克60元；增值税税率为13%，用银行存款支付，材料已入库。

(2) 8日，收到深圳A工厂付的购买产品的款项58 000元，存入银行。

(3) 9日，销售产品一批8 000元，增值税税率为13%，货款税款均以银行存款收讫。

(4) 9日，向银行提取现金3 000元备用。

(5) 10日，收到投资者追加投资200 000元，存入银行。

(6) 12 日,通过银行向深圳 B 公司预付购料款 60 000 元。

(7) 12 日,用现金支付一笔办公费用 800 元。

(8) 14 日,用银行存款支付电费 3 000 元,其中:办公室电费 500 元,车间电费 2 500 元。

(9) 15 日,从银行提取现金 30 000 元,准备发工资。

(10) 15 日,以现金 30 000 元发放工资。

(11) 16 日,采购员王力预借差旅费 2 000 元,以现金付讫。

(12) 18 日,用银行存款支付报刊杂志费 3 000 元。

(13) 20 日,用银行存款支付借款利息 3 000 元。

(14) 21 日,销售 A 产品 3 000 件,每件 2 500 元;B 产品 1 000 件,每件 200 元,增值税税率为 13%,货款已收存银行。

(15) 22 日,采购员王力回来报销差旅费 1 800 元,余款收回现金。

(16) 23 日,以银行存款支付广告费 6 000 元。

(17) 24 日,销售积压多余的原材料收回货款 3 000 元,增值税税率为 13%,款存银行。

(18) 25 日,转让一项无形资产 30 000 元,款存银行。

(19) 26 日,向受灾地区捐赠人民币 10 000 元。

(20) 27 日,用银行存款购买一台不需安装的设备,买价 30 000 元,运费 3 000 元,增值税税率为 13%,用银行存款付讫。

要求:

(1) 根据上述经济业务,分别填制收款凭证、付款凭证。

(2) 根据相关凭证,登记现金日记账和银行存款日记账。

训练三

目的:练习总分类账和明细分类账的平行登记。

资料:天华灯具厂 3 月 1 日原材料总分类账户的借方余额为 51 400 元,所属明细账户的借方余额如下:

A 材料 1 800 千克,每千克 10 元,计 18 000 元;

B 材料 900 千克,每千克 15 元,计 13 500 元;

C 材料 2 400 千克,每千克 6 元,计 14 400 元;

D 材料 1 100 千克,每千克 5 元,计 5 500 元;

3 月发生以下业务:

(1) 2 日,购进 B 材料 1 000 千克,单价 15 元,计 15 000 元;D 材料 800 千克,单价 5 元,计 4 000 元,货款以银行存款支付。

(2) 5 日,生产车间生产产品领用 C 材料 800 千克,单价 6 元,计 4 800 元;D 材料 900 千克,单价 5 元,计 4 500 元。

(3) 16 日,购进 A 材料 1 200 千克,单价 10 元,计 12 000 元;C 材料 600 千克,单价 6 元,计 3 600 元,货款未付。

(4) 20 日,车间生产产品领用 A 材料 2 000 千克,单价 10 元,计 20 000 元;B 材料 1 400 千克,单价 15 元,计 21 000 元。

要求:根据以上资料,登记原材料总分类账和明细分类账。

训练四

目的:练习错账的更正方法。

资料:永正公司期末对账时,发现下列经济业务:

(1) 用库存现金支付职工生活困难补助 600 元,医药费 506 元。原编制的记账凭证为:

借:应付职工薪酬　　1 106

　贷:库存现金　　1 106

在记账后结账前,"应付职工薪酬"账户记录为 1 116 元。

(2) 签发转账支票 4 000 元,预付后三季度报刊订阅费。原编制的记账凭证为:

借:预付账款　　400

　贷:银行存款　　400

(3) 以银行存款支付广告费 20 万元。原编制的记账凭证为:

借:销售费用　　200 000

　贷:银行存款　　200 000

(4) 用银行存款支付工人工资 30 000 元。原编制的记账凭证为:

借:应付职工薪酬　　300 000

　贷:银行存款　　300 000

要求:判断上述各项经济业务的账务处理是否有错误;如有错误,请采用适当的方法予以更正。

第八单元　账户分类

知识目标

通过本项目的课程教学，学生应该了解各类账户分类的意义以及各账户间的区别和联系，掌握各类账户的经济内容、用途和结构。

技能目标

通过本项目的课程教学，学生应该在学会相关知识之后，能够做以下工作：①给定一项经济事项，能够准确地使用各类账户；②给定诸多的账户，能够按照不同账户分类标准予以正确归类。

案例导入

会计专业大学一年级学生张林参观宏达公司财务科，翻看会计账簿时，发现除账页内容格式有差异外，不同账簿登记具体金额的方向也不相同。例如，原材料明细账的期末余额都在借方，而短期借款明细账的期末余额都在贷方；主营业务收入明细账登记的日常发生额一般都在贷方，而主营业务成本明细账登记的日常发生额一般都在借方。

思考：这是为什么？

第一讲　认识账户分类

【知识要点】

一、账户分类的意义

账户是根据会计科目开设的，具有一定的结构和格式，用来连续、系统、分类记录和反映各会计要素具体内容增减变动情况的载体。设置和运用账户是会计核算的一种专门方法。为了全面、序时、连续、系统地记录各项交易或事项，会计上设置了一个完整的账户体系。每个账户都有其特定的核算内容、用途、结构，都是从某个侧面反映和监督会计具体对象的变化情况和变动结果，为经济管理提供会计信息。虽然这些账户是在各种交易或事项的核算中分别加以使用的，但它们彼此之间并不是孤立的，而是相互联系地组成了一个完整的账户体系。

在由众多账户组成的账户体系中，为了更好地掌握和运用这些账户，有必要进一步研究账户的分类，即在认识各个账户特性的基础上，概括它们的共性，从理论上探讨账户之间的区别和联系，了解各个账户在整个账户体系中的地位和作用，掌握各类账户在提供会计信息方面的规律性。

二、账户分类的标志

账户可以按不同的标准，即从不同的角度进行分类。运用不同的分类标志，可以把账户划分为不同的类别。账户分类的标志有以下几种。

（一）按经济内容分类

账户的经济内容是指账户所反映的会计对象的具体内容，即会计要素。会计要素可以归结为资产、负债、所有者权益、收入、费用和利润。一个企业所设置的全部账户，能综合核算和监督会计六要素的增减变动情况及结果。

（二）按用途和结构分类

账户的用途是指设置和运用账户的目的，即通过账户能够提供哪些核算指标。账户的结构是指账户由哪几部分构成；借、贷方登记哪些经济内容；账户期末有无余额，如有余额，在账户的哪一方，表示什么内容。

除此之外，账户还可以按其与会计报表的关系分类以及按其提供指标的详细程度分类。

上述分类体系中，最重要的是账户按经济内容分类以及账户按用途和结构分类，而账户之间最本质的差别在于其反映的经济内容不同，账户的用途取决于账户的经济内容，因而账户按经济内容分类是账户分类的基础，也是其他各种账户分类方法的前提。

第二讲　经济内容分类

【知识要点】

账户的经济内容是指账户反映的会计对象的具体内容。账户之间的最本质差别在于其反映的经济内容不同，因而，账户的经济内容是账户分类的基础，账户按经济内容的分类是对账户最基本的分类。账户按反映经济内容的性质分类，就是按反映的会计对象要素的分类。如前所述，会计要素可分为资产、负债、所有者权益、收入、费用和利润。与此相对应，账户按经济内容分类，也可以分为资产类账户、负债类账户、所有者权益类账户、收入类账户、费用类账户和利润类账户。

但需要指出的是，企业在一定期间实现的利润经过分配后，除分配给投资者的利润外，提取的盈余公积和未分配利润最终要归属于所有者权益。所以，账户按经济内容分类，可以将“本年利润”“利润分配”和“盈余公积”账户并入所有者权益类账户。另外，许多企业，特别是制造企业，为了进行产品成本计算，需要专门设置用来核算产品成本的账户。企业在一定期间内取得的收入和发生的费用，最终体现在当期损益的计算中，因而将与损益计算相关的收入、费用账户归为一类，即损益类账户。所以，账户按经济内容分类，可以分为以下五类：①资产类账户；②负债类账户；③所有者权益类账户；④成本类账户；⑤损益类账户。

一、资产类账户

资产类账户是指用来反映企业资产的增减变动及其结存情况的账户。按照资产的流动性不同,这类账户又可以分为以下两类:

(1) 反映流动资产的账户。流动资产是指可以在 1 年或者超过 1 年的一个营业周期内变现或耗用的资产。例如,"库存现金""银行存款""应收账款""原材料""库存商品"等账户。

(2) 反映非流动资产的账户。除流动资产以外的其他资产,都属于非流动资产。例如,"长期股权投资""固定资产""无形资产""在建工程""长期待摊费用"等账户。

二、负债类账户

负债类账户是指用来反映企业负债增减变动及其结存情况的账户。按照负债的偿还期不同,这类账户又可以分为以下两类:

(1) 反映流动负债的账户。流动负债是指将在 1 年以内(含 1 年)或者超过 1 年的一个营业周期内偿还的债务。例如,"短期借款""应付票据""应付账款""应付职工薪酬""应交税费"等账户。

(2) 反映非流动负债的账户。非流动负债是指偿还期在 1 年以上或者超过 1 年的 1 个营业周期以上的债务。例如,"长期借款""应付债券""长期应付款"等账户。

三、所有者权益类账户

所有者权益类账户是指用来反映企业所有者权益增减变动及其结构情况的账户。按照所有者权益来源的不同,这类账户又可以分为以下两类:

(1) 反映所有者原始投资的账户。例如,"实收资本"账户。

(2) 反映所有者投资收益的账户。例如,"本年利润""利润分配""盈余公积"等账户。

四、成本类账户

成本类账户是指用来反映和监督企业生产费用、计算产品成本的账户。在工业企业,成本类账户按照生产经营过程的阶段划分,用来归集制造产品的生产费用、计算产品的生产成本,例如,"制造费用"和"生产成本"账户。

成本类账户与资产类账户有着密切的联系。资产一经耗用就转化为费用、成本;成本类账户的期末借方余额属于企业的资产。"生产成本"账户的借方余额为在产品,都是企业的流动资产。

五、损益类账户

损益类账户是指核算内容与损益的计算确定直接相关的账户,主要是用来反映企业收入和费用的账户。这类账户按其与损益组成内容的关系,又可分为以下三类:

(1) 用来反映营业损益的账户。例如,"主营业务收入""主营业务成本""其他业务收入""其他业务成本""税金及附加""管理费用""财务费用""销售费用"等账户。这里的收入和费用之间有着直接配比或期间配比的关系。

(2) 用来反映营业外收支的账户。例如,"营业外收入""营业外支出"账户。

(3) 用来反映所得税的账户。例如,"所得税费用"账户。

第三讲 用途结构分类

【知识要点】

为了更详细地了解各个账户的具体用途，以及如何提供管理上所需要的各种核算指标，还需要按用途和结构对账户进行分类。账户的用途是指通过账户记录能够提供什么核算资料，即设置和运用账户的目的。账户的结构是指在账户中如何记录经济业务，以取得必要的核算资料，具体包括账户借方和贷方核算的内容、期末余额的方向以及余额所表示的内容。账户按用途和结构的分类，是对账户按经济内容分类的必要补充。

企业所运用的账户，按其用途和结构，主要可以分为盘存账户、资本账户、结算账户、集合分配账户、成本计算账户、损益账户、财务成果账户、计价对比账户和调整账户等。现具体说明在借贷记账法下，账户按用途和结构的分类。

一、盘存账户

盘存账户是指用来核算、监督各项实物资产和货币资金增减变动及其结存情况的账户。这类账户可以通过财产清查（实地盘点或询证核对）的方法，检查账面结存是否与实存数额相符。盘存账户的借方登记各项实物资产和货币资金的增加数额；贷方登记减少数额；账户余额总在借方，反映各项实物资产和货币资金的实际结存数额。

盘存账户主要有“库存现金”“银行存款”“原材料”“库存商品”“固定资产”等账户。盘存账户的一般结构，如表 8-1 所示。

表 8-1 盘存账户

借方	贷方
期初余额：期初实物资产或货币资金实有额 发生额：本期实物资产或货币资金的增加额	发生额：本期实物资产或货币资金的减少额
期末余额：期末实物资产或货币资金的结存额	

二、资本账户

资本账户是指用来核算与监督实收资本、资本公积、盈余公积的增减变动及其实有额的账户。这类账户贷方登记资本的增加额；借方登记资本减少额；期末余额总在贷方，反映资本的实有额。

资本账户主要有“实收资本”“资本公积”“盈余公积”等账户。资本账户的一般结构，如表 8-2 所示。

表 8-2 资本账户

借方	贷方
发生额：本期资本的减少额	期初余额：期初资本的实有额 发生额：本期资本的增加额
	期末余额：期末资本的实有额

三、结算账户

结算账户是指用来核算和监督企业同其他单位或个人之间的债权(应收款项)、债务(应付款项)结算情况的账户。由于结算业务的性质不同,结算账户具有不同的用途和结构。按照其具体的用途和结构,结算账户又可分为债权结算账户、债务结算账户和债权债务结算账户。

(一) 债权结算账户

债权结算账户又称资产结算账户,是指用来核算和监督企业同各个债务单位或个人之间的债权结算业务的账户。这类账户的借方登记债权(应收款项或预付款项)的增加数;贷方登记债权的减少数;期末余额一般在借方,反映尚未收回或报销的债权的实有额。

债权结算账户主要有"应收账款""预付账款""其他应收款"等账户。债权结算账户的一般结构,如表 8-3 所示。

表 8-3 债权结算账户

借方	贷方
期初余额:期初债权实有额 发生额:本期债权增加额	发生额:本期债权减少额
期末余额:期末债权实有额	

(二) 债务结算账户

债务结算账户又称负债结算账户,是指用来核算和监督企业同各个债权单位或个人之间的债务结算业务的账户。这类账户的贷方登记债务(借入款项、应付款项或预收款项)的增加数;借方登记债务的减少数;期末余额一般在贷方,反映尚未偿还的债务的实有额。

债务结算账户主要有"应付账款""短期借款""预收账款""其他应付款"等账户。债务结算账户的一般结构,如表 8-4 所示。

表 8-4 债务结算账户

借方	贷方
发生额:本期债务减少额	期初余额:期初债务实有额 发生额:本期债务增加额
	期末余额:期末债务实有额

(三) 债权债务结算账户

债权债务结算账户又称资产负债结算账户,是指用来核算与监督企业与同一个单位发生的债权和债务结算业务的账户。这类账户实质上是债权债务共同账户,其借方登记债权的增加或债务的减少;贷方登记债务的增加或债权的减少;期末余额如在借方,反映尚未收回的债权;期末余额如在贷方,反映尚未偿付的债务。这种账户要根据其余额来判断账户记录的结果,其设置目的是集中反映企业与同一个单位所发生的债权、债务结算情况,以便简化会计核算工作。

实际工作中,如果企业不单独设置"预付账款"账户,而用"应付账款"账户同时核算和监督企业应付账款和预付账款的增减变动情况和结果,则此时的"应付账款"账户就是一个债权债务账户;如果企业不单独设置"预收账款"账户,而用"应收账款"账户同时核算和监督企业应收账款和预收账款的增减变动情况和结果,则此时的"应收账款"账户就是一个债权债务结算账户。债权债务结算账户,其所属明细分类账的借方余额之和与贷方余额之和的差额,应当与有关总分类账的借方余额之和与贷方余额之和的差额相等。

债权债务结算账户主要有“清算资金往来”“套现工具”等账户。债权债务结算账户的一般结构,如表8-5所示。

表8-5　债权债务结算账户

借方	贷方
期初余额:期初债权大于债务的差额 发生额:本期债权的增加或债务的减少	期初余额:期初债务大于债权的差额 发生额:本期债务的增加或债权的减少
期末余额:期末债权大于债务的差额	期末余额:期末债务大于债权的差额

四、集合分配账户

集合分配账户是指用来归集和分配经营过程中某个阶段所发生的某种费用的账户。这类账户的借方登记费用的发生数;贷方登记费用的分配数;一般情况下没有期末余额,因为本期发生的费用,一般应于期末全部分配出去,由有关的成本计算对象负担。

集合分配账户主要有“制造费用”等账户。集合分配账户的一般结构,如表8-6所示。

表8-6　集合分配账户

借方	贷方
发生额:汇集本期经营过程中某方面费用的数额	发生额:分配到有关成本计算对象上的数额

五、成本计算账户

成本计算账户是指用来核算和监督经营过程中某一阶段所发生的全部费用,并计算确定该阶段各个成本计算对象实际成本的账户。这类账户的借方登记经营过程中某个阶段所发生的应计入成本的全部费用(包括直接计入的直接费用和期末通过集合分配账户分配转入的间接费用);贷方登记转出已完成某个阶段的成本计算对象的实际成本;期末如有余额,一定在借方,反映尚未完成某个阶段的成本计算对象的实际成本。

成本计算账户主要有“生产成本”“物资采购”等账户。成本计算账户的一般结构,如表8-7所示。

表8-7　成本计算账户

借方	贷方
期初余额:期初尚未完成经营过程某个阶段的成本计算对象的实际成本 发生额:汇集经营过程中某一阶段的全部费用数额	发生额:转出已完成经营过程某一阶段的成本计算对象的实际成本
期末余额:期末尚未完成经营过程某个阶段的成本计算对象的实际成本	

六、损益账户

损益账户是指用来核算和监督企业损益形成情况的账户,包括收入和费用两类账户。设置这两类账户，就是为了核算损益。

（一）收入账户

收入账户是指用来核算和监督企业在一定时期内所取得的各种收入和收益的账户。这类账户贷方登记取得的收入或收益，借方登记收入的减少数和期末转入“本年利润”账户的收入或收益。由于当期实现的全部收入或收益都要于期末转入“本年利润”账户的贷方，所以收入账户期末没有余额。

收入账户主要有“主营业务收入”“其他业务收入”“投资收益”“营业外收入”等账户。收入账户的一般结构，如表8-8所示。

表8-8　收入账户

借方	贷方
发生额：本期收入或收益减少数以及期末转入“本年利润”账户的数额	发生额：本期取得的某项收入或收益数额

（二）费用账户

费用账户是指用来核算和监督企业在一定时期内所发生的应计入当期损益的各项费用、成本和支出（损失）的账户。这类账户的借方登记费用支出的增加额，贷方登记费用支出的减少额和期末转入“本年利润”账户的费用支出数额。由于当期发生的各项费用支出都要于期末转入“本年利润”账户的借方，所以费用账户期末没有余额。

费用账户主要有“主营业务成本”“销售费用”“其他业务成本”“管理费用”“财务费用”“营业外支出”等账户。费用账户的一般结构，如表8-9所示。

表8-9　费用账户

借方	贷方
发生额：本期各项费用发生额	发生额：本期各项费用减少数和期末转入“本年利润”账户的数额

七、财务成果账户

财务成果账户是指用来核算和监督企业在一定时期内全部经营活动的最终财务成果（利润或亏损）的账户。“本年利润”账户属于财务成果账户，它的贷方登记一定时期内的营业收入、营业外收入和投收益等，借方登记一定时期内的营业成本、销售费用、营业税金、管理费用、财务费用、营业外支出和所得税等；期末贷方余额反映企业获得的净利润数额，期末借方余额反映企业发生的净亏损数额。

财务成果账户的一般结构，如表8-10所示。

表8-10　财务成果账户

借方	贷方
发生额：汇集本期各项费用支出和损失的数额	发生额：汇集本期各项收入和收益数额
期末余额：净亏损	期末余额：净利润

八、计价对比账户

计价对比账户是指用来对某项经济业务按照两种不同的计价标准进行核算对比，借以确定其业务成果的账户。这类账户借、贷两方采用两种计价标准，其差额反映业务成果，期末结转后一般无余额。

计价对比账户，按计划成本进行材料核算的企业，主要设置有“物资采购”等账户。计价对比账户的一般结构，如表 8-11 所示。

表 8-11 计价对比账户

借方	贷方
发生额：经营过程中某一阶段所完成业务的第二种计价	发生额：经营过程中某一阶段所完成业务的第一种计价
贷差：第一种计价大于第二种计价的差额转入有关账户	借差：第二种计价大于第一种计价的差额转入有关账户

九、调整账户

调整账户是指用来调整某个账户（即被调整账户）的余额，以表示被调整账户所反映会计要素的实际余额而设置的账户。将调整账户与被调整账户有机地联系起来，可以提供管理上所需要的某些特定指标。调整账户按其调整的方式不同，可以分为抵减账户、附加账户和抵减附加账户。

（一）抵减账户

抵减账户是指用来抵减被调整账户的余额，以求得被调整账户所反映会计要素的实际余额的账户。其调整方法是：

被调整账户余额－抵减账户余额＝实际余额

被调整账户的余额与抵减账户的余额方向必定相反。

按照被调整账户的性质，抵减账户又可分为资产抵减账户和权益抵减账户。

1. 资产抵减账户

资产抵减账户是指用来抵减某一资产账户的余额，以求得该资产实际余额的账户。例如，“累计折旧”账户是“固定资产”这个资产账户的抵减账户，其抵减方法是：“固定资产”账户借方余额（固定资产的原始成本）减去“累计折旧”账户贷方余额（固定资产累计磨损价值），其差额表示固定资产的账面净值。此外，“坏账准备”账户是“应收账款”“其他应收款”账户的抵减账户，因而也是一个资产抵减账户。“应收账款”账户借方余额减去“坏账准备”账户贷方余额，其差额表示应收账款的实有数额。资产抵减账户的一般结构，如表 8-12 所示。

表 8-12 被调整账户

借方	贷方
余额：某项资产的原始数额	

资产抵减账户

借方	贷方
	余额：该项资产的抵减数额

被调整账户与抵减账户的关系，可用下式表示：

被调整账户的借方余额－资产抵减账户的贷方余额＝资产的实际净额

2. 权益抵减账户

权益抵减账户是指用来抵减某一权益(包括所有者权益、负债等)账户的余额,以求得该权益的实际余额的账户。例如,“利润分配”账户是“本年利润”这个权益账户的抵减账户,其抵减方式是:“本年利润”账户贷方余额(已实现利润数)减去“利润分配”账户借方余额(已分配利润数)等于期末尚未分配的已实现利润数。权益抵减账户的一般结构,如表8-13所示。

表 8-13

被调整账户

借方	贷方
	余额:某项权益的原始数额

权益抵减账户

借方	贷方
余额:该项权益的抵减数额	

被调整账户与抵减账户的关系,可用下式表示:

被调整账户的贷方余额－权益抵减账户的借方余额＝权益的实际余额

(二) 附加账户

附加账户是指用来增加被调整账户的余额,以求得被调整账户所反映的会计要素的实际余额的账户。其调整方式是:

被调整账户余额＋附加账户余额＝实际余额

被调整账户余额与附加账户余额的方向一定相同。

例如,企业发行债券筹集资金,需设置“应付债券”账户,反映发行债券的总面值。在溢价发行债券时,可设置“债券溢价”账户,用以反映售价超过面值的溢价金额。此时,“债券溢价”账户即是“应付债券”账户的附加账户,两个账户期末余额之和,表示该项负债的实际余额。实际工作中,附加账户很少使用。

(三) 抵减附加账户

抵减附加账户是指既用来抵减又用来增加被调整账户的余额,以求得被调整账户所反映的“会计要素”实际余额的账户。这类账户兼有抵减账户和附加账户的双重功能,但不能同时起作用,其调整方式是:

被调整账户的余额±抵减附加账户的余额＝实际余额

即当抵减附加账户的余额与被调整账户余额方向相同时,起附加作用;当抵减附加账户的余额与被调整账户余额方向相反时,起抵减作用。

例如,按计划成本组织材料日常核算的企业,所设置的“材料成本差异”账户就是“原材料”等账户的抵减附加账户。

抵减附加账户的一般结构,如表8-14所示。

表 8-14

被调整账户

借方	贷方
余额:某项资产的原始数额	

抵减附加账户

借方	贷方
余额:该项资产的附加数额	余额:该项资产的抵减数额

被调整账户与抵减附加账户的关系,可用下式表示:

被调整账户借方余额+抵减附加账户借方余额=实际余额

或:

被调整账户借方余额-抵减附加账户贷方余额=实际余额

应当指出,被调整账户与调整账户是反映相同经济内容、相互联系、相互结合使用的一组账户,调整账户离开了被调整账户,将失去其存在的意义。被调整账户反映某项经济活动的原始数额,调整账户反映对原始数额的调整数额,两者结合共同提供经营管理中所需要的某些特定指标。

单元测试

一、单项选择题

(1)"坏账准备"账户按会计要素分类,属于(　　)账户。

A. 资产类　　B. 损益类　　C. 负债类　　D. 成本类

(2) 一个账户的期初余额为 30 000 元,本期增加额为 120 000 元,期末余额为 60 000 元,则该账户本期减少额为(　　)元。

A. 50 000　　B. 30 000　　C. 90 000　　D. 150 000

(3)"累计折旧"账户按照经济内容分类,属于(　　)账户。

A. 资产类　　B. 负债类　　C. 费用类　　D. 利润类

(4) 下列账户中,(　　)账户不属于调整账户。

A."利润分配"　　B."坏账准备"　　C."累计折旧"　　D."应收账款"

(5) 债权结算账户的贷方,登记(　　)。

A. 应收账款的减少　　B. 应收账款的增加　　C. 预付账款的增加　　D. 预收账款的减少

(6) 下列项目中,反映期间费用的是(　　)。

A. 主营业务成本　　B. 所得税　　C. 管理费用　　D. 制造费用

(7) 成本类账户期末如有余额,应属于企业的(　　)。

A. 负债　　B. 资产　　C. 权益　　D. 损益

(8) 对每一个账户来说,期末余额(　　)。

A. 只能在借方　　B. 只能在账户的一方

C. 只能在贷方　　D. 可能在借方也可能在贷方

(9) 对于权益类账户,下列说法正确的是(　　)。

A. 借方登记增加额,贷方登记减少额

B. 贷方本期发生额一定大于借方本期发生额

C. 一般没有余额

D. 借方登记减少额,贷方登记增加额

(10) 权益类账户的期末余额(　　)。

A. 应在借方　　B. 一般应与权益账户增加额同方向

C. 可能在借方也可能在贷方　　D. 以上答案都对

(11) 用来核算和监督企业在一定时期内所发生的应计入当期损益的各项费用的账户是(　　)账户。

A. 成本计算　　B. 财务成果　　C. 费用　　D. 结算

(12) 下列账户中,属于债权结算账户的是(　　)账户。

A. "短期借款"　　B. "预付账款"　　C. "应交税费"　　D. "原材料"

(13) 下列账户中,属于债务结算账户的是(　　)账户。

A. "应收账款"　　B. "应付职工薪酬"　　C. "应收票据"　　D. "预付账款"

(14) 下列账户中,不属于所有者权益账户的是(　　)账户。

A. "本年利润"　　B. "盈余公积"　　C. "利润分配"　　D. "应付股利"

(15) 下列账户中,属于成本计算账户的是(　　)账户。

A. "主营业务成本"　　B. "库存商品"　　C. "生产成本"　　D. "营业外支出"

(16) 下列账户中,属于盘存账户的是(　　)账户。

A. "固定资产"　　B. "材料采购"　　C. "在建工程"　　D. "长期债券"

(17) 下列账户中,属于收入账户的是(　　)账户。

A. "本年利润"　　B. "主营业务收入"

C. "利润分配"　　D. "无形资产"

(18) 下列账户中,属于费用账户的是(　　)账户。

A. "主营业务成本"　　B. "材料采购"　　C. "管理费用"　　D. "预收账款"

二、多项选择题

(1) 反映企业存货的账户有(　　)账户。

A. "库存商品"　　B. "周转材料"　　C. "原材料"　　D. "生产成本"

E. "无形资产"

(2) 下列账户中,属于成本计算账户的有(　　)账户。

A. "工程结算"　　B. "在建工程"　　C. "生产成本"　　D. "制造费用"

E. "管理费用"

(3) 下列账户中,属于调整账户的有(　　)账户。

A. "利润分配"　　B. "本年利润"　　C. "累计折旧"　　D. "坏账准备"

E. "固定资产"

(4) 用来反映和监督企业的债务结算业务的账户有(　　)账户。

A. "短期借款"　　B. "其他应付款"　　C. "预付账款"　　D. "应收股利"

E. "应交税费"

(5) 反映成本、费用的账户有(　　)账户。

A. "生产成本"　　B. "主营业务成本"　　C. "税金及附加"　　D. "其他业务成本"

E. "财务费用"

(6) 下列项目中,属于货币资金的有(　　)。

A. 商业汇票　　B. 银行存款　　C. 其他货币资金　　D. 备用金

E. 库存现金

(7) 所谓账户的结构，应该包括(　　)。

A. 账户借方登记的内容　　B. 账户贷方登记的内容

C. 账户期末余额及方向　　D. 账户反映的内容

E. 设置账户的类型

(8) 账户的基本结构，一般应包括(　　)。

A. 账户名称　　B. 日期和摘要　　C. 凭证种类和号数

D. 增加、减少的金额及余额　　E. 账户的页码

(9) 关于"材料采购"账户，下列说法不正确的有(　　)。

A. 按照经济内容分类，既可以归属于成本类账户，又可以归属于资产类账户

B. 按照用途和结构分类，既是成本计算账户，在某些情况下又可以作为计价对比账户

C. 按照用途和结构分类，可以是成本计算账户，也可以是集合分配账户

D. 按照用途和结构分类，可以是集合分配账户，也可以是计价对比账户

E. 本账户肯定不会有余额

(10) 期末余额在贷方的账户是(　　)账户。

A. 资产类　　B. 所有者权益类　　C. 负债类　　D. 成本、费用类

E. 结算类

(11) 对于资产类账户，下列说法正确的有(　　)。

A. 借方登记增加数，贷方登记减少数

B. 借方期初余额与本期借方发生额一般不小于本期贷方发生额

C. 借方登记减少数，贷方登记增加数

D. 期末余额与登记增加额的方向一般都在借方

E. 期末余额一般在贷方

(12) 下列经济业务中，会计分录中对应的贷方账户都为资产类账户的有(　　)。

A. 用银行存款购入原材料　　B. 投资人投入资本

C. 用银行存款购置固定资产　　D. 从银行提取库存现金

E. 用银行存款偿还借款

(13) 对于负债类账户，下列说法正确的有(　　)。

A. 借方登记增加额，贷方登记减少额

B. 期末贷方余额反映期末负债余额

C. 借方登记减少额，贷方登记增加额

D. 本期贷方发生额一定大于本期借方发生额

E. 本期贷方发生额一定小于本期借方发生额

(14) 对于收入类账户，下列说法正确的有(　　)。

A. 增加额记入账户的借方　　B. 增加额记入账户的贷方

C. 期末没有余额　　D. 期末有借方余额

E. 期末有贷方余额

(15) 通过设置和运用明细账，可以提供实物和金额两种指标的盘存账户有(　　)账户。

A. "原材料"　　B. "库存现金"　　C. "库存商品"　　D. "长期股权投资"

E. "固定资产"

(16) 账户按用途和结构分类,可以分为(　　)。

A. 反映资产和反映负债的账户

B. 反映所有者权益的账户和反映收入的账户

C. 反映费用的账户和反映利润的账户

D. 盘存账户和调整账户

E. 集合分配账户和计价对比账户

(17) 下列账户中,期末一般无余额的有(　　)账户。

A. 费用　　B. 收入　　C. 资产　　D. 负债

E. 成本

(18) 下列账户中,属于所有者权益账户的有(　　)账户。

A."利润分配"　　B."盈余公积"　　C."营业外收入"　　D."本年利润"

E."实收资本"

(19)"本年利润"账户属于(　　)账户。

A. 财务成果　　B. 收入　　C. 所有者权益　　D. 计价对比

E. 利润

三、判断题

(1)"应付账款"账户不会出现借方余额。(　　)

(2) 调整账户和被调整账户的余额方向正好相反。(　　)

(3) 按账户的用途和结构分类,"本年利润"和"利润分配"账户均属于财务成果账户。(　　)

(4)"应收账款"账户可能出现贷方余额,因而属于负债类账户。(　　)

(5) 集合分配账户期末通常没有余额。(　　)

(6) 债权债务结算账户属于资产负债类(双重性质)账户。(　　)

(7)"累计折旧"账户贷方登记提取的折旧额,表示折旧额的增加,所以是负债类账户。(　　)

(8) 凡是期末余额在借方的账户都是资产类账户。(　　)

(9) 账户期末余额的方向与本期增加额登记的方向肯定是一致的。(　　)

(10) 同类会计要素的账户,其用途和结构也相同。(　　)

(11)"生产成本"和"制造费用"账户均属于成本计算账户。(　　)

(12) 盘存账户的明细分类账户均可提供实物和货币两种指标。(　　)

(13) 资产类账户可以分为反映流动资产的账户和反映固定资产的账户。(　　)

(14) 损益类账户既包括收入账户,又包括费用账户。(　　)

(15)"制造费用"和"管理费用"账户都属于集合分配账户。(　　)

四、名词解释

资产类账户、负债类账户、所有者权益类账户、收入类账户、费用类账户、利润类账户、账户的用途、账户的结构、盘存账户、结算账户。

五、简答题

(1) 简述账户分类的意义。

(2) 账户按会计要素不同,可以分为哪几类?

(3) 账户按用途和结构不同,可以分为哪几类?

(4) 在资产类账户中,哪些是调整账户?举例说明其结构及调整方法。

(5) 试述结算账户的用途、种类和结构。

(6) 为什么要设置债权债务结算账户?其结构特点如何?

(7) 账户按与会计报表的关系是怎样分类的?

实务训练

训练一

目的:练习账户按用途和结构的分类。

资料:A分司部分账户有关资料,如表8-15至表8-20所示。

表8-15

借方	原材料		贷方
期初余额	980 000		
本期发生额	2 175 000	本期发生额	2 300 000
期末余额			

表8-16

借方	材料成本差异		贷方
期初余额	10 000		
本期发生额	25 000	本期发生额	22 000
期末余额			

表8-17

借方	应收账款		贷方
期初余额	50 000		
本期发生额	20 000	本期发生额	10 000
期末余额			

表8-18

借方	坏账准备		贷方
		期初余额	200
本期发生额	460	本期发生额	22 000
		期末余额	

表8-19

借方	固定资产		贷方
期初余额	3 200 000		
本期发生额	50 000	本期发生额	110 000
期末余额			

表 8-20

累计折旧

借方			贷方
		期初余额	62 000
本期发生额	12 000	本期发生额	35 000
		期末余额	

要求：

(1) 指出资料中各账户按用途和结构分类的类别。

(2) 计算各账户期末余额。

(3) 计算"原材料""应收账款"和"固定资产"账户的期末净额。

训练二

目的：进一步练习账户按用途和结构分类。

资料：B公司部分账户有关资料，如表 8-21 至表 8-26 所示。

表 8-21

应收账款

借方			贷方
期初余额	0		
本期发生额	64 000	本期发生额	20 000
期末余额			

表 8-22

固定资产

借方			贷方
期初余额	510 000		
本期发生额		本期发生额	34 000
期末余额	1 200 000		

表 8-23

制造费用

借方			贷方
本期发生额	20 000	本期发生额	20 000

表 8-24

其他应收款

借方			贷方
期初余额	50 000		
本期发生额	110 000	本期发生额	
期末余额	90 000		

表 8-25

实收资本

借方			贷方
		期初余额	11 500 000
本期发生额		本期发生额	300 000
		期末余额	11 800 000

表 8-26

借方	原材料		贷方
期初余额			
本期发生额	210 000	本期发生额	250 000
期末余额	142 000		

要求:

(1) 将上述有关账户的内容补充完整。

(2) 指出上述账户按用途和结构属于哪一类。

训练三

目的:综合练习账户的分类。

资料:某公司在日常会计核算中涉及以下账户:“应收账款”“银行存款”“短期借款”“销售费用”“预付账款”“主营业务收入”“本年利润”“预收账款”“库存商品”“实收资本”“利润分配”“主营业务成本”“累计折旧”“库存现金”“固定资产”“管理费用”“原材料”“应付账款”“生产成本”“制造费用”“盈余公积”账户。

要求:将上述账户分别按经济内容、按用途和结构分类,并将账户名称填入表 8-27 相应位置。

表 8-27　　**账户分类表**

按经济内容分类 按用途和结构分类	资产类账户	负债类账户	所有者权益类账户	成本类账户	损益类账户
盘存账户					
结算账户					
资本账户					
集合分配账户					
成本计算账户					
损益账户					
财务成果账户					
调整账户					
计价对比账户					

第九单元　财产清查

知识目标

通过本项目的课程教学，学生应该了解财产清查的意义、种类以及财产清查结果的业务处理；理解永续盘存制和实地盘存制两种盘存制度；掌握各类财产清查的具体方法和银行存款余额调节表的编制方法。

技能目标

通过本项目的课程教学，学生应该在学会相关知识之后，能够做以下工作：①财产清查时，能运用“待处理财产损溢”账户进行财产清查的账务处理；②根据财产清查的结果，会编制银行存款余额调节表。

案例导入

张磊与李明的奶茶店经营一段时间后，他们发现，店里的冰柜、封口机等设备常出现小故障，冰淇淋、奶油、牛奶、白糖等原材料常发生短缺，有时，因冰柜故障，冰淇淋等原材料还会发生变质等问题。这可怎么办呢？张磊向隔壁快餐店老板咨询获知，店里应当定期清查设备、盘点原材料，才能避免这类损失的发生。

思考：快餐店老板建议张磊做的就是会计上所谓的“财产清查”吗？

第一讲　认识财产清查

【知识要点】

一、财产清查的意义

财产清查又称财产检查，是指通过对实物、现金的实地盘点和对银行存款、往来款项的核对，查明各项财产物资、货币资金、往来款项的实有数和账面数是否相符的一种会计核算的专门方法。

经济管理需要客观真实的会计核算资料，而账簿记录是会计核算资料的主要来源。财产物资的增减变化和结存情况通过账簿记录进行反映和监督，通过日常会计核算中的凭证审核、试算平衡和对账等方法对其正确性进行检查核对。但账簿记录的正确性并不能保证核算资料的客观真实性。因为在实际工作中，有以下几个方面的原因可能造成账实不符：

（1）财产物资在保管过程中，会发生自然升溢和损耗。

（2）在财产物资收发时，由于计量或检验不准确致使账实不符。

（3）结算过程中，由于企业与银行记账时间不一致，导致企业“银行存款”的账面金额与银行账上的金额不等。

（4）因非常事故，如水灾、火灾、风灾等造成的非常损失。

（5）在财产管理工作中，由于收发手续不严、计量检验不准确等，发生错收、错付或在账簿中漏记、重记和错记等情况。

（6）会计人员在登记账簿时，由于疏忽发生重记、漏记、错记及计算上的错误，导致账实不符。

（7）由于管理人员失职造成的财产破损、变质、短缺或对会计资料的人为调整。

（8）由于不法分子营私舞弊、贪污盗窃及有关人员作弊所造成的财产损失。

另外，还有一种不易引起人们注意的情况，就是由于企业经营管理不善和企业外部环境的变化，尤其是市场供求变化，会造成某些产品物资虽然账实数量相符，但其实际价值已经发生了变化，如积压、变质、滞销产品等，由于没有及时进入流通和消费，其价值可能已低于其账面成本价值；还有些债权、债务长期没有解决，成为呆账甚至坏账。这些情况给企业造成的损失，从账面和数量上不易发现，与前几种原因造成的账实不符情况相比，只是价值上的不符，不发生数量的增减，一般称为隐性的账实不符。

总之，无论哪一种情况所造成的账实不符，都要通过财产清查发现问题，并进行调整，所以财产清查对于保护企业财产的安全、完整是十分必要的。

二、财产清查的作用

财产清查主要有以下几个方面的作用。

（一）保证会计资料的真实可靠

通过财产清查，可以查明各项财产物资的实存数与账存数之间的差额以及发生差异的原因和责任，以便采取措施，调整账簿记录，保证会计核算资料的真实性。

（二）保护财产物资的安全完整

通过财产清查，可以查明财产物资的保管、使用情况以及有无因管理不善造成损失浪费、霉烂变质、损坏丢失或非法挪用、贪污盗窃等情况，以便及时采取措施，改善管理，保护企业财产的完整和安全。

（三）健全财产物资的管理制度

通过财产清查，能够查明各项财产保管制度和财经、财务纪律的执行情况，以便及时发现问题，采取措施，进一步建立、健全财产管理以及会计核算制度。

（四）促进财产物资的有效利用

通过财产清查，可以查明财产物资的储备和利用情况，查看有无储备不足、积压、滞销；还可以查明各种款项的结算情况，如有无长期拖欠、拒付款项及未达账项等，以便及时发现问题，为经济管理提供信息资料，为充分挖掘物资潜力、加速资金周转、提高经济效益、加强经济管理提供依据。

三、财产清查的种类

财产清查可以按不同的标志进行分类，主要分类方法有以下两种。

(一) 按清查对象分

按清查对象的范围分类，可以分为全面清查和局部清查。

全面清查是指对所有的财产和资金进行全面盘点与核对。其清查对象主要包括原材料、在产品、自制半成品、库存商品、库存现金、短期存(借)款、有价证券及外币、在途物资、委托加工物资、往来款项、固定资产等。全面清查范围广、工作量大，一般在年终决算或企业撤销、合并或改变隶属关系时进行。

局部清查又称重点清查，是指根据需要，只对财产中某些重点部分进行的清查。例如，流动资金中变化较频繁的原材料、库存商品等，除年度全面清查外，还应根据需要，随时轮流盘点或重点抽查。各种贵重物资要至少每月清查一次，库存现金要天天核对，银行存(借)款要按银行对账单逐笔核对。

(二) 按清查时间分

按清查的时间分类，可以分为定期清查和不定期清查。

定期清查是指在规定的时间内所进行的财产清查。一般是在年、季、月终后进行。

不定期清查又称临时清查，是指根据实际需要，临时进行的财产清查。一般是在更换财产物资保管人员，企业撤销、合并或发生财产损失等情况时进行。

定期清查和不定期清查的范围应视具体情况而定，可全面清查，也可局部清查。

第二讲　实施财产清查

【知识要点】

一、财产物资的盘存制度

财产物资的盘存制度有两种，即永续盘存制和实地盘存制。这两种盘存制度主要适用于实物资产(包括存货和固定资产)。

(一) 永续盘存制

永续盘存制又称账面盘存制，是指对日常发生的存货增加和减少，根据会计凭证在有关明细账中连续加以记录，并随时结出账面结存数的一种存货盘存制度。在永续盘存制下，存货期末结存数的计算公式如下：

期末结存数＝期初结存数＋本期增加数－本期减少数

采用永续盘存制，日常的核算工作量较大，但手续严密，通过有关账簿，可以随时了解存货的收入、发出和结存情况，有利于加强财产物资管理。因此，在实际工作中，除少数特殊情况外，一般都应采用永续盘存制。

(二) 实地盘存制

实地盘存制是指平时只在明细账中登记存货的增加数，不登记减少数；月末，对存货进行实地盘点，将盘点的实存数作为账面结存数，然后再倒推出本期减少数，据以登记账簿的一种存货盘存制度。在实地盘存制下，存货本期减少数的计算公式如下：

本期减少数＝期初结存数＋本期增加数－期末实地盘点数

采用实地盘存制，可以简化日常核算工作，但手续不严密，它所确定的本期耗用量不一定符合实际情况，其中可能包括一部分损失以及差错等，而平时在账面上不反映存货的减少和结存情况，不利于发挥账簿记录对财产物资的控制作用。因此，非特殊原因，一般不宜采用实地盘存制。

二、财产清查的程序

财产清查是一项涉及面广、工作量大，既复杂又细致的工作，为了保证财产清查的质量，达到财产清查的目的，应该按科学合理的程序进行财产清查。财产清查一般应分为准备阶段、清查阶段和总结阶段。

(一) 准备阶段

财产清查涉及管理部门、财务会计部门、财产物资保管部门，以及与本单位有业务和资金往来的外部有关单位和个人。因此，为了保证财产清查工作能够有条不紊地进行，财产清查前必须有组织、有领导、有步骤地做好财产清查的准备工作。

1. 组织准备

首先，要建立财产清查小组。通常，清查小组应包括单位有关负责人、会计主管人员和职工代表，并由清查小组具体负责组织进行财产清查工作。其次，清查小组应根据财产清查的目的和要求，制定财产清查计划，包括财产清查的时间进度、对象范围、负责清查人员的分工及解决清查中出现问题的原则、方法等。

2. 业务准备

财产物资清查前，各部门应把未做完的工作做完，为财产清查做好准备。

(1) 有关财务会计人员应将有关账目结算清楚，做到账证、账账相符，为清查工作提供可靠依据。

(2) 财产物资保管部门和有关人员，应在截至清查日止，将全部业务填好凭证，登记入账，结出余额，并将各项财产物资整理有序，标出品种及规格，注明结存数，以便实地盘点顺利进行。

(3) 清查人员应准备好各种计量器具，并准备好清查盘点用的单据、表格。

(二) 清查阶段

财产清查的重要环节是盘点财产物资的实存数量。为明确责任，在财产清查过程中，实物保管人员必须在场，并参加盘点工作，盘点结果应由清查人员填写“盘存单”，详细说明各项财产物资的编号、名称、规格、计量单位、数量、单价、金额等，并由盘点人员和实物保管人员分别签字盖章。

盘存单是实物盘点结果的书面证明，也是反映财产物资实存数额的原始凭证。其一般格式，如表 9-1 所示。

表 9-1 盘存单

单位名称： 盘点时间：

财产类别： 存放地点：

编号	名称	规格	计量单位	数量	单价	金额	备注

盘点人签章： 实物保管人签章：

(三) 总结阶段

盘点完毕,会计部门应根据盘存单上所列物资的实际结存数与账面结存记录进行核对,发现某些财产物资账实不符时,填制“实存账存对比表”,确定财产物资盘盈或盘亏的数额。实存账存对比表是财产清查的重要报表,是调整账面记录的原始凭证,也是分析盈亏原因、明确经济责任的重要依据。其一般格式,如表 9-2 所示。

表 9-2　　实存账存对比表

单位名称:　　　　　　　　　　　　　　　　　　　年　　月　　日

编号	类别及名称	计量单位	单价	实存		账存		对比结果				备　注
								盘盈		盘亏		
				数量	金额	数量	金额	数量	金额	数量	金额	

三、财产清查的具体方法

企业单位的财产物资种类繁多、作用不同,在清查中也应采用不同的方法。

(一) 货币资产的清查方法

1. 库存现金的清查

库存现金清查是指采用实地盘点的方法,即通过点票数来确定现金的实存数,然后以实存数与现金日记账的账面余额进行核对,以查明账实是否相符及盈亏情况。

在对库存现金进行清查盘点时,出纳人员必须在场,如果发现盘盈或盘亏,必须当场核实其数额。

清查时,还应注意有无“白条”抵库的情况,即以未经过合法会计手续的非正式单据抵充库存现金;确认库存现金是否超过银行核定的库存限额;查清有无挪用库存现金的情况。

盘点结束后,应根据盘点结果,编制“库存现金盘点报告表”,并由盘点人员和出纳人员签章。库存现金盘点报告表兼有盘存单和实存账存对比表的作用,是反映库存现金实有数额、调整账簿记录的重要原始凭证。其一般格式,如表 9-3 所示。

表 9-3　　库存现金盘点报告表

单位名称:　　　　　　　　　　　　　　　　　　　年　　月　　日

实存余额	账存余额	对比结果		备　注
		盈	亏	

盘点人员签章　　　　　　　　　　　　　　　　　　出纳人员签章

2. 银行存款的清查

银行存款的清查,与库存现金的清查方法不同,是采用与银行核对账目的方法来进行的。

即将企业单位的银行存款日记账与从银行取得的对账单逐笔核对，以查明银行存款的收入、付出和结余的记录是否正确。

开户银行送来的银行对账单是银行在收付企业单位存款时复写的账页，它完整地记录了企业单位存放在银行的款项的增减变动情况及结存余额，是进行银行存款清查的重要依据。

在实际工作中，企业银行存款日记账余额与银行对账单余额往往不一致，其主要原因如下：一方面是双方账目发生错账、漏账。所以，在与银行核对账目之前，应先仔细检查企业单位银行存款日记账的正确性和完整性，然后再将其与银行送来的对账单逐笔进行核对。另一方面是正常的未达账项。未达账项是指由于双方记账时间不一致而发生的一方已经入账，而另一方尚未入账的款项。企业单位与银行之间的未达账项，主要有以下四种情况。

(1) 企业送存银行的款项，企业已作为存款增加入账，但银行尚未入账，简称“企业已收、银行未收”。

(2) 企业开出支票或其他付款凭证，企业已作为存款减少入账，但银行尚未付款、未记账，简称“企业已付、银行未付”。

(3) 银行代企业收进的款项，银行已作为企业存款的增加入账，但企业尚未收到通知，因而未入账，简称“银行已收，企业未收”。

(4) 银行代企业支付的款项，银行已作为企业存款的减少入账，但企业尚未收到通知，因而未入账，简称“银行已付、企业未付”。

上述任何一种情况的发生，都会使双方的账面存款余额不一致。因此，为了查明企业单位和银行双方账目的记录有无差错，同时也是为了发现未达账项，在进行银行存款清查时，必须将企业单位的银行存款日记账与银行对账单逐笔核对。核对的内容包括收付金额、结算凭证的种类和号数、收入来源、支出的用途、产生的时间、某日止的金额等。通过核对，如果发现企业单位有错账或漏账，应立即更正；如果发现银行有错账或漏账，应及时通知银行查明更正；如果发现未达账项，则应据以编制“银行存款余额调节表”进行调节，并验证调节后余额是否相等。

技能操作

【例 9-1】 2019 年 9 月 30 日，大成公司银行存款日记账的账面余额为 85 750 元，银行对账单的余额为 72 000 元，经逐笔核对，发现有下列未达账项：

(1) 29 日，公司销售产品收到转账支票 46 000 元，将支票存入银行，银行尚未办理入账手续。

(2) 29 日，公司采购原材料开出转账支票 20 000 元，公司已作为银行存款付出，银行尚未收到支票而未入账。

(3) 30 日，公司开山现金支票 5 000 元，银行尚未入账。

(4) 30 日，银行代公司收回货款 16 000 元，收款通知尚未到达公司，公司尚未入账。

(5) 30 日，银行代付电费 3 750 元，付款通知尚未到达公司，公司尚未入账。

(6) 30 日，银行代付水费 5 000 元，付款通知尚未到达公司，公司尚未入账。

根据以上资料，编制“银行存款余额调节表”，如表 9-4 所示。

表 9-4 银行存款余额调节表

2016 年 9 月 30 日 单位:元

项 目	金 额	项 目	金 额
银行存款日记账余额	85 750	银行对账单余额	72 000
加:银行已收、企业未收的款项	16 000	加:企业已收、银行未收的款项	46 000
减:银行已付、企业未付的款项	3 750 5 000	减:企业已付、银行未付的款项	20 000 5 000
调节后余额	93 000	调节后余额	93 000

企业银行存款日记账、银行对账单存款余额和未达账项之间的关系是：

$$\text{企业银行存款日记账余额}+\text{银行已收企业未收}-\text{银行已付企业未付}=\text{银行对账单存款余额}+\text{企业已收银行未收}-\text{企业已付银行未付}$$

如果调节后双方余额相等,则说明双方记账没有差错;若不相等,则说明企业一方或银行一方或双方记账有差错,应进一步核对,查明原因,予以更正。

需要注意的是,对于银行已经入账而企业尚未入账的未达账项,不能根据银行存款余额调节表来编制会计分录、作为记账依据,而必须在收到银行的有关凭证后方可入账。另外,对于长期悬置的未达账项,应及时查明原因,予以解决。

上述银行存款的清查方法,也适用于各种银行借款的清查。但在清查银行借款时,还应检查借款是否按规定的用途使用,是否按期归还。

(二) 往来款项的清查方法

往来款项主要包括各种应收、应付款项,预收、预付款项以及各种暂收、暂付款等,往来款项的清查一般采用发函询证的方法进行核对。即在检查本单位各项往来结算账目正确、完整的基础上,按每一个经济往来单位编制"往来款项对账单",送往对方单位进行账目核对。该对账单一式两联,其中一联作为回联单,对方单位核对相符后,在回联单上加盖公章退回,表示已核对;如发现数字不符,对方单位应在对账单中注明情况,或另抄对账单退回本单位,进一步查明原因,再行核对,直到相符为止。

往来款项对账单的一般格式,如表 9-5 所示。

表 9-5

往来款项对账单

××公司：

你公司 2019 年 9 月 12 日购我公司××产品 2 000 件,货款 39 680 元尚未支付,请核对后将回单寄回。

××清查单位盖章

年 月 日

往来款项对账单(回单)

××清查单位：

你公司寄来的"往来款项对账单"已收到,经核对无误。

××公司盖章

年 月 日

根据往来款项的清查结果,应编制"往来款项清查报告表",如表 9-6 所示。

表 9-6　　往来款项清查报告表

编制单位：　　　　年　月　日　　　　单位：元

明细分类账户	账面金额	清查结果		不相符的原因分析			备注
		相符	不相符	未达账项	争执款项	其他	

清查员：　　　　记账员：

(三) 实物资产的清查方法

对于各种实物，如材料、半成品、在产品、库存商品、周转材料、固定资产等，都要从数量和质量上进行清查。由于实物的形态、体积、重量、堆放方式等不尽相同，因而所采用的清查方法也不尽相同。比较常用的实物数量的清查方法有以下几种：

(1) 实物盘点。即通过逐一清点或用计量器具来确定实物的实存数量。其适用的范围较广，在多数财产物资清查中都可以采用这种方法。

(2) 技术推算。采用这种方法，对于财产物资不是逐一清点计数，而是通过量方、计尺等技术推算财产物资的结存数量。这种方法只适用于成堆量大、价值不高、难以逐一清点的财产物资的清查。例如，露天堆放的煤炭等。

(3) 抽样盘点。即从总体中选取所需要的个体，再通过盘点个体的数量，推断出总体数量的方法。这种方法适用于价值小、数量多、重量比较均匀的实物的清查。

对于实物的质量，应根据不同的实物采用不同的检查方法。例如，有的采用物理方法，有的采用化学方法。

实物清查过程中，实物保管人员和盘点人员必须同时在场。对于盘点结果，应如实登记盘存单，并由盘点人和实物保管人签字或盖章，以明确经济责任。

对于委托外单位加工和保管的材料、商品、物资以及在途的材料、商品、物资等，可以用询证的方法与有关单位进行核对，以查明账实是否相符。

第三讲　处理清查结果

【知识要点】

一、财产清查结果的处理程序

通过财产清查所发现的财产管理和核算方面存在的问题，应当认真分析研究，以有关的法令、制度为依据进行严肃处理。为此，应切实做好以下几个方面的工作。

(一) 查明差异，分析原因

通过财产清查所确定的清查资料和账簿记录之间的差异，如财产的盘盈、盘亏和多余积压，以及逾期债权、债务等，都要认真查明其性质和原因，明确经济责任，提出处理意见，按照规定程序经有关部门批准后，予以认真严肃的处理。财产清查人员应以高度的责任心深入调查研究，实事求是，问题定性要准确，处理方法要得当。

(二) 认真总结,加强管理

财产清查以后,针对所发现的问题和缺点,应当认真总结经验教训,表彰先进,巩固成绩,发扬优点,克服缺点,做好工作。同时,要建立和健全以岗位责任制为中心的财产管理制度,切实提出改进工作的措施,进一步加强财产管理,保护社会财产的安全和完整。

(三) 调整账目,账实相符

财产清查的重要任务之一就是为了保证账实相符,因此,对于财产清查中发现的差异,财会部门必须及时进行账簿记录的调整。由于财产清查结果的处理要报请审批,所以,在账务处理中,除固定资产盘盈外,其他财产清查事项通常分两步进行:第一步,将财产清查中发现的盘盈、盘亏或毁损数,编制"账存实存对比表",并据以编制记账凭证,登记有关账簿,以调整有关账面记录,使账存数和实存数相一致。第二步,在审批后,应根据批准的处理意见,编制记账凭证,对差异进行结转,即对财产清查结果进行账务处理。

二、财产清查结果的账务处理

为了对财产清查结果进行账务处理,应设置"待处理财产损溢"账户。该账户是一个暂记账户,是专门用来核算企业在财产清查过程中查明的各种财产物资的盘盈、盘亏和毁损的账户。为满足明细核算要求,应在该账户下设"待处理流动资产损溢"和"待处理固定资产损溢"两个明细账户。该账户的借方登记各种财产物资的盘亏、毁损数及按照规定程序批准的盘盈转销数;贷方登记各种财产物资的盘盈数及按照规定程序批准的盘亏、毁损转销数;借方余额反映尚未处理的各种物资的净损失数,贷方余额反映尚未处理的各种财产物资的净溢余数。"待处理财产损溢"账户的一般结构,如表 9-7 所示。

表 9-7 待处理财产损溢

借方	贷方
发生的待处理财产盘亏和毁损余额 批准转销的待处理财产盘盈金额	发生的待处理财产盘盈金额 批准转销的待处理财产盘亏和毁损金额
尚未批准处理的各种财产物资净损失	尚未批准处理的各种财产物资净溢余

财产清查的对象不同,清查结果的账务处理也不同。

(一) 货币资金清查结果的账务处理

货币资金主要是指库存现金和银行存款。

技能操作

【例 9-2】 大成公司某日进行现金清查,发现现金长款 650 元,编制会计分录如下:

借:库存现金　　650

　　贷:待处理财产损溢——待处理流动资产损溢　　650

若经核查,未查明原因,报经批准作营业外收入处理,编制会计分录如下:

借:待处理财产损溢——待处理流动资产损溢　　650

　　贷:营业外收入　　650

【例 9-3】 大成公司某日进行现金清查,发现现金短款 500 元,编制会计分录如下:

借：待处理财产损溢——待处理流动资产损溢　　500

　　贷：库存现金　　500

若经核查，属于出纳员责任，应由出纳员赔偿，编制会计分录如下：

借：其他应收款——××出纳员　　500

　　贷：待处理财产损溢——待处理流动资产损溢　　500

收到出纳员的赔偿款时，编制会计分录为：

借：库存现金　　500

　　贷：其他应收款——××出纳员　　500

（二）往来款项清查结果的账务处理

无法收回的应收账款称为坏账。关于坏账的确认标准，现行制度规定，符合下列条件之一的应收账款，才能确认为坏账。

（1）债务人破产，依照破产清算程序进行清偿后确实无法收回的部分。

（2）债务人死亡，既无财产可供清偿，又无义务承担人，确实无法收回的部分。

（3）债务人逾期未履行偿债义务超过3年，确实不能收回的应收账款。

在财产清查中查明确实无法收回的应收账款和无法支付的应付账款，按规定不通过“待处理财产损溢”账户进行核算，而是在原来账面记录的基础上，按规定程序报经批准后，直接转账冲销。对无法收回的应收账款，即坏账损失，在提取坏账准备的企业，冲减坏账准备金；在不提取坏账准备的企业，计入管理费用。对无法支付的应付账款，经批准后，直接转作营业外收入。

技能操作

【例9-4】　大成公司一项长期无法收回的应收账款6 000元，按规定程序报经批准后，作为坏账转销。编制会计分录如下：

（1）若大成公司是提取坏账准备的企业：

借：坏账准备　　6 000

　　贷：应收账款　　6 000

（2）若大成公司是不实行计提坏账准备的企业：

借：管理费用　　6 000

　　贷：应收账款　　6 000

【例9-5】　大成公司长期无法支付的应付账款7 000元，经查实，对方单位已经解散，经批准作销账处理。编制会计分录如下：

借：应付账款　　7 000

　　贷：营业外收入　　7 000

（三）存货清查结果的账务处理

1. 存货盘盈的账务处理

当发现原材料、在产品、半成品、产成品、商品等存货盘盈时，在查明原因前应根据实存账存对比表，将盘盈存货的价值记入各该存货类账户的借方，同时记入“待处理财产损溢——待处理流动资产损溢”账户的贷方；报经批准后，冲减管理费用，记入“管理费用”账户的贷方。

技能操作

【例9-6】 大成公司在财产清查中发现溢余甲材料100千克，该材料单价为20元，上述情况已报请有关部门批准。

发生甲材料溢余时，会计部门应根据实存账存对比表，编制会计分录如下：

借：原材料——甲材料　　2 000

　　贷：待处理财产损溢——待处理流动资产损溢　　2 000

批准后，根据批准处理意见，编制会计分录如下：

借：待处理财产损溢——待处理流动资产损溢　　2 000

　　贷：管理费用　　2 000

2. 存货盘亏和毁损的账务处理

当发现原材料、在产品、半成品、产成品、商品等存货盘亏和毁损时，查明原因前，应根据实存账存对比表，将盘亏和毁损存货的价值记入各该存货类账户的贷方以及“待处理财产损溢——待处理流动资产损溢”账户的借方。待查明原因后，根据不同的盘亏和毁损原因作出不同的处理：能够收取的残料价值，记入“原材料”或“银行存款”账户的借方；能够收到的保险公司赔偿款，记入“其他应收款”账户的借方；由责任人造成的损失，记入“其他应收款”账户的借方。盘亏和毁损总额扣除以上几个部分后的净损失，若属于非常损失，记入“营业外支出”账户的借方；若属于一般经营损失，记入“管理费用”账户的借方，同时记入“待处理财产损溢”账户的贷方。

技能操作

【例9-7】 大成公司在财产清查中，发现库存乙材料盘亏1 000元，经查明，系计量仪器不准出现计量误差累计所致；毁损丙材料2 000元，属于非常损失，该损失保险公司同意赔偿1 800元。上述情况已经报请有关部门批准。

发生乙材料盘亏和丙材料毁损时，会计部门根据实存账存对比表，编制会计分录如下：

借：待处理财产损溢——待处理流动资产损溢　　3 390

　　贷：原材料——乙材料　　1 000

　　　　　　　——丙材料　　2 000

　　　　应交税费——应交增值税（进项税额转出）　　390

查明原因后，根据不同原因，编制会计分录如下：

借：管理费用　　1 130

　　其他应收款——保险公司　　1 800

　　营业外支出——非常损失　　460

　　贷：待处理财产损溢——待处理流动资产损溢　　3 390

（四）固定资产清查结果的账务处理

1. 固定资产盘盈的账务处理

固定资产盘盈大多是企业自制设备交付使用后未及时入账造成的，经批准应将其净值列作为前期差错处理。企业发生固定资产盘盈时，首先按盘盈固定资产的重置完全价值，借记“固定资产”账户，贷记“以前年度损益调整”账户。

技能操作

【例9-8】 大成公司在财产清查中发现账外车床一台，同类车床的市场价格为40 000元，按其新旧程度确认的价值损耗为10 000元，已将上述情况报请有关部门批准。

发现盘盈时，会计部门应根据固定资产盘点报告表，编制会计分录如下：

借：固定资产　　30 000

　贷：以前年度损益调整　　30 000

2. 固定资产盘亏的账务处理

固定资产盘亏的一般处理办法是：自然灾害造成的固定资产毁损净值，在扣除保险公司赔款和残值收入后，经批准应列作营业外支出；责任事故所造成的固定资产毁损，应由责任人酌情赔偿；丢失的固定资产，经批准应列作营业外支出。企业发生固定资产盘亏时，首先按盘亏固定资产的净值，借记“待处理财产损溢——待处理固定资产损溢”账户；按已提折旧，借记“累计折旧”账户；按固定资产的原价，贷记“固定资产”账户。报经批准后，根据不同情况进行转账处理。

技能操作

【例9-9】 大成公司在财产清查中发现短少铣床一台，其账面原始价值为45 000元，已提折旧为10 000元。已将上述情况报请领导批准。

发生盘亏时，会计部门根据固定资产盘点报告表，编制会计分录如下：

借：待处理财产损溢——待处理固定资产损溢　　35 000

　累计折旧　　10 000

　贷：固定资产　　45 000

批准后，根据批准处理意见，编制会计分录如下：

借：营业外支出　　35 000

　贷：待处理财产损溢——待处理固定资产损溢　　35 000

单元测试

一、单项选择题

(1) 盘存单是实物盘点结果的书面证明，是由(　　)填制的。

A. 财会人员　　B. 实物保管人员　　C. 清查人员　　D. 企业管理人员

(2) 银行存款清查中发现的未达账项，应编制(　　)来检查调整后的账面余额是否相符。

A. “实存账存对比表”　　B. “对账单”

C. “盘存单”　　D. “银行存款余额调节表”

(3) 在财产清查中，发现材料亏损，属于定额内的损耗应作为(　　)处理。

A. 销售费用　　B. 管理费用　　C. 营业外支出　　D. 保管人员赔偿

(4) 下列项目中，实地盘点法适用于对(　　)的清查。

A. 库存现金　　B. 银行存款　　C. 应收账款　　D. 应付账款

(5) 财产清查的主要目的是确定各项财产物资的(　　)。

A. 账存数　　B. 实存数　　C. 账存数和实存数　　D. 应存数

(6) 根据管理制度的规定或预先安排的时间进行的财产清查是(　　)。

A. 全面清查　　B. 不定期清查　　C. 定期清查　　D. 局部清查

(7) 通常，单位撤销、合并或改变隶属关系时，必须进行(　　)。

A. 全面清查　　B. 局部清查　　C. 实地盘点　　D. 技术推算

(8) 出纳人员因调动工作，办理交接时所做的财产清查，从清查时间上看属于(　　)。

A. 全面清查　　B. 部分清查　　C. 定期清查　　D. 不定期清查

(9) 采用永续盘存制时，财产清查的目的是检查(　　)是否相符。

A. 账实　　B. 账证

C. 账账　　D. 账表

(10) 采用实地盘存制，平时应根据会计凭证，在有关的账簿中登记财产物资的(　　)。

A. 增加数和减少数　　B. 增加数　　C. 减少数　　D. 以上都不正确

(11) 存货、固定资产和库存现金通常采用的清查方法是(　　)。

A. 函证核对法　　B. 技术推算法　　C. 查询核实法　　D. 实地盘点法

(12) 产生未达账项的原因是(　　)不一致。

A. 双方结账时间　　B. 双方记账时间

C. 双方对账时间　　D. 双方记账金额

(13) 对于财产清查中属于自然灾害造成的存货毁损，批准后应借记(　　)账户。

A. "管理费用"　　B. "其他应付款"　　C. "营业外支出"　　D. "其他应收款"

(14) 盘亏及毁损财产物资的数额中，属于责任者个人赔偿的，应记入(　　)。

A. "其他应收款"账户的借方　　B. "营业外支出"账户的借方

C. "管理费用"账户的借方　　D. "应付账款"账户的贷方

(15) 银行存款日记账和开户银行账目的核对，是(　　)核对。

A. 账证　　B. 账账　　C. 账实　　D. 账表

(16) 财产清查是通过实地盘点、查证核对来查明(　　)是否相符的一种方法。

A. 账证　　B. 账账　　C. 账实　　D. 账表

(17) 财产清查按清查的对象和范围，可分为(　　)。

A. 全面清查和局部清查　　B. 定期清查和不定期清查

C. 内部清查和外部清查　　D. 货币资金清查和非货币资金清查

(18) 在永续盘存制下，平时(　　)。

A. 对各项财产物资增加和减少数，都不在账簿中登记

B. 只在账簿中登记财产物资的增加数，不登记财产物资的减少数

C. 只在账簿中登记财产物资的增加数，不登记财产物资的减少数

D. 对各项财产物资的增加数和减少数，都要根据会计凭证在账簿中登记

(19) 在实地盘存制下，平时(　　)。

A. 只在账簿中登记财产物资的减少数，不登记财产物资的增加数

B. 只在账簿中登记财产物资的增加数，不登记财产物资的减少数
C. 对各项财产物资的增加数和减少数，都要根据会计凭证登记入账
D. 通过财产清查据以确定财产物资增加数和减少数，并编制记账凭证人账
(20) 各种应收款、应付款的清查方法一般采用(　　)。
A. 实地盘点法　B. 核对账项法　C. 询证法　D. 技术测定法
(21) 根据管理上的需要，贵重材料要(　　)。
A. 进行轮流清查或重点清查　B. 每日盘点一次
C. 至少每月盘点一次　D. 每日与银行核对
(22) 库存现金清查方法应采用(　　)。
A. 技术推算法　B. 实地盘点法　C. 实地盘存法　D. 账面价值法
(23) 银行存款的清查是将银行存款(　　)。
A. 日记账与总账核对　B. 日记账与银行对账单核对
C. 日记账与银行存款收、付凭证核对　D. 总账与银行存款收、付凭证核对
(24) 会导致企业银行存款日记账余额大于银行对账单余额的未达账项有(　　)。
A. 企业已收、银行未收款项　B. 企业已付、银行未付款项
C. 企业未收、银行已收款项　D. 企业已付、银行未收款项
(25) 银行存款余额调节表的调节后余额是(　　)。
A. 银行对账单余额　B. 企业账面的存款余额
C. 企业实际可动用的款项　D. 未达账项余额

二、多项选择题

(1) 在实际工作中，可能造成账实不符的原因有(　　)。
A. 账簿记录错误　B. 保管过程中自然损耗
C. 非常事故造成　D. 管理人员失职
E. 不法分子营私舞弊
(2) 全面清查一般在(　　)情况下进行。
A. 年终决算之前　B. 单位撤销、合并
C. 开展资产评估　D. 财会人员调离工作
E. 单位主要负责人调离工作
(3) 下列情况中，属于未达账项的有(　　)。
A. 企业已付、银行未付款项　B. 银行已收、企业未收款项
C. 银行已付、企业已付款项　D. 企业已收、银行未收款项
E. 银行已付、企业未付款项
(4) 财产清查按照清查的范围，可分为(　　)。
A. 全面清查　B. 局部清查　C. 定期清查　D. 不定期清查
(5) 下列清查中，属于局部清查的有(　　)。
A. 债权债务的核对　B. 月末银行存款的核对
C. 年终决算之前的财产清查　D. 每月清查盘点贵重的财产物资
(6) 财产清查按照清查的时间，可分为(　　)。
A. 全面清查　B. 定期清查　C. 局部清查　D. 不定期清查

(7) 实地盘点法一般适用于清查(　　)。

A. 各项存货　　B. 应收账款　　C. 库存现金　　D. 固定资产

(8) 造成企业银行存款日记账余额大于银行对账单余额的未达账项有(　　)。

A. 企业已收、银行未收款项　　B. 企业已付、银行未付款项

C. 银行已收、企业未收款项　　D. 银行已付、企业未付账项

(9) "待处理财产损溢"账户借方登记的内容包括(　　)。

A. 固定资产盘亏数和盘盈的转销数　　B. 材料的盘盈数和盘亏的转销数

C. 产成品盘亏数和盘盈的转销数　　D. 库存现金的溢余数和短缺的转销数

(10) 盘盈旧设备一台,在批准前,应记入(　　)。

A. "固定资产"账户的借方　　B. "累计折旧"账户的贷方

C. "以前年度损溢调整"账户的贷方　　D. "待处理财产损溢"账户的贷方

(11) 在财产清查结果的账务处理中,经批准计入营业外支出的盘亏损失有(　　)。

A. 固定资产盘亏净损失　　B. 自然灾害造成的流动资产损失

C. 应由责任人赔偿的损失　　D. 意外事故造成的流动资产损失

(12) 实地盘点法一般适用于(　　)的清查。

A. 各项实物财产物资　　B. 库存现金

C. 银行存款　　D. 应收账款

E. 出租出借包装物

(13) 根据"银行存款余额调节表"计算的调节后存款余额等于(　　)。

A. 企业银行存款日记账余额+银行已收企业未收-银行已付企业未付

B. 企业银行存款日记账余额+企业已收银行未收-企业已付银行未付

C. 银行存款单余额+银行已收企业未收-银行已付企业未付

D. 银行对账单余额+企业已收银行未收-企业已付银行未付

(14) "待处理财产损溢"账户贷方登记(　　)。

A. 批准前待处理财产物资盘盈净值

B. 批准前待处理财产物资盘亏及毁损净值

C. 结转已批准处理财产物资的盘盈数

D. 结转已批准处理财产物资的盘亏及毁损数

E. 本期的营业外支出数

(15) 永续盘存制的主要优点有(　　)。

A. 既记录财产物资的增加,又记录减少数　　B. 可以随时结出账面余额

C. 便于加强企业财产物资的管理　　D. 只登记减少数

三、判断题

(1) 库存现金和银行存款应由出纳人员每天清查核对一次。　　(　　)

(2) 在财产清查过程中,实物保管人员必须回避。　　(　　)

(3) 对未达账项应编制"银行存款余额调节表",并调整账簿记录。　　(　　)

(4) "待处理财产损溢"账户如出现贷方余额,为尚待处理的各种财产物资的溢余。　　(　　)

(5) "待处理财产损溢"账户在会计期末应予结平。　　(　　)

(6) 定期清查可以是全面清查,也可以是局部清查。　　(　　)

(7) 更换财产、物资和库存现金保管人员时要进行全面清查，这种清查属于不定期清查。 ( )

(8) 会计部门要在财产清查之前将所有的经济业务登记入账并结出余额。做到账账相符、账证相符，为财产清查提供可靠的依据。 ( )

(9) 在银行存款清查时发生的未达账项，可编制“银行存款余额调节表”来调整，该表是调整银行存款日记账余额的原始凭证。 ( )

(10) 未达账项是指一方已接到有关结算凭证登记入账，而另一方尚未接到有关结算凭证而未入账的款项。 ( )

(11) 为了反映和监督各单位在财产清查过程中查明的各种资产的盈亏或毁损及报经批准后的转销数额，应设置“待处理财产损溢”账户，该账户属于负债类账户。 ( )

(12) 盘点实物时，发现账存数大于实存数，属于盘盈。 ( )

(13) 银行存款日记账与银行对账单余额不一致的原因，主要是由记账错误和未达账项所造成的。 ( )

(14) 对于财产清查结果的处理一般分两步，即审批前先调整账面的记录和审批后转入有关账户。 ( )

(15)“待处理财产损溢”账户是损益类账户。 ( )

四、名词解释

财产清查、局部清查、不定期清查、实地盘存制、实地盘点、全面清查、定期清查、永续盘存制、未达账项、技术推算法。

五、简答题

(1) 简述造成企业账实不符的原因。

(2) 试述财产清查的意义。

(3) 简述财产物资的盘存制度。

(4) 什么是未达账项？企业与银行之间可能会发生哪些方面的未达账项？怎样进行调整？

(5) 在什么情况下，企业要对其财产进行全部清查？

(6) 在什么情况下，企业要进行不定期清查？

(7) 财产清查的业务处理包括哪些内容？

实务训练

训练一

目的：练习财产清查结果的处理。

资料：

(1) 某企业月末财产清查发现下列账实不符情况：

① 甲材料盘盈 1 800 元。

② 乙材料盘亏 240 元。

③ 库存产成品溢余240元。

④ 周转材料的实际结存额5 800元，账面余额为6 000元。

⑤ 发现账外车床一台，重置完全价值60 000元，估计已提折旧18 000元。

⑥ 盘亏机器一台，其账面原值为50 000元，已提折旧48 000元。

⑦ 短缺仪器一台，其账面原值为4 000元，已提折旧2 500元。

(2) 上列账项经批准后处理如下：

① 盘盈的甲材料冲减管理费用。

② 盘亏的乙材料中60元属自然耗损，作管理费用处理；180元属保管责任造成，应赔偿。

③ 溢余产成品，冲减管理费用。

④ 周转材料缺少200元，为管理部门损坏报废，经批准作管理费用处理。

⑤ 以上盘盈(亏)的固定资产，经批准，转作营业外收支处理。

要求：根据上述资料，编制会计分录。

训练二

目的：练习银行存款余额调节表的编制。

资料：

(1) 甲公司某年6月30日银行存款日记账借方余额为526 000元，银行对账单余额为585 000元。经查，发现有以下未达账项：

① 委托银行收取的货款120 000元，银行已收妥入账，而收账通知尚未送达企业。

② 企业以转账支票支付材料运费15 000元，企业已入账，而银行尚未记账。

③ 银行为企业代付电费6 000元，企业尚未记账。

④ 企业收到外单位转账支票一张，还来前欠货款70 000元，企业已收账，银行尚未记账。

(2) 乙公司某年7月1日，“银行存款”账户余额为660 000元。7月发生下列收付业务：

① 2日，签发转账支票(30648＃)，偿还前欠甲公司货款100 000元。

② 6日，月初委托银行向丙单位收取的货款58 600元，已收妥入账。

③ 8日，销售产品一批，价款30 000元，增值税额5 100元，收到转账支票一张，当即填制进账单送存银行。

④ 12日，签发现金支票(19302＃)，从银行提取现金1 000元备零星支用。

⑤ 18日，填制转账支票一张(30649＃)，支付本月电话费5 000元，其中：车间2 000元，厂部3 000元。

⑥ 20日，填制信汇凭证，汇给外地丁单位58 500元。支付材料货款50 000元和增值税额8 500元。材料尚未到达。

⑦ 24日，从本市甲公司购进材料80 000元，增值税额13 600元，签发转账支票(30650＃)支付，材料入库。

⑧ 25日，签发现金支票(19303＃)，从银行提取现金36 000元备发工资。

⑨ 26日，发放工资，付出库存现金36 000元。

⑩ 26日，收到外地丙单位信汇凭证收账通知，汇来60 000元，归还前欠本单位货款。

⑪ 29日，签发转账支票(30651＃)支付办公设备修理费15 000元。

⑫ 30日，销售产品40 000元，增值税额6 800元，收到转账支票一张，当即填制进账单送存银行。

⑬ 31 日，签发转账支票(30652＃)，支付下半年财产保险费 12 000 元。

⑭ 31 日，3 个月前丙企业签发并承兑的商业汇票今日到期，收回票款 100 000 元，存入银行。

⑮ 31 日，销售给外地丙单位产品一批，售价 100 000 元，增值税额 13 000 元，发货时签发转账支票(30653＃)代对方垫付运费 2 000 元，已办妥委托银行收款手续。

⑯ 31 日，签发转账支票(30654＃)，购买设备一套，交付使用，价款、运杂费等共计 220 000元。

(3) 7 月 31 日“银行对账单”资料，如表 9-8 所示。

表 9-8 银行对账单 单位：元

××××年		摘要	结算凭证		存入	支出	余额
月	日		种类	号数			
7	1	期初余额					660 000
	2	付甲公司	转支	30 648		100 000	560 000
	6	收丙单位	委收		58 600		618 600
	8	存销货款	进账单		35 100		653 700
	12	提取现金	现支	19 302		1 000	652 700
	20	付丁单位	信汇			58 500	594 200
	20	付电话费	转支	30 649		5 000	589 200
	25	提取现金	现支	19 303		36 000	553 200
	26	付甲公司	转支	30 650		93 600	459 600
	26	收丙单位	信汇		60 000		519 600
	29	付修理费	转支	30 651		15 000	504 600
	30	收销货款	进账单		46 800		551 400
	31	收回欠款	商业汇票		100 000		651 400
	31	垫付运费	转支	30 653		2 000	649 400
	31	支付电费	托收			2 000	647 400
	31	托收款划回	托收		65 000		712 400

要求：

(1) 根据资料(1)，按补记式余额调节法编制“银行存款余额调节表”。

(2) 根据资料(2)，填制记账凭证(或编制会计分录)，并据以登记银行存款日记账(其他账户从略)。

(3) 根据资料(3)，按银行对账单与根据资料(2)登记的银行存款日记账逐笔核对，找出未达账项，并按剔除式余额调节法编制“银行存款余额调节表”。

第十单元　编制报表

知识目标

通过本项目的课程教学，学生应该了解财务报表的意义、种类及编制要求；理解资产负债表、利润表、现金流量表三种主要报表的概念、作用和基本结构；掌握资产负债表和利润表的编制方法。

技能目标

通过本项目的课程教学，学生应该在学会相关知识之后，能够做以下工作：①给定有关账户的发生额及余额，编制资产负债表和利润表；②根据财务报表数据，计算相关财务指标，进行财务分析。

案例导入

张林的叔叔最近打算投资股市，他计划从两家上市公司中选择，其中一家是最近很热门的企业，另一家是不太知名的企业。叔叔知道张林是会计专业的学生，询问张林的意见。张林认真思考了一下，告诉叔叔不应当将企业热门与否、知名与否作为投资选择的依据。认真分析企业的财务报表，依据企业的财务状况、经营成果、现金流量等报表信息，才能做出正确的投资决策。

思考：张林的说法正确吗？

第一讲　认识财务报表

【知识要点】

一、财务报表的概念和作用

（一）财务报表的概念

财务报表是指企业对外提供的、反映企业某一特定日期财务状况和某一会计期间经营成果、现金流量等会计信息的文件。财务报表是对企业财务状况、经营成果和现金流量的结构性表述。财务报表至少应包括资产负债表、利润表、现金流量表、所有者权益变动表及附表等。

(二) 财务报表的作用

编制财务报表的主要目的是为财务报表的使用者(包括投资者、债权人、潜在的投资者和债权人、政府及其机构、企业管理人员、职工及社会公众)提供对决策有用的财务信息。财务会计所提供的信息作为一种工具,与其他信息一样,对于那些有能力并愿意去使用的人们有直接的帮助。但是,编制财务报表本身并不能确定或影响决策的结果,它只是为人们使用这些信息提供前提条件。财务报表作为使用者经济决策的有力工具,其作用体现在以下几个方而。

1. 为投资者和债权人进行决策提供信息

投资者通过阅读财务报表,可以了解企业的财务状况及生产经营情况;了解其投资的完整性,投资报酬、资本结构的变化及未来的获利能力和利润分配政策,以便对企业现状和发展前景作出准确判断,为投资决策提供依据。同时,还可以通过报表信息,监督企业的经营管理,以保护自身合法权益。对债权人而言,通过阅读分析财务报表,可以了解企业的偿债能力,了解其债权的保障、利息的获得,以及企业是否有足够的能力按期偿还债务等,为作出信贷、融资决策提供依据。

2. 为企业内部加强和改善经营管理提供信息

财务报表通过一定表格及附注的形式,将反映企业生产经营情况的系统信息资料,传递给企业内部管理部门,有利于内部管理部门全面了解企业经营活动情况、财务情况和经营成果,检查、分析计划和有关方针政策的执行情况,及时发现经营活动中存在的问题,尽快做出决策,采取有效措施,改善经营管理。同时也可利用报表信息,为未来经营计划和方针提供准确依据,以使其更为科学合理。

3. 为国家经济管理部门进行宏观调控和管理提供信息

国家宏观经济管理部门利用财务报表所提供的信息,可以及时掌握各企业单位的经营和管理情况,以便对企业的经营情况进行检查分析。同时,还可通过对财务报表提供的资料进行汇总分析,了解和考核国民经济总体的运行情况,从中发现存在的问题,以便对宏观经济运行作出正确决策,为政府进行国民经济宏观调控提供依据。另外,还可利用报告信息,检查和评价现有各项方针政策的科学合理性,以便为制定或修订方针、政策提供依据。

二、财务报表的种类

财务报表是企业“财务会计报告”中的主要组成部分。根据《企业会计准则第 30 号——财务报表列报》的规定,财务报表的内容应当包括资产负债表、利润表、现金流量表、所有者权益变动表及附注等。财务报表可以根据不同标准进行分类,以区别其性质和内容,具体有以下几种分类。

(一) 按反映的经济内容分类

财务报表按反映的经济内容,可分为以下三种类型:

(1) 反映一定日期企业资产、负债及所有者权益等财务状况的报表,如资产负债表。

(2) 反映一定时期内企业经营成果的财务报表,如利润表。

(3) 反映一定时期内企业财务状况变动情况的财务报表,如现金流量表、所有者权益变动表。

以上三类报表又可以划分为静态报表(资产负债表)和动态报表(利润表、现金流量表和所有者权益变动表)。

(二) 按提供对象分类

财务报表按提供对象,可分为外部财务报表和内部财务报表。

外部财务报表主要是资产负债表、利润表、现金流量表、所有者权益变动表及附注,其格式和内容由财政部规定;内部财务报表是为了满足企业内部管理的需要而编制的报表,其内容由企业自行规定。两者都必须遵守会计核算的基本原则,保证会计信息的真实和可靠。

(三) 按编报的时期分类

财务报表按编报的时期,可分为年度财务报表和中期财务报表。

资产负债表和利润表一般均报送中期报表和年度报表。现金流量表、所有者权益变动表、附注及各种有关附表均为年度报表。月报是指每月月末编制的报表;季报是指每季季末编制的报表;半年报是指每半年末编制的报表;年报是指每年年末编制的报表。月报、季报、半年报等以短于一个完整的会计年度为基础编报的财务报表统称为中期财务报告。

(四) 按编报的单位分类

财务报表按编报的单位,可分为个别报表、汇总报表和合并财务报表。

个别报表是指独立核算的基层企业的财务报表;汇总报表是指上级企业或上级单位对所属企业汇总编制的财务报表;合并报表是指反映母公司和其全部子公司形成的企业集团整体财务状况、经营成果和现金流量的财务报表。

三、财务报表的编制要求

为了保证财务报表的真实、完整和及时,充分发挥财务报表的作用,编制财务报表必须符合以下要求。

(一) 数字真实

企业应当以持续经营为基础,根据实际发生的交易和事项,按照《企业会计准则——基本准则》和其他各项会计准则的规定进行确认和计量,在此基础上编制财务报表。

企业不得编制和对外提供虚假的或者隐瞒重要事实的财务报表。财务报表的指标只有真实可靠,才能提供正确的信息,报表使用者才能据以作出正确的决策。

(二) 内容完整

财务报表应当全面反映企业的财务状况和经营成果,反映企业经营活动的全貌。财务报表必须按照统一规定的种类、格式和内容进行填报,报表中所列表内项目和补充资料必须全部填列,不得漏报或者任意取舍,以提供完整的数据资料。

(三) 计算准确

在编制年度财务报表前,必须全面清查资产,核实债务,在本期所有发生的经济业务和转账业务全部登记入账的基础上,结清各个账户的本期发生额和期末余额,做到账证、账账、账实相符,以确保财务报表数字的准确性。财务报表之间、财务报表各项目之间,凡有对应关系的数字,应当相互一致;财务报表中本期与上期的有关数字应当相互衔接。

(四) 编报及时

根据及时性原则的要求,各种财务报表必须按照规定时间及时编报,不得拖延,以免影响逐级汇总和信息反馈的时效性。为此,财会部门应当科学地组织好日常会计核算工作,认真做好记账、算账、对账工作,同时,在编制财务报表时,会计人员应密切配合,加强协作。企业应当依照财务报表提供期限的规定,及时对外提供各种财务报表,不得拖延。

第二讲　编制财务报表

【知识要点】

一、资产负债表

(一) 资产负债表的概念

资产负债表是指反映企业在某一特定日期(月末、季末、半年末、年末)财务状况的报表。它是根据资产、负债和所有者权益之间的关系,按照一定的分类标准和顺序,把企业的资产、负债和所有者权益各项目予以适当排列,并对日常形成的大量数据进行加工整理后编制而成的。资产负债表是企业最基本的财务报表,是一张静态报表。

(二) 资产负债表的作用

资产负债表的作用主要有以下几个方面:

(1) 可以提供企业月末、季末、半年末、年末的资产总额及其结构,表明企业拥有或控制的经济资源及其分布情况。

(2) 可以反映企业月末、季末、半年末、年末的负债总额及其结构,表明企业未来需要多少资产或劳务清偿债务。

(3) 可以反映企业月末、季末、半年末、年末的所有者权益总额及其构成情况,据以判断资本保值、增值的情况以及对负债的保障程度。

(4) 可以提供进行财务分析的基本资料。例如,将流动资产与流动负债进行比较,计算流动比率等,从而为报表的使用者进行决策提供信息。

(三) 资产负债表的结构和内容

资产负债表一般由表首、正表和补充资料三部分内容构成。

表首部分包括报表名称、编制单位、报表日期和金额单位。

正表部分按照“资产=负债+所有者权益”这一会计平衡公式进行设计,包括资产、负债和所有者权益三大类项目内容。

资产负债表正表部分的结构通常有账户式、报告式和财务状况式。

1. 账户式资产负债表

账户式资产负债表是将资产项目列在表的左方,负债及所有者权益列在表的右方,使资产负债表的左、右双方平衡。我国企业资产负债表采用账户式结构,如表 10-1 所示。

表 10-1　　资产负债表(账户式简化)　　单位:元

资产		负债及所有者权益	
		负债	
		流动负债	400 000
货币资金	120 000	长期负债	300 000
应收账款	200 000	负债合计	700 000
存货	520 000	所有者权益	
长期股权投资	60 000	实收资本	1 060 000
固定资产	1 000 000	盈余公积	160 000
无形及其他资产	100 000	未分配利润	80 000
		所有者权益合计	1 300 000
资产总额	2 000 000	负债及所有者权益总额	2 000 000

2. 报告式资产负债表

报告式资产负债表是按照“资产－负债＝所有者权益”这一会计等式的顺序，采用垂直排列的形式列示。报告式资产负债表的结构，如表 10-2 所示。

表 10-2　　资产负债表(报告式简化)　　单位:元

资产	
货币资金	120 000
应收账款	200 000
存货	520 000
长期股权投资	60 000
固定资产	1 000 000
无形及其他资产	100 000
资产总额	2 000 000
负债	
流动负债	400 000
长期总额	300 000
负债总额	700 000
所有者权益	
实收资本	1 060 000
盈余公积	160 000
未分配利润	80 000
所有者权益总额	1 300 000

3. 财务状况式资产负债表

财务状况式资产负债表是按照“流动资产－流动负债＝运用资金”“运用资金＋非流动资金＝长期资金”“长期资金－长期负债＝所有者权益”的等式，采用垂直形式进行排列的，它能较清楚地显示出各类资产保障各类负债的程度，以及企业可用于经营的短期资金和长期资金。财务状况式资产负债表的结构，如表 10-3 所示。

表 10-3　　资产负债表(财务状况式简化)　　单位:元

流动资产	840 000
减:流动负债	400 000
运用资金	440 000
长期股权投资	60 000
固定资产	1 000 000
无形及其他资产	100 000
长期资金	1 600 000
减:长期负债	300 000
所有者权益(净资产)	1 300 000
实收资本	1 060 000
盈余公积	160 000
未分配利润	80 000
所有者权益总额	1 300 000

资产负债表中资产项目的分类与排列，是按照资产的变现能力进行的。资产的变现能力，是指一项资产从其现状到变换为现金或被耗用所需要的时间，即所需时间较短的为流动资产，所需时间较长的为非流动资产。因此，在各项资产的排列顺序上，变现能力越强，排列位置就越靠前。按照这一标准，资产负债表资产项目的排列内容依次是：流动资产、长期投资、固定资产、无形资产及其他资产。

企业的偿债能力是企业领导者、股东和债权人都普遍关心的事。但各项负债都有其具体偿还期，在未到期之前是不必偿还的，所以在资产负债表中，就以负债的偿还期长短为标准，将负债分为流动负债和长期负债，并根据这一标准，将各负债项目在资产负债表中排列，偿还期限越短，其排列位置就越靠前。

所有者权益是指企业投资者对企业的所有权，即企业全部资产中由投资者提供并属其所有的部分。其数额等于企业资产总额减去全部负债后的余额，这一余额又称为企业的净资产，包括实收资本、资本公积、盈余公积和未分配利润。

补充资料部分是指基本部分的补充说明，是为了提供企业和有关部门需要了解的有关指标的详细内容。

资产负债表的左、右两方都设有“金额”栏，以反映报告期末各项指标的数值。为了向报表使用者提供所需有关指标的分析资料，在“金额”栏内增设“年初数”栏。通过“年初数”与“期末数”进行比较，以分析企业的财务状况和发展变化情况。

（四）资产负债表的编制方法

1. 资产负债表中的“年初数”和“期末数”

资产负债表“年初数”栏的各项数字，应根据上年年末资产负债表“期末数”栏内所列数字填列。如果本年度资产负债表规定的各项目名称和内容与上年度不一致，则应对上年年末资产负债表各项目名称和数字按照本年度规定进行调整后，填入本年度资产负债表的“年初数”栏内。

2. 资产负债表中“期末数”栏的填列方法

（1）根据总账科目余额填列。资产负债表中的大多数项目，可直接根据总账科目的期末余额填列，如“交易性金融资产”“短期借款”“应付票据”“应付职工薪酬”等项目，应根据“交易性金融资产”“短期借款”“应付票据”“应付职工薪酬”各总账科目的余额直接填列；有些项目，则需要根据几个总账科目的余额计算填列，如“货币资金”项目需根据“库存现金”“银行存款”“其他货币资金”三个总账科目的期末余额的合计数填列。

（2）根据明细科目余额计算填列。如“预付账款”项目，应根据“预付账款”和“应付账款”所属明细科目的期末借方余额合计数填列。

（3）根据总账科目和明细科目余额分析计算填列。如“长期借款”项目，应根据“长期借款”总账科目余额扣除“长期借款”科目所属明细科目中将于1年内到期且企业不能自主地将清偿义务展期的长期借款后的余额计算填列。

（4）根据有关科目余额减去其备抵科目余额后的金额计算填列。如“应收账款”“长期股权投资”“在建工程”等项目，应当根据“应收账款”“长期股权投资”“在建工程”等科目的期末余额，减去“坏账准备”“长期股权投资减值准备”“在建工程减值准备”等科目余额后的净额填列。“固定资产”项目，应当根据“固定资产”科目的期末余额减去“累计折旧”“固定资产减值准备”备抵科目余额后的净额填列；“无形资产”项目，应当根据“无形资产”科目的期末余额减去“累计摊销”“无形资产减值准备”备抵科目余额后的净额填列。

(5) 综合运用上述填列方法分析填列。如“存货”项目，需要根据“原材料”“在途物资”“委托加工物资”“周转材料”“材料采购”“生产成本”“库存商品”“材料成本差异”等总账科目期末余额的分析汇总数，再减去“存货跌价准备”科目余额后的净额填列。

3. 资产负债表项目的填列说明

(1) “货币资金”项目，反映企业库存现金、银行结算户存款、外埠存款、银行汇票存款、银行本票存款、信用卡存款、信用证保证金存款等的合计数。本项目应根据“库存现金”“银行存款”“其他货币资金”科目的期末余额合计数填列。

(2) “交易性金融资产”项目，反映企业为交易目的所持有的债券投资、股票投资、基金投资等交易性金融资产的公允价值。本项目应根据“交易性金融资产”科目的期末余额填列。

(3) “应收票据”项目，反映企业收到的未到期收款，也未向银行贴现的应收票据，包括商业承兑汇票和银行承兑汇票。本项目应根据“应收票据”科目的期末余额，减去“坏账准备”科目中有关应收票据计提的坏账准备期末余额后的金额填列。

(4) “应收账款”项目，反映企业因销售商品、提供劳务等而应向购买单位收取的各种款项。本项目应根据“应收账款”科目所属各明细科目的期末借方余额合计数，减去“坏账准备”科目中有关应收账款计提的坏账准备期末余额后的金额填列。如“应收账款”科目所属明细科目期末有贷方余额，应在本表“预收款项”项目内填列。

(5) “应收股利”项目，反映企业因股权投资而应收取的现金股利，企业应收其他单位的利润，也包括在本项目内。本项目应根据“应收股利”科目的期末余额填列。

(6) “应收利息”项目，反映企业因债权投资而应收取的利息。企业购入到期还本付息债券应收的利息，不包括在本项目内。本项目应根据“应收利息”科目的期末余额填列。

(7) “其他应收款”项目，反映企业对其他单位和个人的应收和暂付的款项。本项目应根据“其他应收款”科目的期末余额，减去“坏账准备”科目中有关其他应收款计提的坏账准备期末余额后的金额填列。

(8) “预付款项”项目，反映企业预付给供应单位的款项。本项目应根据“预付账款”科目所属各明细科目的期末借方余额合计数，减去“坏账准备”科目中有关预付款项计提的坏账准备期末余额后的金额填列。如“预付账款”科目所属有关明细科目期末有贷方余额的，应在本表“应付账款”项目内填列。如“应付账款”科目所属明细科目有借方余额的，也应包括在本项目内。

(9) “存货”项目，反映企业期末在库、在途和在加工中的各项存货的可变现净值，包括各种材料、商品、在产品、半成品、包装物、低值易耗品等。应根据“在途物资”“原材料”“库存商品”“发出商品”“周转材料”“委托加工物资”“委托代销商品”“生产成本”等科目的期末余额合计，减去“存货跌价准备”科目期末余额后的金额填列。材料采用计划成本核算的企业，还应以加上或减去“材料成本差异”后的金额填列。

(10) “一年内到期的非流动资产”项目，反映企业将于1年内到期的非流动资产项目金额。本项目应根据有关科目的期末余额分析填列。

(11) “其他流动资产”项目，反映企业除以上流动资产项目外的其他流动资产，本项目应根据有关科目的期末余额填列。

(12) “可供出售金融资产”项目，反映企业持有的划分为可供出售金融资产项目的期末余额。本项目应根据“可供出售金融资产”科目的期末余额填列。

(13)“持有至到期投资”项目,反映企业持有的划分为持有至到期投资项目的期末余额。本项目应根据“持有至到期投资”科目的期末余额减去“持有至到期投资减值准备”科目的期末余额后填列。

(14)“投资性房地产”项目,反映企业持有的投资性房地产项目的期末余额。本项目应根据“投资性房地产”科目的期末余额,减去“投资性房地产累计折旧”“投资性房地产减值准备”所属有关明细科目期末余额后的金额分析计算填列。

(15)“长期股权投资”项目,反映企业不准备在1年内(含1年)变现的各种股权性质的投资的可收回金额。本项目应根据“长期股权投资”科目的期末余额,减去“长期投资减值准备”科目中有关股权投资减值准备期末余额后的金额填列。

(16)“长期应收款”项目,反映企业持有的长期应收款的可收回金额。本项目应根据“长期应收款”科目的期末余额,减去“坏账准备”科目所属相关明细科目的期末余额,再减去“未确认融资收益”科目期末余额后的金额分析计算填列。

(17)“固定资产”项目,反映企业的固定资产可收回金额。本项目应根据“固定资产”科目的期末余额,减去“累计折旧”“固定资产减值准备”科目期末余额后的金额填列。

(18)“工程物资”项目,反映企业各项工程尚未使用的工程物资的实际成本。本项目应根据“工程物资”科目的期末余额,减去“工程物资减值准备”科目期末余额后的金额填列。

(19)“在建工程”项目,反映企业期末各项未完工程的实际支出,包括交付安装的设备价值、未完建筑安装工程已经耗用的材料、工资和费用支出、预付出包工程的价款、已经建筑安装完毕但尚未交付使用的工程等的可收回金额。本项目应根据“在建工程”科目的期末余额,减去“在建工程减值准备”科目期末余额后的金额填列。

(20)“固定资产清理”项目,反映企业因出售、毁损、报废等原因转入清理但尚未清理完毕的固定资产的账面价值,以及固定资产清理过程中发生的清理费用和变价收入等各项金额的差额。本项目应根据“固定资产清理”科目的期末借方余额填列;如“固定资产清理”科目期末为贷方金额,以“—”号填列。

(21)“无形资产”项目,反映企业各项无形资产的期末可收回金额。本项目应根据“无形资产”科目的期末余额,减去“累计摊销”“无形资产减值准备”科目期末余额后的金额填列。

(22)“递延所得税资产”项目,反映企业确认的递延所得税资产。本项目应根据“递延所得税资产”科目的期末余额分析填列。

(23)“其他非流动资产”项目,反映企业除以上资产以外的其他长期资产。本项目应根据有关科目的期末余额填列。如其他长期资产价值较大的,应在会计报表附注中披露其内容和金额。

(24)“短期借款”项目,反映企业借入尚未归还的1年期以下(含1年)的借款。本项目应根据“短期借款”科目的期末余额填列。

(25)“交易性金融负债”项目,反映企业为交易而发生的金融负债,包括以公允价值计量且其变动计入当期损益的金融负债。本项目应根据“交易性金融负债”等科目的期末余额分析填列。

(26)“应付票据”项目,反映企业为了抵付货款等而开出、承兑的尚未到期付款的应付票据,包括银行承兑汇票和商业承兑汇票。本项目应根据“应付票据”科目的期末余额填列。

(27)“应付账款”项目,反映企业购买原材料、商品和接受劳务供应等而应付给供应单位的款项。本项目应根据“应付账款”科目所属各有关明细科目的期末贷方余额合计数填列;如

“应付账款”科目所属各明细科目期末有借方余额，应在本表“预付款项”项目内填列。

(28)“预收款项”项目，反映企业预收购买单位的账款。本项目应根据“预收账款”科目所属各有关明细科目的期末贷方余额合计数填列。如“应收账款”科目所属明细科目有贷方余额的，应在本表“应收账款”项目内填列；如“应收账款”科目所属明细科目有贷方余额的，也应包括在本项目内。

(29)“应付职工薪酬”项目，反映企业应付未付的职工薪酬。本项目应根据“应付职工薪酬”科目的期末贷方余额填列；如“应付职工薪酬”科目期末为借方余额，以“－”号填列。

(30)“应交税费”项目，反映企业期末未交、多交或未抵扣的各种税费。本项目应根据“应交税费”科目的期末贷方余额填列；如“应交税费”科目期末为借方余额，以“－”号填列。

(31)“应付利息”项目，反映企业应付未付的利息。本项目应根据“应付利息”科目的期末贷方余额填列。

(32)“应付股利”项目，反映企业尚未支付的现金股利。本项目应根据“应付股利”科目的期末余额填列。

(33)“其他应付款”项目，反映企业所有应付和暂收其他单位和个人的款项。本项目应根据“其他应付款”科目的期末余额填列。

(34)“预计负债”项目，反映企业预计负债的期末余额。本项目应根据“预计负债”科目的期末余额填列。

(35)“一年内到期的非流动负债”项目，反映企业承担的将于1年内到期的非流动负债。本项目应根据有关非流动负债科目的期末余额分析计算填列。

(36)“其他流动负债”项目，反映企业除以上流动负债以外的其他流动负债。本项目应根据有关科目的期末余额填列。

(37)“长期借款”项目，反映企业借入尚未归还的1年期以上(不含1年)的借款本息。本项目应根据“长期借款”科目的期末余额，减去“一年内到期的非流动负债”项目期末余额后的金额填列。

(38)“应付债券”项目，反映企业发行的尚未偿还的各种长期债券的本息。本项目应根据“应付债券”科目的期末余额，减去“一年内到期的非流动负债”项目期末余额后的金额填列。

(39)“长期应付款”项目，反映企业除长期借款和应付债券以外的其他各种长期应付款。本项目应根据“长期应付款”科目的期末余额，减去“一年内到期的非流动负债”项目的期末余额，减去“未确认融资费用”科目期末余额后的金额填列。

(40)“递延所得税负债”项目，反映企业确认的递延所得税负债。本项目应根据“递延所得税负债”科目的期末余额分析填列。

(41)“其他非流动负债”项目，反映企业除以上非流动负债项目以外的其他非流动负债。本项目应根据有关科目的期末余额填列。

(42)“实收资本(或股本)”项目，反映企业各投资者实际投入的资本(或股本)总额。本项目应根据“实收资本”(或“股本”)科目的期末余额填列。

(43)“资本公积”项目，反映企业资本公积的期末余额。本项目应根据“盈余公积”科目的期末余额填列。

(44)“盈余公积”项目，反映企业盈余公积的期末余额。本项目应根据“盈余公积”科目的期末余额填列。

(45)“未分配利润”项目，反映企业尚未分配的利润。本项目应根据“本年利润”科目和

“利润分配”科目的余额计算填列。未弥补的亏损，在本项目内以“－”号填列。

（五）资产负债表编制举例

技能操作

【例 10-1】 大成公司 2019 年年初、年末各总分类账户的余额，如表 10-4 所示。

表 10-4 **总分类账户余额表**

大成公司 2019 年 12 月 31 日 单位：元

账户名称	余 额	账户名称	余 额
库存现金	4 000	短期借款	100 000
银行存款	1 572 270	应付票据	200 000
其他货币资金	14 600	应付账款	1 907 600
短期投资		其他应付款	313 200
应收票据	132 000	应付职工薪酬	360 000
应收账款	12 000 000	预收账款	
坏账准备	－3 600	应交税费	200 068
预付账款	200 000	交易性金融负债	
其他应收款	10 000	应付股利	64 432
材料采购	550 000	应付利息	
原材料	270 000	长期借款	2 320 000
包装物	76 100	其中：一年内到期的长期借款	
低值易耗品		股本	10 000 000
库存商品	4 244 800	盈余公积	262 370
材料成本差异	8 500	利润分配	389 000
持有至到期投资			
长期股权投资	500 000		
固定资产	4 802 000		
累计折旧	－340 000		
固定资产减值准备	－60 000		
工程物资	300 000		
在建工程	1 156 000		
无形资产	1 080 000		
其他长期资产	400 000		
合 计	16 116 670	合 计	16 116 670

根据上述资料，编制大成公司资产负债表，如表 10-5 所示。

表 10-5 **资产负债表**

会企 01 表

编制单位：大成公司　　　　2019 年 12 月 31 日　　　　单位：元

资　产	期末数	年初数	负债和所有者权益	期末数	年初数
流动资产：		（略）	流动负债：		（略）
货币资金	1 590 870		短期借款	100 000	
短期投资			应付票据	200 000	
应收票据	132 000		应付账款	1 907 600	
应收股利			预收账款		
应收利息			应付职工薪酬	360 000	
应收账款	1 196 400		交易性金融负债		
其他应收款	10 000		应付股利	64 432	
预付账款	200 000		应交税费	200 068	
存货	5 149 400		应付利息		
一年内到期的非流动资产			其他应付款	313 200	
其他流动资产			一年内到期的非流动负债	2 000 000	
			其他流动负债		
流动资产合计	8 278 670		流动负债合计	5 302 800	
非流动资产：			非流动负债：		
长期股权投资	500 000		预计负债		
持有至到期投资			长期借款	2 320 000	
可供出售金融资产			应付债券		
长期应收款			长期应付款		
投资性房地产			专项应付款		
固定资产	4 402 000		递延所得税负债		
工程物资	300 000		其他非流动负债		
在建工程	1 156 000		非流动负债合计	2 320 000	
固定资产清理					
生产性生物资产					
油气资产			负债合计	5 465 300	
无形资产	1 080 000				
开发支出			所有者权益：		
商誉			股本	10 000 000	
长期待摊费用			资本公积	0	
递延所得税资产			盈余公积	262 370	
其他非流动资产	400 000		未分配利润	389 000	
非流动资产合计	7 838 000		所有者权益合计	10 651 370	
资产总计	16 116 670		负债和所有者权益总计	16 116 670	

二、利润表

(一) 利润表的概念

利润表又称损益表，是指总括地反映企业在一定时期经营成果(利润或亏损)的实际情况的财务报表。它根据权责发生制，把一个会计期间的收入与同一会计期间的费用支出进行配比，从而求出报告期的净利，是一张动态报表。

(二) 利润表的作用

(1) 可以反映企业一定会计期间的收入实现情况，即实现的营业收入、公允价值变动收益、营业外收入等。

(2) 可以反映企业一定会计期间的费用耗费情况，即耗费的营业成本、税金及附加、销售费用、管理费用、财务费用、资产减值损失、营业外支出等。

(3) 可以反映企业一定会计期间的经营成果，即净利润的实现情况，据以判断资本保值、增值情况。

(4) 通过对本企业不同时期盈利能力指标的对比分析，可以判断企业获利能力的发展趋势，评估投资的价值和报酬，作出正确的经营决策。

(三) 利润表的结构和内容

利润表一般由表首、正表和附注三部分组成，其中：表首说明报表名称、编制单位、编制日期、报表编号、货币名称及计量单位等；正表是利润表的主体，反映形成经营成果的各个项目和计算过程。

表首部分包括报表名称、编制单位、报表日期和金额单位。

正表部分包括营业收入、营业利润、利润总额、净利润等项目内容。

附注部分为正表中未能列示的非常项目。

营业收入是指企业主营业务及其他业务所取得的收入总额。营业利润是指营业收入扣除营业成本(包括主营业务成本和其他业务成本)、税金及附加、销售费用、管理费用、财务费用、资产减值准备，加上公允价值变动收益、投资收益后的余额。利润总额是指企业本期内经营活动的财务成果。它由营业利润加减营业外收支净额组成。利润总额减去所得税费用即为净利润。

利润表的结构通常有账户式和报告式。

1. 账户式利润表

账户式利润表采用“T”式结构，将各项收入列入右方，将各项成本费用支出列入左方，以差额表示企业的损益；若为净利润，则列入左方；若为净亏损，则列入右方；左、右双方总额保持平衡。账户式利润表的结构，如表 10-6 所示。

表 10-6　　利润表(账户式简化)　　单位:元

主营业务成本	4 302 260	营业收入	4 863 400
税金及附加	90 300	投资收益	37 600
销售费用	150 300	营业外收入	32 100
管理费用	74 600		
财务费用	20 600		
营业外支出	150 40		
利润总额	280 000		
总计	4 933 100	总计	4 933 100

2. 报告式利润表

报告式利润表通常采用上下加减的结构。报告式利润表按计算利润的步骤不同，又分为单步式和多步式。

单步式利润表以垂直形式先将所有各项收入列示于表的上端，然后将各项成本费用支出列入其下，最后按收支差额一次结出企业的净损益。

多步式利润表按一定顺序，将经营中的收入、成本费用按不同的职能环节互相配合划分为若干阶段，逐步计算企业的财务成果。我国企业采用多步式利润表的格式，其结构如表10-8所示。

（四）利润表的编制方法

利润表中的各个项目，应当根据损溢类账户的发生额分析填列。我国企业利润表的编制方法及步骤如下：

第一步，以营业收入为基础，减去营业成本、税金及附加、销售费用、管理费用、财务费用、资产减值损失，加上公允价值变动收益（减去公允价值变动损失）、投资收益（减去投资损失）、计算出营业利润。

第二步，以营业利润为基础，加上营业外收入，减去营业外支出，计算出利润总额。

第三步，以利润总额为基础，减去所得税费用，计算出净利润（或净亏损）。

第四步，从净利润为基础，减去其他综合收益的税后净额，计算出综合收益总额。

另外，普通股或潜在普通股已公开交易的企业以及正处于公开发行普通股或潜在普通股过程中的企业，还应当在利润表中列示每股收益信息，包括基本每股收益和稀释每股收益。

利润表年内各月每个项目通常又分“本月数”和“本年累计数”两栏分别填列。“本月数”栏反映各项目本月实际发生数。在编报中期财务报告时，要将“本月数”栏改成“上年数”栏，填列上年同期累计实际发生数；在编报年度财务报表时，要将“本月数”栏改成“上年数”栏，填列上年全年累计实际发生数。如果上年度利润表与本年度利润表的项目名称和内容不一致，应对上年度利润表的项目名称和内容按本年度的规定进行调整后填入本年度利润表的“上年数”栏。“本年累计数”栏反映各项目自年初起至报告期末止的累计实际发生数。

（五）利润表编制举例

技能操作

【例10-2】 大成公司2019年度损益类账户本年累计发生额的有关资料，如表10-7所示。

表10-7　　总分类账户本年累计发生额表

2019年度　　单位：元

账户名称	借方发生额	贷方发生额
主营业务收入		2 500 000
主营业务成本	1 500 000	
税金及附加	4 000	
销售费用	40 000	
管理费用	316 000	

（续表）

账户名称	借方发生额	贷方发生额
财务费用	83 000	
投资收益		63 000
营业外收入		100 000
营业外支出	99 400	
所得税费用	204 798	

根据上述资料,编制大成公司利润表,如表10-8所示。

表10-8 **利润表** 会企02表

编制单位:大成公司 2019年度 单位:元

项　目	本期金额	上期金额
一、营业收入	2 500 000	
减:营业成本	1 500 000	
税金及附加	4 000	
销售费用	40 000	
管理费用	316 000	
财务费用	83 000	
资产减值损失		
加:公允价值变动收益(损失以"—"号填列)		
投资收益(损失以"—"号填列)	63 000	
其中:对联营企业和合营企业的投资收益		
二、营业利润(亏损以"—"号填列)	620 000	
加:营业外收入	100 000	
减:营业外支出	99 400	
其中:非流动资产处置损失		
三、利润总额(亏损总额以"—"号填列)	620 600	
减:所得税费用	204 798	
四、净利润(净亏损以"—"号填列)	415 802	
五、其他综合收益的税后净额		
六、综合收益总额		
七、每股收益		
(一)基本每股收益		
(二)稀释每股收益		

第三讲 财务报表管理

【知识要点】

一、财务报表的报送

为了充分发挥财务报表的作用，各个企业单位在编好财务报表后，应按月或按年报送当地财政机关、开户银行、税务部门、证券监管部门、主管部门等。国有企业的年度财务报表应同时报送同级国有资产管理部门。

企业在报送财务报表之前，必须由本单位会计主管人员和企业负责人进行认真复核，主要是复核财务报表的项目是否填列齐全、补充资料填列是否完整，是否附有必要的编制说明、报表与报表间有关数字是否衔接一致。经审核无误后，向外报出的财务报表应依次编定页码，加具封面，装订成册，加盖公章。封面上应说明企业名称、地址、开业年份、报表所属年度、月份、送出日期等，并由公司法定代表人、总会计师（或代行总会计师职权的人员）和会计主管人员签名或盖章。

为了保证如期报送财务报表，及时汇总和利用财务报表、发挥财务报表的应有作用，必须正确规定财务报表的报送期限。按现行会计制度规定，月度财务报表应于月份终了后 6 天内报出，中期财务报表应于年度中期结束后 60 天内报出，年度财务报表应于年度终了后 4 个月内报出。在规定的财务报表报送期限内，应考虑需要财务报表的各级单位能够及时收到财务报表，及时汇总财务报表。同时，还应考虑各级编表单位的机构组织形式、距离的远近、编表工作量的大小等。如果企业对外投资占被投资企业资本总额半数以上，或者实质上拥有被投资企业控制权的，应当编制合并财务报表。特殊行业的企业不宜合并的，可不予合并，但应当将其财务报表一并报送。

二、财务报表的审核

财税部门、开户银行和上级主管部门，对报送的财务报表应当认真审核，主要审核财务报表的编制是否符合会计制度的有关规定，审查和分析财务报表的指标内容，以便对报送单位的经济活动情况进行监督。在审核过程中，如果发现报表编制有错误，或不符合制度规定的要求，应及时通知填报单位进行更正。如果发现有违反财经纪律的情况，应查明原因，及时纠正，严肃处理。

三、财务报表的汇总

财务报表汇总是指在基层单位财务报表的基础上，按照经济管理体制逐级上报、分析、汇总，编制系统财务报表，以反映各级汇总单位所属企业的整个财务状况和经营成果。

企业各级主管部门、财税部门根据国家宏观调控和管理的需要，为了使国民经济按制定的战略目标和步骤向前发展，为了满足企业集团自身的管理需要，按经济管理体制和隶属关系，有必要把各基层单位的财务报表逐级汇总起来。

财务报表汇总时，所属编制单位要齐全，不得遗漏。汇总的财务报表必须按所属单位报表的期间进行汇总，指标汇总要完整，而且不能重复，如对表内有关上下级之间、同级之间的往来等指标，汇总时应相互抵销。

单元测试

一、单项选择题

(1) 反映企业经营成果的报表为(　　)。
A. 资产负债表　　B. 利润表
C. 单位产品成本表　　D. 应交增值税明细表

(2) 我国企业资产负债表采用(　　)结构。
A. 账户式　　B. 报告式　　C. 多步式　　D. 财务状况式

(3) 企业单位的利润表是一张(　　)。
A. 静态报表　　B. 动态报表　　C. 内部报表　　D. 汇总报表

(4) 下列报表中,属于静态报表的是(　　)。
A. 资产负债表　　B. 利润表
C. 现金流量表　　D. 所有者权益变动表

(5) 编制资产负债表依据的会计等式是(　　)。
A. 收入－费用＝利润　　B. 有借必有贷,借贷必相等
C. 借方余额合计＝贷方余额合计　　D. 资产＝负债＋所有者权益

(6) 下列报表中,不属于中期财务报告的是(　　)。
A. 月度报表　　B. 季度报表　　C. 半年度报表　　D. 年度报表

(7) 下列各项会计报表中,属于反映企业财务状况的对外报表是(　　)。
A. 资产负债表　　B. 利润表
C. 所有者权益变动表　　D. 现金流量表

(8) 会计报表中,项目数字的直接来源是(　　)。
A. 原始凭证　　B. 记账凭证　　C. 日记账　　D. 账簿记录

(9) 资产负债表的项目,按(　　)的类别,采用左右相平衡对照的结构。
A. 资产、负债和所有者权益
B. 收入、费用和利润
C. 资产、负债、所有者权益、收入、费用、利润
D. 资金来源、资金运用

(10) 资产负债表中,报表项目(　　)。
A. 都是根据账户余额填列
B. 都是根据发生额填列
C. 根据账户余额或发生额填列
D. 大多数项目可以直接根据账户余额填列,少数项目要根据有关账户余额分析计算后才能填列

(11) 资产负债表中,"应收账款"项目应根据(　　)填列。
A. "应收账款"总分类账户期末余额
B. "应收账款"总分类账户所属各明细类账户的期末余额
C. "应收账款"和"预收账款"总分类账户所属各明细分类账的期末借方余额合计

D. “应收账款”和“预收账款”总分类账户所属各明细分类账的期末贷方余额合计

(12) 某企业“应收账款”明细账余额为：甲工厂借方余额为 1 000 元，乙工厂贷方余额为 500 元，丙工厂借方余额为 1 520 元。根据以上数据计算的反映在资产负债表上的“应收账款”项目的数额为(　　)元。

A. 3 020　　B. 2 020　　C. 500　　D. 2 520

(13) 资产负债表的所有者权益项目中，不包括(　　)。

A. 应交税费　　B. 实收资本　　C. 盈余公积　　D. 未分配利润

(14) (　　)是反映企业在一定时期内经营成果的会计报表。

A. 资产负债表　　B. 利润表　　C. 会计报表　　D. 现金流量表

(15) 利润表的格式是(　　)。

A. 单步式　　B. 多步式　　C. 单步式和多步式　　D. 平衡式

(16) 利润表是反映企业(　　)经营成果及其分配情况的报表。

A. 一定期间内　　B. 特定日期　　C. 相邻期间内　　D. 相邻日期

(17) 我国企业利润表采用(　　)结构。

A. 账户式　　B. 单步式　　C. 报告式　　D. 多步式

(18) 利润表应根据(　　)的本期实际发生数和累计发生数分析填列。

A. “库存商品”账户　　B. “利润分配”账户　　C. 损益类各账户　　D. “应交税费”账户

(19) 利润表最后计算出来的损益是指企业的(　　)。

A. 净利润　　B. 利润总额　　C. 营业利润　　D. 产品销售利润

二、多项选择题

(1) 财务报表的主表包括(　　)。

A. 资产负债表　　B. 利润表

C. 所有者权益变动表　　D. 现金流量表

E. 应交增值税明细表

(2) 资产负债表是总括反映企业在某一特定日期全部(　　)情况的财务报表。

A. 资产　　B. 收入　　C. 费用　　D. 负债

E. 所有者权益

(3) 财务报表的使用者包括(　　)。

A. 投资人　　B. 债权人　　C. 企业职工　　D. 企业管理者

E. 上级主管机关

(4) 财务报表的编制要求包括(　　)。

A. 数字真实　　B. 科学合理　　C. 计算准确　　D. 内容完整

E. 编报及时

(5) 财务报表按照反映资金运动状态进行分类，可以分为(　　)。

A. 动态报表　　B. 静态报表　　C. 月度报表　　D. 年度报表

(6) 资产负债表主要反映的内容有(　　)。

A. 在某一特定日期企业所拥有的经济资源

B. 在某一特定日期企业的经营成果

C. 在某一特定日期企业所承担的债务

D. 在某一特定日期企业投资者拥有的净资产

(7) 资产负债表的"期末数"栏中,各项目数据的来源包括(　　)。

A. 根据总账账户期末余额直接填列

B. 根据总账账户期末余额计算填列

C. 根据明细账户期末余额计算填列

D. 根据总账账户和所属的明细账户期末余额分析计算填列

(8) 利润表的内容主要包括(　　)。

A. 构成主营业务利润的各项要素　　B. 构成营业利润的各项要素

C. 构成利润总额的各项要素　　D. 构成净利润的各项要素

(9) 企业财务成果的报表有(　　)。

A. 资产负债表　　B. 利润表

C. 现金流量表　　D. 所有者权益变动表

E. 利润分配表

(10) 企业对内会计报表包括(　　)。

A. 资产负债表　　B. 期间费用表　　C. 制造费用表

D. 商品产品成本表　　E. 主要产品单位成本表

(11) 企业对外会计报表包括(　　)。

A. 资产负债表　　B. 利润表　　C. 现金流量表

D. 所有者权益变动表　　E. 主营业务收支明细表

(12) 资产负债表中的"存货"项目应根据(　　)科目的期末借方余额之和填列。

A. "原材料"　　B. "生产成本"　　C. "制造费用"　　D. "库存商品"

E. "在建工程"

(13) 资产负债表中的"应付账款"项目应根据(　　)科目所属明细科目的贷方余额之和填列。

A. "应付账款"　　B. "应收账款"　　C. "预付账款"　　D. "预收账款"

E. "其他应付款"

(14) 下列各资产负债表项目中,可直接根据有关总分类科目余额填列的有(　　)。

A. "应交税费"　　B. "累计折旧"　　C. "应付账款"　　D. "存货"

E. "短期借款"

三、判断题

(1) 财务报表能概括地反映企业单位财务成本状况和经营成果。(　　)

(2) 各种财务报表必须按照规定时间及时编报,不得拖延,为此,可提前结账编制财务报表。(　　)

(3) 每个企业都必须按月编报资产负债表、利润表、现金流量表等财务报表。(　　)

(4) 有对外投资的企业,应将被投资企业与本企业视为一个整体合并,编制合并财务报表。(　　)

(5) 资产负债表中资产项目的分类与排列,是按照资产的流动性即变现能力进行排序的。(　　)

(6) 利润表中本月数应根据各有关资产、负债、所有者权益、损益类账户的本期发生额计

算填列。 (　　)

(7) 资产负债表中各项目的期末数应根据资产、负债、所有者权益类各账户的本期发生额填列。 (　　)

(8) 资产负债表是反映企业某一会计期间内财务状况的报表。 (　　)

(9) 在我国,资产负债表采用账户式结构。 (　　)

(10) 资产负债表上"长期借款"项目的数额是根据"长期借款"科目的余额直接填列的。 (　　)

(11) 利润表是反映企业在某一特定日期经营成果的报表。 (　　)

(12) 多步式利润表是将本期所有收入和利得加在一起,然后将所有费用和损失加在一起,通过一次计算求出本期净利润。 (　　)

(13) 资产负债表中,资产的排列顺序是根据重要性原则确定的。 (　　)

(14) 资产负债表的格式有单步式和多步式两种。 (　　)

(15) 作为利润表编制基础的平衡公式是"收入－费用＝利润"。 (　　)

四、名词解释

会计报表、合并会计报表、现金流量表、汇总会计报表、利润表、资产负债表。

五、简答题

(1) 什么是会计报表? 会计报表的作用是什么?

(2) 编制会计报表的要求有哪些?

(3) 什么是资产负债表? 资产负债表的作用是什么?

(4) 资产负债表各项目有哪几种填列方法?

(5) 什么是利润表? 利润表的作用有哪些?

(6) 利润表各项目应根据哪些会计科目的记录分析填列?

实务训练

目的:练习资产负债表和利润表的编制。

资料:某公司20××年8月31日有关账户发生额及余额,如表10-9和表10-10所示。

表10-9 账户发生额

20××年8月31日 单位:元

会计科目	1~7月		8月	
	借方发生额	贷方发生额	借方发生额	贷方发生额
主营业务收入		560 000		52 000
其他业务收入		8 000		2 000
营业外收入		3 000		6 000
主营业务成本	410 000		40 000	
销售费用	40 000		3 000	

（续表）

会计科目	1～7月		8月	
	借方发生额	贷方发生额	借方发生额	贷方发生额
税金及附加	5 000		500	
其他业务成本	2 000		1 500	
管理费用	25 000		3 500	
财务费用	5 600		400	
营业外支出	3 100		200	
所得税费用	26 500		3 597	

表 10-10 **总分类账户余额**

20××年 8 月 31 日 单位:元

会计科目	借方余额	贷方余额
库存现金	2 000	
银行存款	42 000	
应收票据	3 000	
应收账款	58 000	
预付账款	9 000	
原材料	80 000	
库存商品	190 000	
包装物	3 000	
低值易耗品	7 000	
固定资产	218 000	
累计折旧		35 000
应付票据		18 000
应付账款		80 500
应付职工薪酬		1 500
应交税费		4 000
应付股利		2 500
实收资本		413 000
盈余公积		53 000
利润分配		4 500
合 计	612 000	612 000

要求:根据上述资料,编制资产负债表和利润表。

第十一单元　会计流程

知识目标

通过本项目的课程教学，学生应该了解会计核算流程的意义、种类；理解各种账务处理流程的特点、记账程序、优缺点、适用范围；掌握记账凭证核算流程和科目汇总表核算流程的实际应用。

技能目标

通过本项目的课程教学，学生应该在学会相关知识之后，能够做以下工作：给定一个企业的经济业务，会运用记账凭证核算流程和科目汇总表核算流程进行账务处理。

案例导入

会计专业大学三年级学生李杰进入宏鑫公司财务科实习。熟悉公司的会计流程后，他发现，公司创业初期规模较小，使用记账凭证核算流程，这种核算流程一直沿用至今。然而，近年来，公司发展较快，规模不断扩大，业务量也逐步加大，财务科的人员几乎每月都要加班。李杰再三考虑后，向财务科长提出，由于公司现阶段经济业务繁多，原有的记账凭证核算流程不再适合，建议改为汇总记账凭证核算流程。

思考：李杰的建议有道理吗？

第一讲　认识会计流程

【知识要点】

一、会计核算流程的意义

会计核算流程又称账务处理程序、会计核算形式，是指会计核算中，会计凭证组织、会计账簿组织、记账程序和方法相互结合的方式。会计凭证组织是指会计凭证的种类以及凭证之间的相互关系。会计账簿组织是指会计账簿的种类、格式以及这两者之间的相互关系。记账程序和方法是指从填制会计凭证、登记会计账簿，到财务报表整个过程的工作顺序和方法。

不同的会计凭证组织、会计账簿组织与记账程序和方法相互结合，形成了不同的账务处理流程。每个企业都必须根据本单位的具体情况，采用合理的账务处理流程。合理的账务处理流程，有利于保证会计核算工作的质量、提高会计工作的效率、更好地发挥会计的核算职能和监督职能。合理的会计处理流程，必须符合本单位的实际情况，与本单位的生产经营规模的大小、业务量的多少、会计事项的难易程度、会计机构设置和会计人员配备情况相适应；必须适合会计信息使用者的要求，保证及时、准确、完整地提供会计信息；必须符合节约原则，减少不必要的核算环节，节约人力和物力消耗。

选择合理的会计核算流程，对于提高会计核算工作效率、保证会计核算工作质量、及时提供经济管理工作所需要的会计核算资料，具有重要意义，具体表现为以下几个方面：

(1) 可以保证会计数据在整个处理过程的各个环节有条不紊地进行，保证会计记录正确、及时、完整，保证编制财务报表的及时性，提高会计核算工作的效率。

(2) 可以保证会计信息方便而迅速地形成，为经济管理及时提供所需要的会计核算资料，保证会计核算的质量。

(3) 可以减少不必要的核算环节和手续，避免繁琐重复，节省人力、物力，从而提高会计核算工作的效率。

二、建立会计核算流程的要求

各企业、事业、机关等单位在会计核算工作中，应该从实际出发，结合本单位的业务特点，自行设计或选用科学合理的会计核算流程。建立科学合理的会计核算流程必须符合以下要求：

(1) 应该与企业、单位经济活动的特点、规模的大小和业务的繁简程度相适应。

(2) 应该能够正确、全面、及时地提供有关经济活动和财务收支情况的指标，以满足本单位加强经济管理、提高经济效益的需要，满足主管部门管理和国家宏观调控的需要。

(3) 应该在保证核算质量的前提下，力求简化核算手段，节约人力、物力和财力的消耗，提高会计核算工作的效率。

(4) 应该便于会计人员的分工和协作，便于建立岗位责任制。

三、会计核算流程的种类

会计核算流程的建立是由多种因素决定的，主要有经济活动和财务收支的实际情况，经营管理的需要，会计人员的数量和素质以及会计核算中的核算手续等。由于这些因素是在不断变化的，因此，由它们所决定的会计凭证系统组织、会计账簿系统组织和财务报表系统组织，以及核算程序和方法也在不断发生变化。由此形成不同的会计核算流程。会计核算流程按其操作方式可分为手工记账核算流程和计算机处理核算流程。

在手工记账的情况下，各种会计核算流程的主要区别在于登记总分类账的依据不同，因而也就形成了几种不同的手工记账法下的会计核算流程，目前主要有以下几种：①记账凭证核算流程；②科目汇总表核算流程；③汇总记账凭证核算流程；④日记总账核算流程；⑤多栏式日记账核算流程。

上述各种会计核算流程的主要区别是登记总账的依据和方法不同。下面将简要说明记账凭证核算流程、科目汇总表核算流程、汇总记账凭证核算流程的内容和特点。

第二讲　基本会计流程

【知识要点】

一、记账凭证核算流程的特点

记账凭证核算流程的特点是直接根据记账凭证逐笔登记总分类账。记账凭证核算流程体现会计核算的基本原理和基本流程，是最基本的一种账务处理流程。在一定意义上其他各种账务处理流程都是在这种账务处理流程基础上的延伸和发展，所以该流程又称基本账务处理程序。

记账凭证核算流程下的记账凭证可以采用通用记账凭证，也可以采用收款凭证、付款凭证和转账凭证三种格式的专用记账凭证。应设置的账簿一般有现金日记账、银行存款日记账、总分类账和明细分类账。日记账、总分类账一般采用三栏式账页，明细分类账可根据需要分别设置三栏式、数量金额式和多栏式账页。

二、记账凭证核算流程的记账程序

记账凭证核算流程的记账程序主要有以下几个步骤：

(1) 根据原始凭证或原始凭证汇总表，填制记账凭证。

(2) 根据收款凭证和付款凭证，由出纳人员逐笔登记现金日记账和银行存款日记账。

(3) 根据记账凭证和原始凭证或原始凭证汇总表，登记各种明细分类账。

(4) 根据记账凭证，逐笔登记总分类账。

(5) 月终，将现金日记账、银行存款日记账的余额及各种明细分类账余额的合计数与总分类账中有关账户的余额核对相符。

(6) 月终，根据总分类账和明细分类账资料，编制财务报表。

记账凭证核算流程的记账程序，如图 11-1 所示。

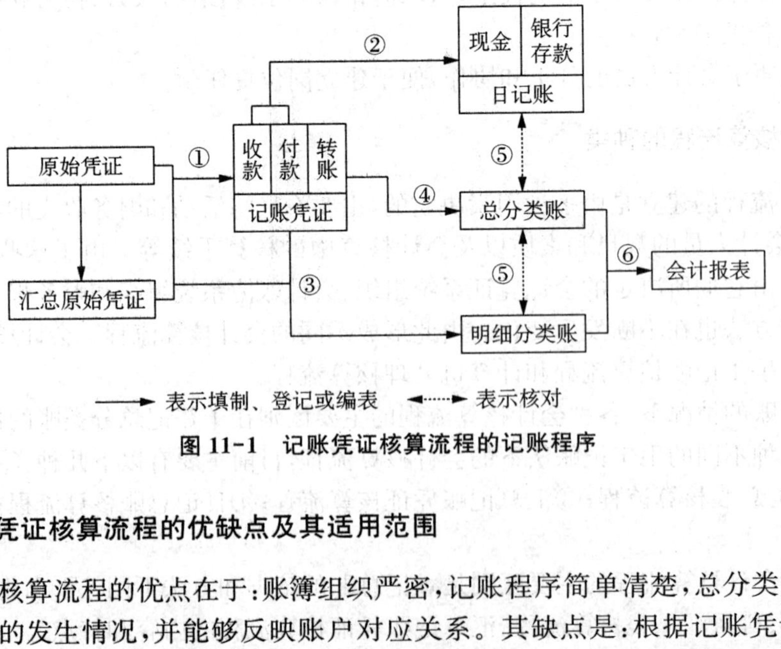

图 11-1　记账凭证核算流程的记账程序

三、记账凭证核算流程的优缺点及其适用范围

记账凭证核算流程的优点在于：账簿组织严密，记账程序简单清楚，总分类账可以详细地反映经济业务的发生情况，并能够反映账户对应关系。其缺点是：根据记账凭证逐笔登记总

账，总账过账的工作量较大，也不便于会计人员分工记账。因此，这种账务处理程序适用于规模较小、经济业务较少的单位。

在记账凭证核算流程下，为了减少登记总分类账的工作量，可以把业务内容相同的原始凭证编制成原始凭证汇总表，根据原始凭证汇总表填制记账凭证，再根据记账凭证逐笔登记总分类账。

四、记账凭证核算流程应用举例

技能操作

1. 资料

（1）山东宏鑫机电设备有限公司 2019 年 12 月 1 日各有关总分类账户的期初余额如下（单位：元）：

库存现金	18 000	短期借款	3 600 000
银行存款	7 074 000	应付账款	1 800 000
应收账款	1 500 000	应交税费	90 000
预付账款	30 000	其他应付款	21 000
其他应收款	15 000	实收资本	13 500 000
原材料	4 800 000	资本公积	12 000 000
库存商品	2 400 000	本年利润	3 900 000
生产成本	390 000	利润分配（借）	3 684 000
固定资产	18 000 000	累计折旧（贷）	3 000 000

（2）该公司有关明细分类账户的期初余额如下：

"原材料——A 材料"：1 800 千克，单价为 1 000 元，金额为 1 800 000 元；

"原材料——B 材料"：1 500 千克，单价为 2 000 元，金额为 3 000 000 元；

"生产成本——甲产品"：金额为 390 000 元；

"库存商品——甲产品"：2 400 件，单位成本为 400 元，金额为 960 000 元；

"库存商品——乙产品"：3 000 件，单位成本为 480 元，金额为 1 440 000 元；

"应收账款——大桥公司"：900 000 元；

"应收账款——大华公司"：600 000 元；

"预付账款——黄河公司"：30 000 元；

"应付账款——长江公司"：1 200 000 元；

"应付账款——东方公司"：600 000 元。

（3）该公司 2019 年 12 月发生下列经济业务：

① 1 日，收到大华公司还来前欠货款 600 000 元，存入银行。

② 3 日，用银行存款缴纳上月应交所得税 90 000 元。

③ 5 日，销售给大桥公司甲产品 1 800 件，单价 600 元，计 1 080 000 元，增值税额 140 400 元，款项尚未收到。

④ 7 日，向长江公司购进 A 材料 300 千克，单价 1 000 元；向历下公司购进 B 材料 300 千克，单价 2 000 元，增值税额 117 000 元。上述款项用银行存款支付。

⑤ 8 日，从银行提取现金 190 000 元，准备发放工资。

⑥ 9 日，用库存现金发放职工工资 190 000 元。

⑦ 9 日，出售给历城公司乙产品 960 件，单价 750 元，计 720 000 元，增值税额 93 600 元，款项收到存入银行。

⑧ 11 日，用银行存款归还工商银行短期借款 3 000 000 元。

⑨ 12 日，车间领用 A 材料 240 千克，计 240 000 元；B 材料 300 千克，计 600 000 元，共计 840 000 元，用于制造乙产品。

⑩ 12 日，用银行存款偿还前欠东方公司的货款 600 000 元。

⑪ 13 日，职工李江出差预借差旅费 6 000 元，以库存现金支付。

⑫ 13 日，本月 7 日所购材料已全部入库，结转实际采购成本。

⑬ 14 日，以库存现金支付办公用品费 600 元。

⑭ 15 日，用银行存款支付本月电费计 40 960.8 元，其中：甲产品 15 000 元，乙产品 18 000 元，企业管理部门 3 000 元，增值税额 4 960.8 元。

⑮ 17 日，职工李江出差报销差旅费 4 500 元，余额 1 500 元退回现金，结清本月 13 日借款。

⑯ 18 日，车间领用 A 材料 90 千克，计 90 000 元；B 材料 150 千克，计 300 000 元，共计 390 000 元，用于制造甲产品。

⑰ 20 日，用库存现金支付广告费 2 400 元。

⑱ 22 日，销售给大华公司 B 材料 30 千克，计 75 000 元，增值税额 9 750 元，款项收到存入银行。

⑲ 22 日，结转上项销售材料的成本 60 000 元。

⑳ 25 日，用银行存款支付销售产品的运费 6 000 元。

㉑ 26 日，其他应付款 12 000 元，确实无法付出，作营业外收入入账。

㉒ 26 日，其他应收款 15 000 元，确实无法收回，作坏账损失处理。

㉓ 28 日，预计应由本月份负担的银行借款利息 6 000 元。

㉔ 28 日，计提本月固定资产折旧 60 000 元，其中：车间应负担 42 000 元，管理部门应负担 18 000 元。

㉕ 28 日，分配结转本月工资费用 190 000 元，其中：生产甲产品的工人工资为 60 000 元，生产乙产品的工人工资 60 000 元，车间管理人员工资 15 000 元，管理部门人员工资55 000 元。

㉖ 28 日，按工资总额的 14%提取职工福利费 26 600 元，其中：甲产品生产人员 8 400 元，乙产品生产人员 8 400 元，车间管理人员 2 100 元，管理部门人员 7 700 元。

㉗ 31 日，将本月发生的制造费用 59 100 元，按照甲、乙产品生产人员的工资比例分配结转。

㉘ 31 日，结转本月完工甲产品 2 232 件的生产成本 892 950 元，完工乙产品 1 992 件的生产成本 955 950 元。

㉙ 31 日，计算结转本月应交城市维护建设税 8 525.24 元，教育费附加 3 653.68 元。

㉚ 31 日，结转本月已销产品的生产成本 1 180 800 元，其中：甲产品 720 000 元，乙产品 460 800 元。

㉛ 31 日，将销售收入 1 800 000 元、营业外收入 12 000 元、其他业务收入 75 000 元，转入“本年利润”账户。

㉜ 31 日，将本月销售成本 1 180 800 元、销售税金及附加 12 178.92 元、销售费用8 400 元、管理费用 103 800 元、其他业务成本 60 000 元、财务费用 6 000 元，转入“本年利润”账户。

㉝ 31 日，按本月利润总额 515 821.08 元的 25%计算结转应交所得税 128 955.27 元。

㉞ 31 日，将所得税 128 955.27 元转入“本年利润”账户。

㉟ 31 日，从税后利润中提取盈余公积 38 686.58 元。

2. 编制记账凭证

根据以上经济业务，编制记账凭证，如表 11-1 至表 11-3 所示。

表 11-1　　收款凭证

借方科目：银行存款　　2019 年 12 月 1 日　　银收字第 1 号

摘　要	贷方科目		过　账	金　额
	会计科目	明细科目		
收到大华公司还来欠款	应收账款	大华公司	√	600 000
附件 1 张	合　计			600 000

（有关人员签章）

表 11-2　　付款凭证

贷方科目：银行存款　　2019 年 12 月 1 日　　银付字第 1 号

摘　要	贷方科目		过　账	金　额
	会计科目	明细科目		
上交所得税	应交税费	所得税	√	90 000
附件 1 张	合　计			90 000

（有关人员签章）

表 11-3　　转账凭证

2019 年 12 月 3 日　　转字第 1 号

摘　要	会计科目	明细科目	借方金额	贷方金额	过　账
销售甲产品	应收账款	大桥公司	1 220 400		√
	主营业务收入	甲产品		1 080 000	√
	应交税费	应交增值税		140 400	√
附件 1 张	合　计		1 220 400	1 220 400	

（有关人员签章）

为了方便起见，以下各项经济业务需要填制的记账凭证不再一一详细画出，而以会计分录的形式列示，如表 11-4 所示。

表 11-4 **记账凭证(会计分录形式)** 单位:元

2019 年		凭证		摘 要	会计科目		借方金额	贷方金额
月	日	字	号		一级科目	明细科目		
12	7	(略)	4	进料	在途物资 应交税费 　银行存款	 应交增值税 	900 000 117 000 	 1 017 000
12	8		5	提取现金	库存现金 　银行存款		190 000 	 190 000
12	9		6	发放工资	应付职工薪酬 　库存现金		190 000 	 190 000
12	9		7	销售产品	银行存款 　主营业务收入 　应交税费	 乙产品 应交增值税	813 600 	 720 000 93 600
12	11		8	归还短期借款	短期借款 　银行存款		3 000 000 	 3 000 000
12	12		9	车间领料	生产成本 　原材料 　原材料	乙产品 A 材料 B 材料	840 000 	 240 000 600 000
12	12		10	归还欠款	应付账款 　银行存款	东方公司 	600 000 	 600 000
12	13		11	预支出差款	其他应收款 　库存现金	李江 	6 000 	 6000
12	13		12	材料入库	原材料 原材料 　在途物资	A 材料 B 材料 	300 000 600 000 	 900 000
12	14		13	付办公用品费	管理费用 　库存现金		600 	 600
12	15		14	支付水电费	生产成本 生产成本 管理费用 应交税费 　银行存款	甲产品 乙产品 应交增值税 	15 000 18 000 3 000 4 960.8 	 40 960.8
12	17		15	报销出差费	管理费用 库存现金 　其他应收款	 李江	4 500 1 500 	 6 000
12	18		16	车间领材料	生产成本 　原材料 　原材料	甲产品 A 材料 B 材料	390 000 	 90 000 300 000
12	20		17	支付广告费	销售费用 　库存现金		2 400 	 2 400

（续表）

2019年		凭证		摘　要	会计科目		借方金额	贷方金额
月	日	字	号		一级科目	明细科目		
12	22		18	销售材料	银行存款		84 750	
					其他业务收入			75 000
					应交税费	应交增值税		9 750
12	22		19	结转材料成本	其他业务成本		60 000	
					原材料	B材料		60 000
12	25		20	支付销售费	销售费用		6 000	
					银行存款			6 000
12	26		21	应付款转收入	其他应付款		12 000	
					营业外收入			12 000
12	26		22	坏账损失	管理费用		15 000	
					其他应收款			15 000
12	28		23	预提借款利息	财务费用		6 000	
					应付利息			6 000
12	28		24	计提折旧	制造费用		42 000	
					管理费用		18 000	
					累计折旧			60 000
12	28		25	分配工资费用	生产成本	甲产品	60 000	
					生产成本	乙产品	60 000	
					制造费用		15 000	
					管理费用		55 000	
					应付职工薪酬			190 000
12	28		26	计提福利费	生产成本	甲产品	8 400	
					生产成本	乙产品	8 400	
					制造费用		2 100	
					管理费用		7 700	
					应付职工薪酬			26 600
12	31		27	分配制造费用	生产成本	甲产品	29 550	
					生产成本	乙产品	29 550	
					制造费用			59 100
12	31		28	结转完工产品成本	库存商品	甲产品	892 950	
					库存商品	乙产品	955 950	
					生产成本	甲产品		892 950
					生产成本	乙产品		955 950
12	31		29	计提销售税金	税金及附加		12 178.92	
					应交税费	应交城市维护建设税		8 525.24
					应交税费	教育费附加		3 653.68
12	31		30	结转销售成本	主营业务成本		1 180 800	
					库存商品	甲产品		720 000
					库存商品	乙产品		460 800

（续表）

2019年		凭证		摘　要	会计科目		借方金额	贷方金额
月	日	字	号		一级科目	明细科目		
12	31		31	结转利润	主营业务收入		1 800 000	
					本年利润			1 800 000
					营业外收入		12 000	
					本年利润			12 000
					其他业务收入		75 000	
					本年利润			75 000
12	31		32	结转利润	本年利润		1 180 800	
					主营业务成本			1 180 800
					本年利润		12 178.92	
					税金及附加			12 178.92
					本年利润		8 400	
					销售费用			8 400
					本年利润		103 800	
					管理费用			103 800
					本年利润		6 000	
					财务费用			6 000
					本年利润		60 000	
					其他业务成本			60 000
12	31		33	应交所得税	所得税费用	应交所得税	128 955.27	
					应交税费			128 955.27
12	31		34	结转利润	本年利润		128 955.27	
					所得税费用			128 955.27
12	31		35	提取盈余公积	利润分配		38 686.58	
					盈余公积			38 686.58

3. 登记日记账

根据收款凭证、付款凭证，登记现金日记账和银行存款日记账，如表11-5和表11-6所示。

表11-5　　**现金日记账**　　第×页

2019年		凭证		摘　要	对方科目	借　方	贷　方	余　额
月	日	字	号					
12	1	（略）		期初余额				18 000
	8		5	提取现金	银行存款	190 000		208 000
	9		6	发放工资	应付职工薪酬		190 000	18 000
	13		11	李江借出差费	其他应收款		6 000	12 000
	14		13	购办公用品	管理费用		600	11 400
	17		15	李江交出差余款	其他应收款	1 500		12 900
	20		17	支付广告费	销售费用		2 400	10 150
12	31			本月发生额及余额		191 500	199 000	10 500

表 11-6 **银行存款日记账** 第×页

2019年		凭证		摘 要	结算凭证	对方科目	借 方	贷 方	余 额
月	日	字	号						
12	1	(略)		期初余额	(略)				7 074 000
	1		1	收到大华公司款		应收账款	600 000		7 674 000
	3		2	上交所得税		应交税费		90 000	7 584 000
	7		4	购材料		在途物资		1 017 000	6 567 000
	8		5	提取现金		库存现金		190 000	6 377 000
	9		7	销售产品		主营业务收入	813 600		7 190 600
	11		8	归还借款		短期借款		3 000 000	4 190 600
	12		10	归还欠款		应付账款		600 000	3 590 600
	15		14	支付水电费		生产成本		40 960.8	3 549 639.2
	22		18	出售材料		其他业务收入	84 750		3 634 389.2
	25		20	支付销售费		销售费用		6 000	3 628 389.2
12	31			本月发生额及余额			1 498 350	4 943 960.8	3 628 389.2

4. 登记明细账

根据期初余额和本期填制的记账凭证,登记"原材料""生产成本""库存商品""应收账款""应付账款""应付利息""应付利息"明细分类账,如表 11-7 至表 11-18 所示。其他明细分类账从略。

表 11-7 **原材料明细分类账** 总页: 分页:

存储地点: 类别: 编号:

计量单位: 千克 规格: 品名:A材料

2019年		凭证		摘 要	收入			发出			结存		
月	日	字	号		数量	单价	金额	数量	单价	金额	数量	单价	金额
12	1	(略)		期初结存							1 800	1 000	1 800 000
	12		9	车间领用				240		240 000	1 560		1 560 000
	13		12	材料入库	300	1 000	300 000				1 860		1 860 000
	18		16	车间领用				90		90 000	1 770	1 000	1 770 000
12	31			本月发生额及余额	300	1 000	300 000	330		330 000	1 770	1 000	1 770 000

表 11-8 **原材料明细分类账** 总页: 分页:

存储地点: 类别: 编号:

计量单位:千克 规格: 品名:B材料

2019年		凭证		摘 要	收入			发出			结存		
月	日	字	号		数量	单价	金额	数量	单价	金额	数量	单价	金额
12	1	(略)		期初结存							1 500	2 000	3 000 000
	12		9	车间领用				300		600 000	1 200		240 000
	13		12	材料入库	300	2 000	600 000				1 500		300 000
	18		16	车间领用				150		300 000	1 350		2 700 000
	22		19	销售材料				30		60 000	1 320	2 000	2 640 000
12	31			本月发生额及余额	300	2 000	600 000	480		960 000	1 320	2 000	2 640 000

表 11-9 **生产成本明细分类账**

二级或明细科目：甲产品　　　　第×页

2019年		凭证		摘要	借方金额					借方余额
月	日	字	号		材料	人工费	动力费	制造费用	合计	
12	1	(略)		上期结转	390 000				390 000	390 000
	15		14	付水电费			15 000		15 000	405 000
	18		16	投入材料	390 000				390 000	795 000
	28		25	分配工资		60 000			60 000	855 000
	28		26	计提福利费		8 400			8 400	863 400
	31		27	分配制造费用				29 550	29 550	892 950
	31			生产费用合计	780 000	68 400	15 000	29 550	892 950	892 950
	31		28	完工产品入库	780 000	68 400	15 000	29 550	892 950	0
12	31			期末余额						

表 11-10 **生产成本明细分类账**

二级或明细科目：乙产品　　　　第×页

2019年		凭证		摘要	借方金额					借方余额
月	日	字	号		材料	人工费	动力费	制造费用	合计	
12	12	(略)	9	投入材料	840 000				840 000	840 000
	15		14	付水电费			18 000		18 000	858 000
	28		25	分配工资		60 000			60 000	918 000
	28		26	计提福利费		8 400			8 400	926 400
	31		27	分配制造费用				29 550	29 550	955 950
	31			生产费用合计	840 000	68 400	18 000	29 550	955 950	955 950
	31		28	完工产品入库	840 000	68 400	18 000	29 550	955 950	0
12	31			期末余额						

表 11-11 **库存商品明细分类账**　　　　总页：　分页：

存储地点：　　　　类别：　　　　编号：

计量单位：件　　　　规格：　　　　品种：甲产品

2019年		凭证		摘要	收入			发出			结存		
月	日	字	号		数量	单位成本	金额	数量	单位成本	金额	数量	单位成本	金额
12	1	(略)		期初结存							2 400	400	960 000
	31		28	产品完工入库	2 232	400	892 950						1 852 950
	31		31	产品销售				1 800		720 000			1 132 950
12	31			本月发生额及余额	2 232	400	892 950	1 800	400	720 000	2 832	400	1 132 950

表 11-12　　**库存商品明细分类账**　　总页：　分页：

存储地点：　　类别：　　编号：

计量单位：件　　规格：　　品种：甲产品

2019 年		凭证		摘　要	收入			发出			结存		
月	日	字	号		数量	单位成本	金额	数量	单位成本	金额	数量	单位成本	金额
12	1	（略）		期初结存							3 000		1 440 000
	31		28	产品完工入库	1 992	480	955 950				4 992	480	2 395 950
	31		31	产品销售				960		460 800	4 032		1 935 150
12	31			本月发生额及余额	1 992	480	955 950	960	480	460 800	4 032	480	1 935 150

表 11-13　　**应收账款明细分类账**

二级或明细科目：大桥公司　　第×页

2019 年		凭证		摘　要	借　方	贷　方	借或贷	余　额
月	日	字	号					
12	1	（略）		期初余额			借	900 000
	5		3	销货应收款	1 220 400			2 120 400
12	31			本月发生额及余额	1 220 400		借	2 120 400

表 11-14　　**应收账款明细分类账**

二级或明细科目：大华公司　　第×页

2019 年		凭证		摘　要	借　方	贷　方	借或贷	余　额
月	日	字	号					
12	1	（略）		期初余额			借	600 000
	1		1	收回大华公司欠款		600 000	平	0
12	31			本月发生额及余额		600 000	平	0

表 11-15　　**预付账款明细分类账**

二级或明细科目：黄河公司　　第×页

2019 年		凭证		摘　要	借　方	贷　方	借或贷	余　额
月	日	字	号					
12	1	（略）		期初余额			借	3 000
12	31			本月发生额及余额			借	3 000

表 11-16 应付账款明细分类账

二级或明细科目:长江公司 第×页

2019年		凭证		摘要	借方	贷方	借或贷	余额
月	日	字	号					
12	1	(略)		期初余额			贷	1 200 000
12	31			本月发生额及余额			贷	1 200 000

表 11-17 应付账款明细分类账

二级或明细科目:东方公司 第×页

2019年		凭证		摘要	借方	贷方	借或贷	余额
月	日	字	号					
12	1	(略)		期初余额			贷	600 000
	12		10	归还欠款	600 000		平	0
12	31			本月发生额及余额	600 000		平	0

表 11-18 应付利息明细分类账

二级或明细科目:工商银行 第×页

2019年		凭证		摘要	借方	贷方	借或贷	余额
月	日	字	号					
12	28	(略)	23	预提借款利息		600	贷	600
12	31			本月发生额及余额		600	贷	600

5. 根据期初余额和本期填制的记账凭证,登记各总分类账,如表 11-19 和表 11-20 所示。

表 11-19 总分类账

会计科目:原材料 第×页

2019年		凭证		摘要	借方	贷方	借或贷	余额
月	日	字	号					
12	1	(略)		期初余额			借	4 800 000
	12		9	车间领料		940 000		3 960 000
	13		12	材料入库	900 000			4 860 000
	18		16	车间领料		390 000		4 470 000
	22		19	出售材料		60 000		4 410 000
12	31			本月发生额及期末余额	900 000	1 290 000	借	4 410 000

表 11-20　　**总分类账**

会计科目:固定资产　　第×页

2019年		凭证		摘　要	借　方	贷　方	借或贷	余　额
月	日	字	号					
12	1			期初余额			借	18 000 000

为了简化,以下总分类账户皆改用"T"形账户列示其记录,如表 11-21 至表 11-51 所示。

表 11-21　　**库存现金**

期初余额	18 000	(6)	190 000
(5)	190 000	(11)	6 000
(15)	1 500	(13)	600
		(17)	2 400
本期发生额	191 940	本期发生额	199 000
期末余额	10 500		

表 11-22　　**银行存款**

期初余额	7 074 000	(2)	90 000
(1)	600 000	(4)	1 017 000
(7)	813 600	(5)	190 000
(18)	84 750	(8)	3 000 000
		(10)	600 000
		(14)	40 960.8
		(20)	6 000
本期发生额	1 498 350	本期发生额	4 943 960.8
期末余额	3 628 389.2		

表 11-23　　**应收账款**

期初余额	1 500 000	(1)	600 000
(3)	1 220 400		
本期发生额	1 220 400	本期发生额	600 000
期末余额	2 120 400		

表 11-24　　**预付账款**

期初余额	30 000		

表 11-25　　其他应收款

期初余额	15 000	(15)	6 000
(11)	6 000	(22)	15 000
本期发生额	6 000	本期发生额	21 000
期末余额	0		

表 11-26　　在途物资

(4)	900 000	(12)	900 000
本期发生额	900 000	本期发生额	900 000

表 11-27　　库存商品

期初余额	2 400 000	(30)	1 180 800
(28)	1 848 900		
本期发生额	1 848 900	本期发生额	1 180 800
期末余额	3 068 100		

表 11-28　　累计折旧

		期初余额	3 000 000
		(24)	60 000
本期发生额	0	本期发生额	6 000
		期末余额	3 060 000

表 11-29　　短期借款

(8)	3 000 000	期初余额	3 600 000
本期发生额	3 000 000	本期发生额	0
		期末余额	600 000

表 11-30　　应付账款

(10)	600 000	期初余额	1 800 000
本期发生额	600 000	本期发生额	0
		期末余额	1 200 000

表 11-31　　应付账款

		(23)	6 000
本期发生额	0	本期发生额	6 000
		期末余额	6 000

表 11-32　　应付职工薪酬

(6)	190 000	(25)	190 000
		(26)	26 600
本期发生额	190 000	本期发生额	216 600
		期末余额	26 600

表 11-33 应交税费

(2)	90 000	期初余额	90 000
(4)	117 000	(3)	140 400
(14)	4 960.8	(7)	93 600
		(18)	9 750
		(29)	8 525.24
		(29)	3 653.68
		(33)	128 955.27
本期发生额	211 960.8	本期发生额	384 884.19
		期末余额	262 923.39

表 11-34 其他应付款

(21)	12 000	期初余额	21 000
本期发生额	12 000	本期发生额	0
		期末余额	9 000

表 11-35 实收资本

		期初余额	13 500 000

表 11-36 资本公积

		期初余额	12 000 000

表 11-37 盈余公积

		(35)	38 686.58
本期发生额	0	本期发生额	38 686.58
		期末余额	38 686.58

表 11-38 本年利润

(32)	8 400	期初余额	3 900 000
(32)	1 180 800	(31)	1 800 000
(32)	103 800	(31)	12 000
(31)	60 000	(31)	75 000
(31)	12 178.92		
(31)	60 000		
(34)	128 955.27		
本期发生额	1 500 134.19	本期发生额	1 887 000
		期末余额	4 286 865.81

表 11-39 利润分配

期初余额	3 684 000		
(35)	38 686.58		
本期发生额	38 686.58	本期发生额	0
期末余额	3 722 686.58		

表 11-40 生产成本

期初余额	390 000	(28)	1 848 900
(9)	840 000		
(14)	33 000		
(16)	390 000		
(25)	120 000		
(26)	16 800		
(27)	59 100		
本期发生额	1 458 900	本期发生额	1 848 900
期末余额	0		

表 11-41 制造费用

(24)	42 000	(27)	59 100
(25)	15 000		
(26)	2 100		
本期发生额	59 100	本期发生额	59 100

表 11-42 主营业务收入

(31)	180 000	(3)	1 080 000
		(7)	720 000
本期发生额	1 800 000	本期发生额	1 800 000

表 11-43 其他业务收入

(31)	75 000	(18)	75 000
本期发生额	75 000	本期发生额	75 000

表 11-44 营业外收入

(31)	12 000	(18)	12 000
本期发生额	12 000	本期发生额	12 000

表 11-45 主营业务成本

(30)	1 180 800	(32)	1 180 800
本期发生额	1 180 800	本期发生额	1 180 800

表 11-46

其他业务成本

(19)	60 000	(32)	60 000
本期发生额	60 000	本期发生额	60 000

表 11-47

税金及附加

(29)	12 178.92	(32)	12 178.92
本期发生额	12 178.92	本期发生额	12 178.92

表 11-48

销售费用

(17)	2 400	(32)	8 400
(20)	6 000		
本期发生额	8 400	本期发生额	8 400

表 11-49

管理费用

(13)	600	(32)	103 800
(14)	3 000		
(15)	4 500		
(22)	15 000		
(24)	18 000		
(25)	55 000		
(26)	7 700		
本期发生额	103 800	本期发生额	103 800

表 11-50

财务费用

(23)	6 000	(32)	6 000
本期发生额	6 000	本期发生额	6 000

表 11-51

所得税费用

(33)	128 955.27	(34)	128 955.27
本期发生额	128 955.27	本期发生额	128 955.27

6. 根据有关账户记录编制资产负债表和利润表，如表 11-52 和表 11-53 所示。

表 11-52

资产负债表

2019 年 12 月 31 日

企会 01 表

编制单位：山东宏鑫机电设备有限公司

单位：元

资　产	期末余额	年初余额	负债和所有者权益	期末余额	年初余额
流动资产：		（略）	流动负债：		（略）
货币资金	3 638 889.2		短期借款	600 000	
交易性金融资产			交易性金融负债		

（续表）

资　产	期末余额	年初余额	负债和所有者权益	期末余额	年初余额
应收票据			应付票据		
应收账款	2 120 400		应付账款	1 200 000	
预付账款	30 000		预收账款		
应收利息			应付职工薪酬	26 600	
应收股利			应交税费	262 923.39	
其他应收款			应付利息	6 000	
存货	7 478 100		应付股利		
一年内到期的非流动资产			其他应付款	9 000	
其他流动资产			一年内到期的非流动负债		
流动资产合计	13 267 389.2		其他流动负债		
非流动资产：			流动负债合计	2 104 523.39	
可供出售金融资产			非流动负债：		
持有至到期投资			长期借款		
长期应收款			应付债券		
长期股权投资			长期应付款		
投资性房地产			专项应付款		
固定资产	14 940 000		预计负债		
在建工程			递延所得税负债		
工程物资			其他非流动负债		
固定资产清理			非流动负债合计		
生产性生物资产			负债合计		
油气资产			所有者权益：		
无形资产			实收资本(股本)	13 500 000	
开发支出			资本公积	12 000 000	
商誉			减：库存股		
长期待摊费用			盈余公积	38 686.58	
递延所得税资产			未分配利润	564 179.23	
其他非流动资产			所有者权益合计	26 102 865.81	
非流动资产合计	14 940 000				
资产总计	28 207 389.2		负债和所有者权益总计	28 207 389.2	

表 11-53

利　润　表

2019 年 12 月

企会 02 表

编制单位：山东宏鑫机电设备有限公司

单位：元

项　目	行次	本期金额	上期金额
一、营业收入	1	1 875 000	（略）
减：营业成本	2	1 240 800	
税金及附加	3	12 178.92	
销售费用	4	8 400	
管理费用	5	103 800	
财务费用	6	6 000	
资产减值损失	7		
加：公允价值变动收益（损失以“—”号填列）	8		
投资收益（损失以“—”号填列）	9		
其中：对联营企业和合营企业的投资收益	10		
二、营业利润（亏损以“—”号填列）	11	503 821.08	
加：营业外收入	12	12 000	
减：营业外支出	13		
其中：非流动资产处置损失	14		
三、利润总额（亏损总额以“—”号填列）	15	515 821.08	
减：所得税费用	16	128 955.27	
四、净利润（净亏损以“—”号填列）	17	386 865.81	
五、其他综合收益的税后净额	18		
六、综合收益总额	19		
七、每股收益	20		
（一）基本每股收益	21		
（二）稀释每股收益	22		

第三讲　其他会计流程

【知识要点】

一、科目汇总表核算流程

（一）科目汇总表核算流程的特点

科目汇总表核算流程与记账凭证核算流程基本相同。其主要特点是：根据记账凭证定期编制科目汇总表，然后再根据科目汇总表登记总分类账。科目汇总表是根据记账凭证汇总编制而成的。因此，科目汇总表又称记账凭证汇总表，科目汇总表核算流程又称记账凭证汇总表核算流程。

企业在采用科目汇总表核算流程时，应根据记账凭证或收款凭证、付款凭证、转账凭证定期编制科目汇总表。经济业务较多的企业需要每日汇总，或3～5天汇总一次；经济业务较少的企业也可10天或按月汇总。汇总时，应将该期间内的全部记账凭证，按照相同科目归类，汇总每一会计科目的借方本期发生额和贷方本期发生额，填写在科目汇总表的相关栏内，用以反映全部会计科目的借方本期发生额，也可以直接根据库存现金日记账和银行存款日记账的收入、支出数填列。

科目汇总表可以采取不同的格式，但是，任何格式的科目汇总表，一般都只反映各个科目的借方本期发生额和贷方本期发生额，不反映各个科目的对应关系。科目汇总表的格式，如表11-54所示。

(二) 科目汇总表核算流程的记账程序

科目汇总表核算流程的程序主要有以下几个步骤：

(1) 根据原始凭证或原始凭证汇总表，填制记账凭证或分别填制收款凭证、付款凭证和转账凭证。

(2) 根据收款凭证和付款凭证，逐笔登记现金日记账和银行存款日记账。

(3) 根据记账凭证和原始凭证，登记各种明细分类账。

(4) 根据记账凭证，定期汇总编制科目汇总表。

(5) 根据科目汇总表，登记总分类账。

(6) 按照对账的具体要求，定期进行总分类账与现金、银行存款日记账、明细账之间的核对。

(7) 根据总账和明细账的记录，编制财务报表。

科目汇总表核算流程的记账程序，如图11-2所示。

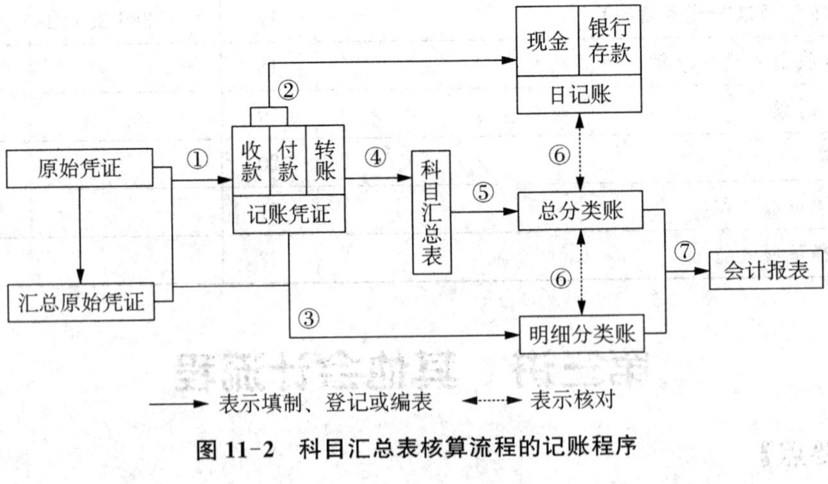

图11-2 科目汇总表核算流程的记账程序

(三) 科目汇总表核算流程的优缺点及其适用范围

科目汇总表核算流程的优点是：可以简化总分类账的登记工作，科目汇总表的编制和使用较为简便。根据科目汇总表登记总账，可以大大减轻登记总分类账的工作量，而且科目汇总表还可以起到试算平衡的作用。其缺点是：由于科目汇总表只能作为登记总分类账和试算平衡的根据，不便于分析检查经济业务的来龙去脉，不便于查对账目，不能明确反映账户的对应关系。因此，一般业务量较多的大中型企业，大多采用这种核算组织形式。

（四）科目汇总表核算流程应用举例

技能操作

（1）资料：见“记账凭证核算流程应用举例”中有关经济业务及其编制的记账凭证。

（2）根据记账凭证，按旬编制科目汇总表，如表 11-54 所示。

表 11-54 **科目汇总表**

2019 年 12 月 1 日～10 日 第 16 号

会计科目	账页	本期发生额	
		借 方	贷 方
库存现金		190 000	190 000
银行存款		1 413 600	4 897 000
应收账款		1 220 400	600 000
在途物资		900 000	
原材料			840 000
短期借款	（略）	3 000 000	
应交税费		207 000	234 000
应付职工薪酬		190 000	
应付账款		600 000	
生产成本		840 000	
主营业务收入			1 800 000
合 计		8 561 000	8 561 000

（有关人员签章）

（3）根据科目汇总表，登记总分类账。根据科目汇总表登记总分类账的方法，这里只列举“银行存款”账户的登记，如表 11-55 所示，其他总分类账户从略。现金日记账、银行存款日记账、各种明细分类账的登记和财务报表的编制与记账凭证核算流程相同。

表 11-55 **总分类账**

会计科目：银行存款 第×页

2019 年		凭证		摘 要	借 方	贷 方	借或贷	余 额
月	日	字	号					
12	1			期初余额			借	7 074 000
	10	汇	×	×号至×号凭证汇总	1 413 600	4 897 000	借	3 590 600

二、汇总记账凭证核算流程

（一）汇总记账凭证核算流程的特点

汇总记账凭证核算流程与科目汇总表核算流程基本相同。其主要特点是：根据记账凭证定期编制汇总记账凭证，然后再根据汇总记账凭证登记总分类账。

在汇总记账凭证核算流程下，一般应根据经济业务的不同性质，分别设置收款凭证、付款凭证和转账凭证三种记账凭证；按会计科目，分别设置汇总记账凭证；设置现金日记账、银行存款日记账和总分类账，其格式一般均为三栏式；根据需要，设置相应种类和格式的明细分类账。

在设置收款凭证、付款凭证和转账凭证时，应根据三种记账凭证分别编制汇总收款凭证、汇总付款凭证和汇总转账凭证。汇总收款凭证应当按照"库存现金"和"银行存款"科目的借方分别设置，并根据现金收款凭证和银行存款收款凭证，按贷方科目归类。汇总付款凭证应当按照"库存现金"和"银行存款"科目的贷方分别设置，并根据现金付款凭证和银行存款付款凭证，按借方科目归类，定期汇总填列一次，每月填制一张。月终时，应当计算出合计数，以便登记总分类账。汇总转账凭证应当按照每一科目贷方分别设置，并根据转账凭证按借方科目归类，定期汇总填列一次，每月填制一张。为了便于编制汇总转账凭证，所有转账凭证中必须是一个贷方科目与一个或几个借方科目相对应，不能出现一个借方科目与几个贷方科目相对应的情况。

以上各种汇总记账凭证的格式，如表 11-56 至表 11-60 所示。

（二）汇总记账凭证核算流程的记账程序

汇总记账凭证核算流程的记账程序主要有以下几个步骤：

(1) 根据原始凭证或原始凭证汇总表，分别填制收款凭证、付款凭证和转账凭证。

(2) 根据收款凭证、付款凭证，逐日逐笔登记现金、银行存款日记账。

(3) 根据原始凭证或原始凭证汇总表和记账凭证，逐笔登记各种明细分类账。

(4) 根据收款凭证、付款凭证和转账凭证，定期编制汇总收款凭证、汇总付款凭证和汇总转账凭证。

(5) 月终，根据汇总收款凭证、汇总付款凭证和汇总转账凭证，登记总分类账。

(6) 按照对账的具体要求，定期进行总分类账与现金、银行存款日记账、明细账之间的核对。

(7) 根据总账和明细账的记录，编制财务报表。

汇总记账凭证核算流程的记账程序，如图 11-3 所示。

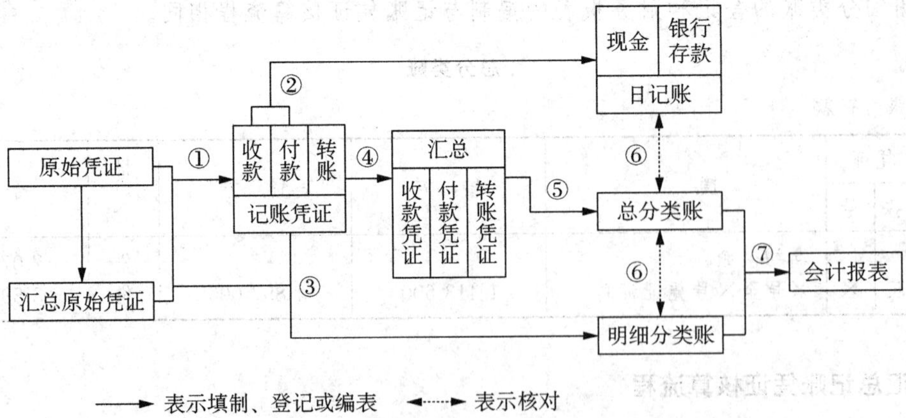

图 11-3　汇总记账凭证核算流程的记账程序

（三）汇总记账凭证核算流程的优缺点及其适用范围

在汇总记账凭证核算流程下，收款凭证以借方账户为主，按对应的贷方账户加以汇总；付款凭证和转账凭证以贷方账户为主，按对应的借方账户进行汇总，这就简化了凭证的整理归类工作。并且，汇总记账凭证按照科目对应关系进行归类、汇总，并根据汇总记账凭证的汇总数字一次过入总分类账，不仅可以清晰地反映科目之间的相互关系，了解经济业务的来龙去脉，便于查对和分析账目，而且简化了登记总分类账工作，提高了核算效率。

但是，汇总转账凭证是按每一贷方科目，而不是按经济业务的性质归类汇总，因而不利于日常核算工作的合理分工，而且定期汇总记账凭证的工作量也比较大。

因此，汇总记账凭证核算流程一般适用于生产经营规模较大、经济业务较多的企业。

（四）汇总记账凭证核算流程应用举例

技能操作

1. 资料：见“记账凭证核算流程应用举例”中有关经济业务及其编制的记账凭证。

2. 根据各种记账凭证，分别编制汇总收款凭证、汇总付款凭证和汇总转账凭证。现只列示“银行存款”“库存现金”“原材料”科目的汇总收款凭证、汇总付款凭证和汇总转账凭证，如表11-56至表11-60所示。

表 11-56

汇总收款凭证

2019 年 12 月

借方科目：银行存款

汇收第×号

贷方科目	金额				总账页数
	1～10 日	11～20 日	21～31 日	合计	
应收账款	600 000			600 000	略
主营业务收入	720 000			720 000	
应交税费	93 600		9 750	103 350	
其他业务收入			75 000	75 000	
合　计	1 413 600		84 750	1498 350	

表 11-57

汇总收款凭证

2019 年 12 月份

借方科目：库存现金

汇收第×号

贷方科目	金额				总账页数
	1～10 日	11～20 日	21～31 日	合计	
其他应收款		1 500		1 500	略
合计		1 500		1 500	

表 11-58

汇总付款凭证

2019 年 12 月

贷方科目:银行存款　　　　汇付第×号

借方科目	金额				总账页数
	1～10 日	11～20 日	21～31 日	合计	
应交税费	207 000	4 960.8		211 960.8	
在途物资	900 000			900 000	
库存现金	190 000			190 000	
短期借款		3 000 000		3 000 000	
应付账款		600 000		600 000	
生产成本		33 000		33 000	
管理费用		3 000		3 000	
销售费用			6 000	6 000	
合　计	1 297 000	3 640 960.8	6 000	4 937 960.8	

表 11-59

汇总付款凭证

2019 年 12 月

贷方科目:库存现金　　　　汇付第×号

借方科目	金额				总账页数
	1～10 日	11～20 日	21～31 日	合计	
应付职工薪酬	190 000			190 000	略
其他应收款		6 000		6 000	
管理费用		600		600	
销售费用		2 400		2 400	
合计	190 000	9 000		199 000	

表 11-60

汇总转账凭证

2019 年 12 月

汇转第×号

会计科目	借方金额	贷方金额	总账页数
略	略	略	略

3. 根据汇总记账凭证,登记总分类账。这里只根据汇总收款凭证和汇总付款凭证登记“库存现金”和“银行存款”总分类账,如表 11-61 和表 11-62 所示,其他总分类账的登记从略。

表 11-61　　　　　　　　　　　　**总分类账**

会计科目：库存现金　　　　　　　　　　　　　　　　　第×页

2019 年		凭证		摘　要	对方科目	借　方	贷　方	借或贷	余　额
月	日	字	号						
12	1			期初余额				借	18 000
	31	汇收	×		其他应收款	1 500			19 500
	31	汇付	×		银行存款	190 000			169 500
	31	汇付	×		应付职工薪酬		190 000		19 500
					其他应收款		6 000		13 500
					管理费用		600		12 900
					销售费用		2 400		10 500
12	31			本月发生额及余额		191 500	199 000	借	10 500

表 11-62　　　　　　　　　　　　**总分类账**

会计科目：银行存款　　　　　　　　　　　　　　　　　第×页

2019 年		凭证		摘　要	对方科目	借　方	贷　方	借或贷	余　额
月	日	字	号						
12	1			期初余额				借	7 074 000
	31	汇收	×		应收账款	600 000			
					主营业务收入	720 000			
					应交税费	103 350			
					其他业务收入	75 000			
		汇付	×		应交税费		211 960.8		
					在途物资		900 000		
					库存现金		190 000		
					短期借款		3 000 000		
					应付账款		600 000		
					生产成本		33 000		
					管理费用		3 000		
					销售费用		6 000		
12	31			本月发生额及余额		1 498 350	4 943 960.8	借	3 628 389.2

单元测试

一、单项选择题

(1) 科目汇总表核算形式又称为(　　)。

A. 记账凭证核算形式　　　　　　　　B. 记账凭证汇总表核算形式

C. 汇总记账凭证核算形式　　D. 日记总账核算形式

(2) 汇总记账凭证核算形式适用于(　　)的企业。

A. 规模较小　　B. 经济业务较少　　C. 业务比较简单　　D. 经济业务较多

(3) 科目汇总表核算形式与汇总记账凭证核算形式的主要区别在于(　　)不同。

A. 经济业务多少　　B. 登记总分类账的依据

C. 企业规模大小　　D. 编制会计凭证的依据

(4) 各种账务处理程序最主要的区别是(　　)不同。

A. 账簿组织　　B. 记账程序　　C. 登记总账的依据　　D. 凭证组织

(5) 记账凭证账务处理程序适用于(　　)的单位。

A. 规模小且经济业务量较少　　B. 经济业务量较多

C. 经济业务量较复杂　　D. 规模大且经济业务量多

(6) 科目汇总表的汇总范围是(　　)。

A. 全部科目的借方余额　　B. 全部科目的贷方余额

C. 全部科目的借、贷方发生额　　D. 部分科目的借、贷方发生额

(7) 科目汇总表账务处理程序的主要缺点是(　　)。

A. 登记总账的工作量太大　　B. 编制科目汇总表的工作量太大

C. 不利于人员分工　　D. 看不出账户之间的对应关系

(8) 汇总记账凭证账务处理程序(　　)。

A. 能够清楚地反映各个账户之间的对应关系

B. 能够清楚地反映各科目之间的对应关系

C. 能够综合地反映企业所有的经济业务

D. 能够序时地反映企业所有的经济业务

(9) 汇总转账凭证的编制方法是(　　)。

A. 按收款凭证借方科目进行归类汇总

B. 按“库存现金”“银行存款”科目贷方汇总

C. 按转账凭证的贷方科目设置,按对应的借方科目归类汇总

D. 按原始凭证汇总

(10) 在需要编制汇总转账凭证时,可以编制的转账凭证形式是(　　)。

A. 一借一贷或一贷多借　　B. 一借多贷

C. 多借多贷　　D. 以上说法都对

(11) 下列会计核算形式中,最基本的核算形式是(　　)。

A. 记账凭证核算程序　　B. 科目汇总表核算程序

C. 汇总记账凭证核算程序　　D. 日记总账核算程序

(12) (　　)的特点是直接根据记账凭证逐笔登记总分类账。

A. 记账凭证核算程序　　B. 科目汇总表核算程序

C. 汇总记账凭证核算程序　　D. 多栏式日记账核算程序

(13) 采用汇总记账凭证核算形式下,其明细账的登记依据是(　　)。

A. 原始凭证、汇总原始凭证和记账凭证　　B. 记账凭证

C. 收款凭证、付款凭证和转账凭证　　D. 汇总记账凭证

二、多项选择题

(1) 记账凭证核算形式主要适用于(　　)的企业。

A. 经营规模较小　B. 经济业务较多　C. 经济业务较少　D. 经营规模较大　E. 大中型企业

(2) 在汇总记账凭证核算形式下，一般应根据经济业务的不同性质，分别设置(　　)等汇总凭证。

A. 记账凭证　B. 汇总收款凭证　C. 记账凭证汇总表　D. 汇总付款凭证　E. 汇总转账凭证

(3) 目前我国常用的账务处理程序有(　　)账务处理程序。

A. 记账凭证　B. 汇总记账凭证　C. 科目汇总表　D. 日记总账　E. 多栏式日记账

(4) 通常，登记总账的依据有(　　)。

A. 记账凭证　B. 汇总记账凭证　C. 科目汇总表　D. 多栏式现金日记账　E. 多栏式银行存款日记账

(5) 编制汇总记账凭证时，要求(　　)。

A. 收款凭证以借方科目为主，按对应的贷方科目归类汇总
B. 付款凭证以贷方科目为主，按对应的借方科目归类汇总
C. 转账凭证以借方科目为主，按对应的贷方科目归类汇总
D. 全部记账凭证均以借方为主，按对应的贷方科目归类汇总

(6) 各种账务处理程序的相同之处表现为(　　)。

A. 根据原始凭证编制原始凭证汇总表
B. 根据原始凭证或原始凭证汇总表编制记账凭证
C. 根据记账凭证和原始凭证或原始凭证汇总表登记明细账
D. 根据记账凭证逐笔登记总账
E. 根据总账及明细账资料编制会计报表

(7) 下列账务处理程序中，其明细账登记的依据是原始凭证、原始凭证汇总表和记账凭证的有(　　)。

A. 记账凭证账务处理程序
B. 科目汇总表账务处理程序
C. 汇总记账凭证账务处理程序
D. 日记总账账务处理程序
E. 多栏式日记账账务处理程序

(8) 下列资料中，可以作为编制会计报表依据的有(　　)。

A. 明细分类账　B. 总分类账　C. 汇总原始凭证　D. 汇总记账凭证　E. 日记总账

(9) 在记账凭证账务处理程序下，登记总账应根据(　　)。

A. 收款凭证　B. 付款凭证　C. 转账凭证　D. 原始凭证　E. 原始凭证汇总表

(10) 科目汇总表账务处理程序的优点包括(　　)。

A. 简化登记总账的工作
B. 总账中能反映账户的对应关系
C. 总账中能逐笔反映经济业务的发生情况
D. 可以进行试算平衡
E. 适用于经济业务量不多的单位

三、判断题

(1) 不同会计核算形式的主要区别在于记账凭证的填制不同。 ( )
(2) 手工会计核算形式与计算机处理核算形式是完全不同的。 ( )
(3) 各企业单位可结合本单位的业务特点，自行设计或选用科学合理的会计核算形式。 ( )
(4) 同一单位，由于采用不同的会计核算形式，其最终的核算结果应该不同。 ( )
(5) 科目汇总表不仅可以起到试算平衡的作用，而且可以反映账户之间的对应关系。 ( )
(6) 任何账务处理程序的第一步必须将所有原始凭证都汇总编制为原始凭证汇总表。 ( )
(7) 科目汇总表账务处理程序下，总分类账应依据科目汇总表登记。 ( )
(8) 科目汇总表和汇总记账凭证都是在记账凭证的基础上汇总形成的，因此都可以反映账户间的对应关系。 ( )
(9) 汇总记账凭证和科目汇总表都是根据记账凭证汇总编制的，所以两者没有本质上的区别。 ( )
(10) 各种账务处理程序的主要区别是其所采用的账簿组织不同。 ( )
(11) 在汇总记账凭证账务处理程序下，要求编制的记账凭证必须是一借一贷。 ( )
(12) 记账凭证核算程序和日记总账核算程序都适用于规模小、经济业务量少的企业。 ( )
(13) 采用汇总记账凭证核算程序时，编制汇总记账凭证是登记明细分类账与编制会计报表之间的中间环节。 ( )

四、名词解释

会计核算流程、记账凭证核算程序、科目汇总表核算程序。

五、简答题

(1) 什么是会计核算程序？
(2) 合理组织会计核算流程的意义是什么？
(3) 合理组织会计核算流程的要求是什么？
(4) 会计核算流程有哪几种？每一种的特点是什么？
(5) 简述记账凭证核算流程。
(6) 简述科目汇总表核算流程。
(7) 简述科目汇总表核算流程的优缺点及其适用范围。

实务训练

训练一

目的: 练习记账凭证核算流程。

资料:

(1) 某股份有限公司某年 11 月 30 日各资产、负债、所有者权益类账户余额,如表 11-63 所示。

表 11-63　　资产、负债、所有者权益类账户余额表　　单位:元

账户名称	借方余额	账户名称	贷方余额
库存现金	9 000	应付票据	240 000
银行存款	14 586 750	短期借款	600 000
交易性金融资产	960 000	应付账款	285 300
应收票据	360 000	预收账款	300 000
应收账款	540 000	应付职工薪酬	288 000
其他应收款	84 000	应交税费	135 000
在途物资	183 000	长期借款	6 000 000
原材料	2 160 000	实收资本	30 000 000
库存商品	6 900 000	资本公积	300 000
固定资产	23 100 000	盈余公积	432 000
无形资产	900 000	本年利润	6 924 450
利润分配	2 358 000	累计折旧	6 636 000
合　计	52 140 750	合　计	52 140 750

(2) 有关明细账户余额如下(单位:元):

应收票据:	D 单位	360 000
应收账款:	E 单位	360 000
	F 单位	180 000
其他应收款:	李平	9 000
	王伟	6 000
	保险公司	69 000
在途物资:	A 单位	183 000
原材料:	甲材料 10 000 千克,每千克 15 元	450 000
	乙材料 6 000 千克,每千克 60 元	1 080 000
	丙材料 8 000 千克,每千克 20 元	480 000
	丁材料 1 000 千克,每千克 50 元	150 000
库存商品:	M 商品 10 000 件,每件 110 元	3 300 000
	N 商品 8 000 件,每件 150 元	3 600 000

应付票据：	C单位	240 000
应付账款：	B单位	255 300
	工商银行	30 000
预收账款：	D单位	300 000
应交税费：	应交所得税	105 000
	应交城市维护建设税	14 700
	应交车船税	3 000
	应交房产税	6 000
	应交教育费附加	6 300
利润分配：	未分配利润	240 000(贷方)
	提取盈余公积	1 038 000(借方)
	应付股利	1 560 000(借方)

(3) 1～11月各损益类账户发生额如表10-64所示。

表11-64　损益类账户发生额　单位：元

账户名称	借方发生额	账户名称	贷方发生额
主营业务成本	45 000 000	主营业务收入	63 000 000
税金及附加	270 000	其他业务收入	5 400 000
其他业务成本	3 600 000	投资收益	2 400 000
管理费用	5 400 000	营业外收入	15 000
销售费用	5 250 000		
财务费用	600 000		
营业外支出	360 000		
所得税费用	3 410 550		
合　计	63 890 550	合　计	70 815 000

(4) 12月发生经济业务如下：

① 1日，签发转账支票(60349#)，购买办公用品4 500元，交付使用。车间领用600元，管理部门领用3 000元，独立销售部门领用900元。

② 1日，仓库送来收货单，上月从A单位购进的乙材料3 000千克，每千克61元，计183 000元(上月已付款)，今日到货，验收入库。

③ 2日，上月委托银行向E单位收取的货款360 000元，银行已收妥入账，收到收账通知；同日，F单位交来转账支票一张，归还前货款180 000元，当即填制进账单送存银行。

④ 2日，管理人员李平出差归来，报销差旅费8 400元，余款600元交回现金。

⑤ 2日，向D企业销售M产品9 000件，单价160元，计1 440 000元，增值税额187 200元，扣除300 000元预收款，其余款项收到转账支票，当即填制进账单送存银行。

⑥ 3日，签发转账支票，支付管理部门资料费5 100元。

⑦ 3日，签发转账支票(60350#)，偿还前欠B单位货款255 300元。

⑧ 5日，出售股票收入900 000元，存入银行，其账面成本660 000元。

⑨ 6日,向A单位购买甲材料9 000千克,单价15元,计135 000元,增值税额17 550元,货款及运费9 000元(不考虑增值税)通过银行汇出,材料入库。

⑩ 7日,以转账支票(60351#)上缴上月各项税金和教育费附加共135 000元。

⑪ 8日,汇给省电视台广告费360 000元。

⑫ 8日,签发转账支票(60352#),预付C单位货款300 000元。

⑬ 9日,向E单位销售M产品3 000件,单价150元,计450 000元;N产品6 000件,单价200元,计1 200 000元。增值税额共计214 500元。以库存现金为对方垫付运杂费900元,已办妥委托银行收款手续。

⑭ 9日,车间技术人员王伟出差归来,报销差旅费9 000元(原借6 000元),出纳员付给王伟库存现金3 000元。

⑮ 10日,签发转账支票(60353#),支付电费48 600元,其中:车间耗用36 000元,厂部9 000元,独立销售部门3 600元。

⑯ 12日,从C单位购买乙材料6 000千克,单价61元,计366 000元,增值税额47 580元。扣除预付的货款300 000元,差额以转账支票支付(60354#),材料入库。

⑰ 12日,经批准增发新股1 500万股,每股面值1元,售价1.80元,款项27 000 000元收妥入账。

⑱ 12日,9日委托银行向E单位收取的款项已划回入账,收到收账通知。

⑲ 12日,从B单位购进丙材料9 000千克,单价18元,计162 000元;丁材料3 000千克,单价50元,计150 000元。增值税额共计40 560元。款项签发转账支票支付(60355#)。材料入库。

⑳ 12日,签发现金支票(21693#),向希望工程捐款300 000元。

㉑ 15日,签发转账支票(60356#),从银行提取现金6 000元备用。

㉒ 15日,转让专利权一项,收入600 000元,存入银行。其账面价值300 000元。

㉓ 15日,签发转账支票(60357#),预付下年度财产保险费216 000元。

㉔ 16日,发放本月工资207 000元(通过银行转入个人户头)。

㉕ 17日,向D企业销售M产品10 500件,单价160元,计1 680 000元;N产品3 000件,单价200元,计600 000元,增值税额296 400元。货款存入银行。

㉖ 18日,签发转账支票,偿还到期的短期借款300 000元。

㉗ 18日,签发转账支票(60367#),支付电话费45 000元,其中:车间9 000元,厂部15 000元,销售部21 000元。

㉘ 18日,销售人员李文出差,借支出差费9 000元,付给库存现金。

㉙ 19日,从A单位购进甲材料9 000千克,单价14元,计126 000元;乙材料9 000千克,单价58元,计522 000元。增值税额共计84 240元。对方代垫运费15 000元(按重量比例分摊,不考虑增值税)。材料入库,款项未付。

㉚ 19日,接银行"利息通知单"本季度短期借款利息共54 000元(前2个月已预提30 000元)。

㉛ 20日,从银行汇款732 240元,偿还欠A单位货款。

㉜ 20日,以库存现金报销职工医药费2 700元。

㉝ 21日,从A单位购进丙材料15 000千克,单价21元,计315 000元;丁材料6 000千克,单价48元,计288 000元。增值税额共计78 390元。对方代垫运费12 600元(按重量比

例分摊,不考虑增值税)。款项承付,材料同日到达,验收无误,入库。

㉞ 21 日,向E企业销售N产品3 000件,单价200元,计600 000元,增值税额78 000元。收到商业汇票一张,期限2个月。

㉟ 22 日,购进卡车一辆,价款360 000元,增值税额32 400元,款项签发转账支票支付(60359#)(不考虑其他税款)。

㊱ 23 日,分配本月工资。其中:生产M产品工人工资60 000元,生产N产品工人工资54 000元,车间管理人员工资12 000元,厂部管理人员工资45 000元,销售人员工资36 000元。

㊲ 23 日,按职工工资总额的14%计提福利费。

㊳ 25 日,计提固定资产折旧900 000元,其中:车间480 000元,厂部330 000元,独立销售部门90 000元。

㊴ 26 日,摊销本月应负担的报刊费15 000元,财产保险费18 000元,管理用固定资产大修理费18 000元。

㊵ 26 日,仓库送来发出材料汇总表,如表11-65所示,据以结转材料费用。

表 11-65　　发出材料汇总表　　单位:元

用途 \ 材料名称	甲材料	乙材料	丙材料	丁材料	合　计
生产M产品	450 000	540 000	120 000		1 110 000
生产N产品		900 000	540 000	411 600	1 851 600
车间耗用			30 000	26 460	56 460
厂部耗用			18 000	2 940	20 940
销售部门耗用			12 000		12 000
合　计	450 000	1 440 000	720 000	441 000	3 051 000

㊶ 28 日,按生产工人工资比例计算分配制造费用,将其计入M、N产品成本。

㊷ 29 日,按上月末单价计算结转本月产品销售成本。

㊸ 30 日,本月M产品投产13 680件,N产品投产14 760件,月末全部完工。计算M、N产品的总成本和单位成本,并作出产品入库的账务处理。

㊹ 30 日,经计算,本月应交城市维护建设税46 200元,教育费附加19 800元。

㊺ 31 日,将损益类账户本月发生额结转"本年利润"账户。

㊻ 31 日,按本月利润总额25%计算应交所得税(本月无调整事项),并将"所得税费用"账户本月发生额转入"本年利润"账户。

㊼ 31 日,按本月净利润的10%计提法定盈余公积。

㊽ 31 日,根据下半年净利润3 615 000元(本年度中期已按总股本30 000 000股,以每10股派发现金股利0.52元的方案分配股利1 560 000元),以每10股派发现金股利1.00元的方案向投资者分配股利。

㊾ 31 日,将"本年利润"账户年末余额转入"利润分配——未分配利润"账户的贷方。

㊿ 31 日,将"利润分配"其他各明细账户余额转入"利润分配——未分配利润"账户的

借方。

要求：

(1) 根据资料(1)，开设总分类账户并过入期初余额。

(2) 根据资料(2)，开设有关明细分类账户，并过入期初余额。

(3) 根据资料(4)，运用记账凭证核算流程进行日常账务处理。

(4) 根据有关总账和明细账户余额，编制资产负债表(年初数不填)。

(5) 根据资料(3)和有关账户发生额，编制利润表。

训练二

目的：练习科目汇总表核算流程。

资料：同训练一。

要求：

(1)(2)(4)(5)同训练一。

(3) 根据资料(4)，运用科目汇总表核算流程进行日常账务处理。

训练三

目的：练习汇总记账凭证核算流程。

资料：：同训练一。

要求：

(1)(2)(4)(5)同训练一。

(3) 根据资料(4)，运用汇总记账凭证核算流程进行日常账务处理。

第十二单元　会计组织

知识目标

通过本项目的课程教学，学生应该了解会计机构的设置、会计人员应具备的素质及会计法律体系；熟悉会计工作的管理体制、会计档案管理及会计工作交接制度；掌握会计人员的职责及权限、会计人员的职业道德、会计基础工作规范。

技能目标

通过本项目的课程教学，学生应该在了解企业会计机构的设置、会计人员的配备后，能够做以下工作：执行会计法规、遵守会计道德、保管会计档案。

案例导入

会计专业大学一年级学生张林参观宏达公司财务科时发现，公司财务科共有5间办公室，分别是财务科长室、会计室、出纳室、电算化会计室及会计档案室。各办公室内墙上分别挂着财务科长岗位职责、会计岗位职责、出纳岗位职责、电算化会计岗位职责、会计档案保管职责及会计法律、会计职业道德等图牌，办公桌上摆放着各种凭证、账簿，档案橱内整齐地排列着会计资料，几位会计人员正在认真工作。张林想，原来会计工作这么复杂，需要这么多岗位、这么多人员呀！老师告诉大家，宏达公司只是一家中型规模的企业，大型企业的财务部门更复杂呢！

思考：企业的会计组织结构是怎样的？

第一讲　设置会计机构

【知识要点】

为了保证会计信息质量，提高会计工作管理水平，必须完善和健全会计工作管理体制。会计工作管理体制包括确立会计工作的管理部门、设置会计工作机构、确定会计工作组织形式、搞好会计工作岗位责任制等。

一、会计工作管理部门

我国的会计工作管理体制贯彻"财政部统一领导，地方分级属地管理"的原则，由国家的财政部管理全国的会计工作。中央和地方各级业务主管部门一般设置财务会计司、局、处、科，管理本系统的会计工作。地方省市各级财政厅、局管理本地区的会计工作。中央和地方各级业务主管部门管理本系统的会计工作。

会计在我国的经济建设事业中一直发挥着巨大的作用。国家为了使基层企业的会计核算工作建立在真实、客观的基础上，通过立法的形式明确了会计人员的职责，同时也明确了我国会计工作的管理体制。

由于会计工作在国家经济发展中的特殊地位和作用，我国的会计工作归口在国家财政部门管理。《会计法》就会计工作的管理体制作了明确的规定：国务院财政部门管理全国的会计工作，地方各级人民政府的财政部门管理本地区的会计工作。在我国，由财政部会计事务管理司管理全国的会计工作。财政部会计事务管理司的主要任务是在财政部领导下管理全国会计工作，制定全国性的会计法令、制度、规划，组织会计人员的业务培训。

国家财政部会计事务管理司的具体职责主要有以下几个方面：

(1) 制定全国性的会计法令、规章、制度，组织贯彻实施国家的有关会计法令、法规，审查各地区、各部门制定的会计制度、办法。

(2) 了解、检查全国的会计工作情况，总结、交流会计工作经验，研究、制定改进会计工作的措施。

(3) 制定全国会计干部培训规划，推动和协助各地区、各部门做好会计干部的业务培训工作。

(4) 管理、监督注册会计师事务所的业务，组织注册会计师资格的考试，批准注册会计师，颁发注册会计师证书。

(5) 同有关部门一起制定有关会计干部专业技术职务制度的办法，并贯彻实施。

(6) 管理报批外国会计公司在我国设立常驻代表机构，并依法对其业务进行管理、监督。按国家有关规定，各省、自治区、直辖市的财政厅、局也设置会计事务管理处，作为管理省、市、自治区会计工作的办事机构。

二、会计机构的设置

会计机构是指各单位组织管理本单位会计工作，办理会计事务的职能部门。建立健全会计机构，配备与工作要求相适应、具有一定素质和数量的会计人员，是做好会计工作、充分发挥会计职能作用的重要前提条件。

关于会计机构的设置，《会计法》针对三种不同情况作出了相应的不同规定。

(一) 独立设置会计机构

单位规模较大、经济业务较多、财务收支量较大的单位，应独立设置会计机构，以保证会计工作的效率和会计信息的质量。一般来说，大中型企业和具有一定规模的行政事业单位及其他经济组织，都应独立设置会计机构，如会计(或财务)处、部、科、室、股、组等，以便及时组织本单位各项经济活动和财务收支的核算，实行有效的会计监督。

(二) 在有关机构中配备会计人员并指定会计主管人员

对于不具备单独设置会计机构的单位，如财务收支数额不大，经济业务比较简单，规模很小的企业、事业、机关、团体单位和个体工商户等，可在单位内部与财务会计工作比较接近的有关机构或综合部门，如计划、统计、办公室等部门，配备专职会计人员，并指定对财务会计工作负责的会计主管人员。

(三) 实行代理记账

对于那些不具备设置会计机构、配备会计人员的小型经济组织，为了解决他们的记账、算账、报账问题，可以实行代理记账，委托经批准设立的、从事会计咨询、服务的社会中介机构(如会计师事务所)代理记账。为了具体规范代理记账业务，财政部于 1994 年 6 月 23 日发布了《代理记账管理暂行办法》，对从事代理记账的条件、代理记账业务范围、代理记账的基本程序、委托双方的责任和义务、代理记账人员的从业规则等作了具体规定。

三、会计工作的组织形式

会计工作的组织形式是指独立设置会计机构的单位内部组织和管理会计工作的具体形式，一般可分为集中核算与非集中核算。

(一) 集中核算

集中核算是指会计主体的主要会计核算工作都集中在财务会计部门进行。单位其他部门及下属单位只对该部门发生的经济业务，填制原始凭证或汇总原始凭证，送交会计部门，经会计部门审核后，据以编制记账凭证，登记账簿，编制财务报表。实行集中核算组织形式的优点是：可以减少核算层次，精简会计人员，便于会计部门及时、全面地掌握本单位的会计核算资料，有利于推行会计电算化；其不足在于：不便于各部门和下属单位及时了解本部门本单位的财务会计信息，不便于实行责任会计。

(二) 非集中核算

非集中核算又称分散核算，是指会计主体内部会计部门以外的其他部门和单位负责本部门发生的经济业务的明细核算，而会计部门则进行总分类核算和一部分明细分类核算，并编制对外财务报表。这种核算工作组织形式的优点是：有利于各业务部门和单位及时掌握本部门的核算资料，便于进行日常考核和分析，便于实行责任会计；其不足在于：增加了核算层次，必须增大核算工作量、增加会计人员配备，会计工作成本亦相应增大。

一个单位是实行集中核算还是非集中核算，主要取决于企业规模大小、生产技术特点、所属单位独立的程度、会计人员的数量和质量等因素。一个单位也可以把两种形式结合起来，对一些部门、单位采用集中核算，对另一些采用非集中核算；或者对一些业务采用集中核算，对另一些采用非集中核算。但一般说来，无论采取哪种组织形式，企业对外的库存现金收支、银行存款往来、物资购销和债权债务结算都应由会计部门统一办理，集中核算。

四、会计工作的岗位责任制

(一) 建立会计工作岗位责任制的意义

为了搞好会计工作，在独立设置的会计机构内部，应当按照工作内容，将单位全部会计工作划分为若干岗位，规定每个岗位的职责和权限，建立相应的责任制度。建立会计工作岗位责任制，有利于会计工作的程序化和规范化，做到职责清楚，纪律严明，有条不紊，提高效率。同时，这也是配备数量适当的会计人员的客观依据之一。

(二) 设置会计工作岗位的原则

设置会计工作岗位的基本原则主要有以下几个方面。

1. 基于本单位会计业务的需要

各单位所属行业性质、自身的规模、业务内容和数量以及会计核算与管理的需求都会有所不同，设置会计工作岗位，一定要适合单位的实际情况。

2. 符合内部牵制制度的要求

内部牵制制度是一项重要的内部会计管理制度，其核心内容是：分工明确，职责清楚，钱物分开，钱账分管。出纳人员不得兼管稽核、会计档案保管和收入、费用、债权债务账目的登记工作；出纳、会计不能一人兼任；出纳与财产物资保管不能一人兼任；采购人员不能兼作出纳或财产物资的保管工作。这些限制性规定，对于规范会计工作秩序，减少徇私舞弊、贪污挪用等违法乱纪行为，是十分必要的。各单位设置会计岗位时一定要体现这些要求。

3. 有利于建立岗位责任制

设置会计工作岗位，一定要使各个岗位职责分明，便于分工，一般不应出现职责交叉的现象，否则，不利于建立职责明确的岗位责任制。

4. 有利于会计人员熟悉业务，不断提高业务素质

分工不分家，分工的目的是搞好会计工作。为了不断提高会计人员业务素质，尽可能培养熟悉各方面业务的多面手，会计人员的工作岗位应当有计划地进行轮换、交流。各单位设置会计岗位时要考虑这种要求。

（三）企业主要会计工作岗位

企业一般可设置以下主要会计工作岗位：①会计机构负责人或会计主管人员岗位；②出纳岗位；③财产物资核算岗位；④工资核算岗位；⑤成本费用核算岗位；⑥资金核算岗位；⑦债权债务核算岗位；⑧总账与报表岗位；⑨稽核岗位；⑩档案管理岗位等。

这些岗位，可以一人一岗，也可以一人多岗或多人一岗，会计负责人应根据各岗位的工作量与工作要求，根据会计人员的配备情况合理调配、安排，使整个会计工作井然有序，切忌忙闲不均。

第二讲　配备会计人员

【知识要点】

会计人员是指从事会计工作的专业技术人员。设置会计机构之后，配备好适当的会计人员，是搞好会计工作的决定性因素。会计人员在实际工作中负有双重责任，一方面要做好本单位的会计工作，维护单位的合法权益，促进单位加强经营管理，提高经济效益；另一方面又要严格执行国家的财经方针政策，维护国家的整体利益，对本单位的经济活动、财务收支实行会计监督，抵制各种违反财经纪律的行为。因此，会计人员既要求具有较高的政治素质，又要求具有较强的业务素质。会计人员应具备以下几个基本条件。

一、必须具备必要的专业知识和专业技能

会计工作是一项技术性很强的工作，各个会计岗位对专业知识和专业技能的要求也是有较大差距的。我国对不同专业水平的会计人员设立了不同专业技术职务。会计专业技术职务分为高级会计师、会计师、助理会计师和会计员。高级会计师是高级职务，会计师是中级职务，助理会计师和会计员为初级职务。对各级职务规定了学历、能力、水平、业绩等各种条件。

1992年前采用评聘制，1992年以来对中、初级会计专业技术职务采用通过国家考试取得任职资格，然后由用人单位根据需要采用聘任的办法，高级职务仍采用评聘结合的办法。实践证明，实行会计专业技术职务制度，对提高会计人员专业知识、专业技能、专业水平有着重要的促进作用。

二、按照规定参加会计业务培训，接受继续教育

《会计法》规定，对会计人员的教育和培训工作应当加强。这一方面是因为目前我国会计高等学历教育规模还不能满足社会需要，在职培训就成了提高会计人员业务素质的重要途径；另一方面，即使具备了规定学历，也还有知识更新的问题，社会经济发展很快，知识经济时代已经来临，会计工作面临的新情况、新问题层出不穷，会计人员必须不断更新知识，才能适应日益复杂的工作局面。因此要求会计人员每年必须完成规定培训学时，无正当理由未完成的，予以警告；连续2年未接受继续教育的，不办理会计证年检；连续3年未接受继续教育的，取消会计证及会计专业技术职务资格，后2年内不得重新参加会计证考试和专业技术资格考试。这充分表明我国对会计人员参加业务培训、接受继续教育的高度重视。

第三讲　执行会计法律

【知识要点】

一、会计法律体系

会计工作是一项重要的经济管理工作，为了规范会计工作，维护社会主义市场经济秩序，进一步扩大对外开放，使我国会计真正成为“国际商业语言”，加强会计工作的法制建设，建立和健全会计法律体系，有着非常重要的意义。

会计法律是指组织会计工作、处理会计实务应遵循的法律、法规和规章制度的总称。我国的会计法律体系，既要结合我国的国情，适应我国不断发展的社会经济状况，又要考虑国际交流的需要，考虑当前国际经济全球化的趋势。

我国的会计法律体系分为会计法律、会计行政法规、会计规章、地方性会计法规（规章）4个层次。建立和完善适应社会主义市场经济的会计法律体系，对于保证会计发挥应有的职能、促进会计主体提高经济效益、维护社会主义市场经济的正常秩序等方面有着十分重要的意义。

二、会计法律

《会计法》是由全国人民代表大会统一制定的会计法律，是会计工作的基本法和会计工作的最高行为准则，是制定其他会计法律规范的依据。我国于1985年1月21日第六届全国人民代表大会常务委员会第九次会议通过了《会计法》，并于1993年12月进行了第一次修订，于1999年10月进行了第二次修订，修订后的《会计法》自2000年7月1日起施行。修订后的《会计法》共52条，分为总则，会计核算，公司、企业会计核算的特别规定，会计监督，会计机构和会计人员，法律责任、附则7章。

《会计法》总则部分指出，《会计法》的立法目的是：规范会计行为，保证会计资料真实、完整，加强经济管理和财务管理，提高经济效益，维护社会主义市场经济秩序；明确了《会计法》适

用于国家机关、社会团体、公司、企业、事业单位和其他组织；规定了单位负责人对本单位的会计工作和会计资料的真实性、完整性负责；还规定，国务院财政部门管理本行政区域内的会计工作。国家实行统一的会计制度，由国务院财政部门制定并公布。

会计核算部分强调，各单位必须根据实际发生的经济业务事项进行会计核算，重申了会计年度、记账本位币；对会计凭证、会计账簿和财务会计报告的登记、编制、审核等作出了详细规定。

公司、企业会计核算的特别规定是新设的一章，主要针对公司、企业会计核算的特殊性和重要性，强调了公司、企业会计核算的法律适用；并对公司、企业的会计核算做出了若干禁止性规定。

会计监督部分要求各单位建立、健全内部会计监督制度；要求单位负责人保证会计机构、会计人员依法履行职责；并对财政、审计、税务等政府部门在会计监督方面的职责做出了规定。

会计机构和会计人员部分，对会计机构和总会计师岗位的设置、建立内部稽核制度、会计人员从业资格、会计人员职业道德和继续教育等作出了规定。

法律责任部分对单位或有关个人的会计法律责任作出了具体规定。

《会计法》对于规范会计行为，保证会计资料的真实、完整，促进经济发展，维护社会主义经济秩序具有十分重要的意义和作用。

三、会计行政法规

会计行政法规是由国务院制定并发布，或者由国务院有关部门拟定，经国务院批准后发布的会计规范性文件，主要是根据《会计法》制定的，是对《会计法》的具体化或对某个方面的补充，一般称为条例。例如，1990 年 12 月 31 日由国务院发布的《总会计师条例》和 2000 年 6 月 21 日由国务院发布、2001 年 1 月 1 日起实施的《企业财务会计报告条例》。《总会计师条例》规定了总会计师在单位中的地位和任务、总会计师的职责和权限、总会计师的任免与奖惩等。《企业财务报告条例》规范了财务报告的构成、编制及对外提供，并对当时的会计六要素进行了重新修订，为进一步完善会计准则和会计制度奠定了基础。

四、会计规章

会计规章是指由财政部制定的，在全国具有法律效力的有关会计方面的规范性文件，主要包括三个方面：一是国家统一的会计核算制度，如《企业会计准则》《企业会计制度》等；二是会计人员管理制度，如《会计专业职务评聘办法》《会计从业资格管理办法》《会计人员继续教育暂行规定》等；三是会计工作管理制度，如《会计档案管理办法》《会计基础工作规范》等。下面重点介绍会计核算制度。

会计核算制度是国家统一的会计制度的重要组成部分，在企业会计法律体系中处于十分重要的地位，对于保障正常的会计工作秩序、保证会计信息真实可靠有着至关重要的作用。狭义上讲，会计核算制度仅指行业会计制度、《企业会计制度》《小企业会计制度》等以“制度”作标题的会计核算制度；广义上讲，会计核算制度还包括企业会计准则、会计核算制度补充规定、会计处理暂行规定、会计处理办法等。

(一) 企业会计准则

企业会计准则有基本准则和具体准则两个层次。我国会计基本准则发布于 1992 年 11 月 30 日，于 1993 年 7 月 1 日起在全国所有企业施行。财政部于 2006 年 2 月 15 日发布了新的会计准则体系，新会计准则于 2007 年 1 月 1 日起在上市公司中执行，其他企业鼓励执行。这是我国自改革开放以来，为了实现与国际惯例接轨，在会计方面实行的重大举措，在我国会计改革中具有划时代意义。

基本准则规定了会计核算的一般原则,会计要素、各主要项目的核算原则以及财务会计报告的基本要求。基本准则是制定会计核算制度的依据,也是制定具体准则的依据。当然,随着经济环境的变化和会计核算要求的提高,基本准则所规定的一些原则也需要随之修订。

我国已颁布的会计准则有《企业会计准则》《小企业会计准则》《事业单位会计准则》和《政府会计准则——基本准则》。2015 年 10 月 23 日,财政部发布了《政府会计准则——基本准则》,自 2017 年 1 月 1 日起,在各级政府、各部门、各单位施行。

(二) 企业会计制度

会计制度是进行会计工作、处理会计事务的具体方法和规定。一般包括会计科目的设置、核算内容和核算方法,会计报表的格式及填报方法。会计制度是在会计法和会计准则的指导下制定的。

财政部于 2000 年 12 月 29 日颁布《企业会计制度》,并于 2001 年 1 月 1 日起开始实施。《企业会计制度》打破了行业及所有制界限,使不同行业之间的信息具有可比性。除《企业会计制度》外,财政部还按企业性质和规模分别颁布实施了《金融企业会计制度》(2002 年起实施)、《民间非营利组织会计制度》(2005 年起实施)、《村集体经济组织会计制度》(2005 年起实施)。

自 2011 年以来,国家财政部又陆续颁布实施了一些新的会计制度。例如,《事业单位会计制度》(2013 年起实施)、《小企业会计制度》(2013 年起实施)等。同时,废止了以前的相应会计制度。此外,为了更好地适应公共财政管理改革和发展的需要,进一步规范行政单位会计核算,提高行政单位会计信息质量,财政部对 1998 年颁布的《行政单位会计制度》进行了修订,形成了《行政单位会计制度(征求意见稿)》,拟以部门规章形式发布。

小企业是相对于大企业而言的概念。小企业一般是指规模较小或处于创业和成长阶段的企业,包括规模在规定标准以下的法人企业和自然人企业。中国小企业具有一些共同的特点:一是规模小、投资少,投资与见效的周期相对较短,投资使用劳动力更多;二是对市场反应灵敏,具有以新取胜的内在动力和保持市场活力的能力;三是小企业环境适应能力强,对资源获取的要求不高,能广泛地分布于各种环境条件中;四是在获取资本、信息、技术等服务方面处于劣势,管理水平较低。

为了促进小企业发展以及财税政策日益丰富完善,形成以减费减免、资金支持、公共服务等为主要内容的促进中小企业发展的财税政策体系,2011 年 10 月 18 日,财政部颁布《小企业会计准则》,要求相关小企业自 2013 年 1 月 1 日起执行,鼓励提前执行,2004 年颁布的《小企业会计制度》同时废止。

五、地方性会计行政法规

地方性会计行政法规是指由省、自治区和直辖市人民代表大会及其常务委员会在与会计法律、会计行政法规不相抵触的前提下制定的,仅在本行政区域内实施的会计规范性文件。例如,《××市会计条例》《××省会计条例》等。

此外,我国还有大量的单位内部会计制度。单位内部会计制度是指各单位根据《会计法》和会计准则,结合单位的具体情况制定的,满足内部需要的会计核算办法。内部会计制度主要包括内部会计机构的设置、会计人员岗位责任制、财产清查制度、财务收支审批制度、定额管理制度、成本核算制度、会计工作流程和财务会计分析制度等。

第四讲　遵守会计道德

【知识要点】

会计人员从事会计工作，必须遵守会计职业道德，这也是会计人员应具备的一个重要的基本条件。

职业道德是从业人员职业品质、职业作风和职业纪律的统一。会计职业道德是会计人员进行会计工作所应遵循的、与会计职业活动密切联系的、具有会计职业特征的道德规范与行为准则。会计人员在会计工作中应当遵守职业道德，树立良好的职业品质、严谨的工作作风，严守工作纪律，努力提高工作效率和工作质量。

道德与法律是维护社会秩序、维系社会正常运转的两大手段，它们虽以不同方式发挥作用，但又相辅相成、相得益彰。会计法规体系是规范会计工作秩序、保证会计信息质量的必不可少的手段；但会计法规是要由人来执行的，会计人员在执行会计法规方面有着举足轻重的作用，如果会计人员缺乏会计职业道德，会计法规的执行必然走样，必然偏离法规确定的方向；只有会计人员具备了良好的职业道德，才能自觉地遵守会计法规，安排好会计工作。

按照财政部1996年发布的《会计基础工作规范》，会计职业道德主要包括以下几个方面的内容：

(1) 爱岗敬业。会计人员应当热爱本职工作，努力钻研业务，使自己的知识和技能适应所从事工作的要求。

(2) 熟悉法规。会计人员应当熟悉财经法律、法规、规章和国家统一会计制度，并结合会计工作进行广泛宣传。

(3) 依法办事。会计人员应当按照会计法律、法规和国家统一会计制度规定的程序和要求进行会计工作，保证所提供的会计信息合法、真实、准确、及时、完整。

(4) 客观公正。会计人员办理会计事务应当实事求是、客观公正。

(5) 搞好服务。会计人员应当熟悉本单位的生产经营和业务管理情况，运用掌握的会计信息和会计方法，为改善单位内部管理、提高经济效益做好服务工作。会计人员要正确处理监督与服务的关系，将两者统一起来，而不能对立起来。

(6) 保守秘密。会计人员应当保守本单位的商业秘密。除法规规定和单位领导人同意外，不能私自向外界提供或者泄露本单位的会计信息。

关于会计人员的职业道德，最基本的应该是实事求是、廉洁奉公。实事求是是保证会计信息真实、完整的需要；廉洁奉公是保证会计执法的需要。这两条应该作为每一个会计人员的座右铭。

会计职业道德的检查考核部门是财政部门、业务主管部门和各个会计主体单位。

第五讲　保管会计档案

【知识要点】

一、会计档案的概念和内容

(一) 会计档案的概念

会计档案是指会计凭证、会计账簿和财务会计报告等会计核算专业材料，是记录和反映单位交易或事项的重要史料和证据。它是国家经济档案的重要组成部分，也是各单位的重要档案之一。

会计档案是会计交易或事项的历史记录，是进行经济决策所需要的重要资料，也是进行会计检查和审计检查的重要资料。各单位必须根据财政部和国家档案局发布的《会计档案管理办法》的规定，加强对会计档案管理工作的领导，建立会计档案的立卷、归档、保管、查阅和销毁等管理制度，保证会计档案妥善保管、存放有序、查找方便。同时，严格执行安全和保密制度，不得随意堆放，严防毁损、散失和泄密。

（二）会计档案的内容

会计档案的内容包括会计凭证、会计账簿、财务会计报告和其他会计核算资料四个部分。

（1）会计凭证。包括原始凭证、记账凭证、汇总凭证等。

（2）会计账簿。包括总账、明细账（包括固定资产卡片）、日记账（现金日记账、银行存款日记账）及辅助账等。

（3）财务会计报告。包括月报、季报、半年报、年报及文字分析资料等。

（4）其他。包括银行对账单、银行存款余额调节表、会计档案移交清册、会计档案保管清册、会计档案销毁清册以及其他应保存的会计核算专业资料。

实行会计电算化的单位，应当保存打印的纸质会计档案。具备采用磁性介质保存会计档案条件的，保存在磁性介质上的会计数据、程序文件及其他会计核算资料应视同会计档案一并管理。

二、会计档案的管理要求

（一）会计档案的归档

《会计法》规定，在每一个会计期间结束后，会计人员应对当期形成的会计档案进行严格的审核，以确保会计档案的准确、完整。在此基础上，由财务会计部门按照归档的要求，负责装订成册，立卷保存。首先，会计凭证在填制以后，应按规定在有关项目下由有关人员进行签章，然后装订成册。会计凭证可每月装订一次，在封面上注明企业名称、凭证种类、年度月份、凭证的起止日期，经会计主管及有关人员盖章后即可归档保管。其次，各种会计账簿应在会计年度结束后进行造册登记。对于活页账和卡片账，应在年度结束后，装订编号，注明企业名称、所属时间及页数。再次，对各种财务会计报告，应将企业留存部分分别归类。对于年度财务会计报告，上级主管部门批复时需作出调整的内容，应将批复和更正后的资料同时归入档案保管。此外，对其他会计资料也应按要求予以妥善保管。

会计档案的整理要求做到：①分类标准要统一。一般分类的标准为：一类会计账簿、二类会计凭证、三类会计报表、四类文字资料及其他会计核算资料。②档案的形式要统一，即案册封面、档案卡夹、存放柜和存放序列要统一。

当年形成的会计档案，在会计年度终了后，可暂由会计机构保管 1 年。期满之后，应当由会计机构编制移交清册，移交本单位档案机构统一保管；未设立档案机构的，应当在会计机构内部指定专人保管。出纳人员不得兼管会计档案。

移交本单位档案机构保管的会计档案，原则上应当保持原卷册的封装。个别需要拆封重新整理的，档案机构应当会同会计机构和经办人员共同拆封整理，以分清责任。

（二）会计档案的保管

会计档案是重要的会计史料，必须妥善保管。

首先，要严格执行安全保密措施。为了保护会计档案，会计档案的保管必须采取防火、防潮、防鼠、防虫、防盗、防磁等措施。会计档案室要选择在干燥防水之处，并远离易燃品存放地，配备相应的防火器材；室内应经常用消毒药剂喷洒，注意防鼠、防虫蛀，保持通风透光，防止潮湿；应设置归档登记簿、档案目录登记簿和档案借阅登记簿，严格登记手续，严防毁坏损失、散失和泄密。会计电算化的档案还要注意采取防盗和防磁措施。其次，要严格执行检查、保管制度，要有专人负责保管，有关单位、人员要定期地检查会计档案的保存情况，严格按规定的程序和方法处理档案保管中的问题。

各种会计档案的保管期限，根据其特点，分为永久和定期两类，定期保管期限分为 5 年、10 年、30 年三类。会计档案的保管期限，从会计年度终了后的第一天算起，会计档案保管期限为最低保管期限。其保管期限，如表 12-1 所示。

表 12-1　企业和其他组织会计档案保管期限

序号	档案名称	保管期限	备　注
一	会计凭证类		
1	原始凭证	30 年	
2	记账凭证	30 年	
3	汇总凭证	30 年	
二	会计账簿类		
4	总账	30 年	包括日记总账
5	日记账	30 年	现金和银行存款日记账保管 25 年
6	明细账	30 年	
7	辅助账簿	30 年	
8	固定资产明细账、卡片		固定资产报废清理后保管 5 年
三	财务报告类		包括各级主管部门汇总财务报告
9	月度、季度、半年度财务报告	10 年	包括文字分析
10	年度财务报告(决算)	永久	包括文字分析、审计报告
四	其他类		
11	银行存款余额调节表	10 年	
12	银行对账单	10 年	
13	会计档案移交清册	30 年	包括会计人员交接表
14	会计档案保管清册	永久	
15	会计档案销毁清册	永久	

(三) 会计档案的查阅和复制

会计档案为本单位提供利用，各单位保存的会计档案不得外借。如有特殊需要，经本单位负责人批准，可以提供查阅或者复制，并办理登记手续。外部查阅和复制会计档案时，应持有单位正式介绍信，经单位负责人批准后，方可办理查阅或复制手续；本单位内部人员查阅或复制会计档案时，也应经单位负责人批准后，才能办理有关手续。查阅或者复制会计档案的人员，严禁在会计档案上涂画、拆封和抽换。各单位应当建立健全会计档案查阅、复制登记制度。

（四）会计档案的销毁

保管期满的会计档案，可以按照以下程序销毁：

(1) 由本单位档案机构会同会计机构提出销毁意见，编制会计档案销毁清册，列明销毁会计档案的名称、卷号、册数、起止年度和档案编号、应保管期限、已保管期限、销毁时间等内容。

(2) 单位负责人在会计档案销毁清册上签署意见。

(3) 销毁会计档案时，应当由档案机构和会计机构共同派员监销。国家机关销毁会计档案时，应当由同级财政部门、审计部门派员参加监销。财政部门销毁会计档案时，应当由同级审计部门派员参加监销。

(4) 监销人在销毁会计档案前，应当按照会计档案销毁清册所列内容，清点核对所要销毁的会计档案；销毁后，应当在会计档案销毁清册上签名盖章，并将监销情况报告本单位负责人。

但是，以下情形除外：

(1) 保管期满但未结清债权债务的原始凭证和涉及其他未了事项的原始凭证，不得销毁，应当单独抽出立卷，保管到未了事项完结时为止。单独抽出立卷的会计档案，应当在会计档案销毁清册和会计档案保管清册中列明。

(2) 目前还在建设期间的建设单位，其保管期满的会计档案不得销毁。

会计档案的销毁是一项严肃的工作，各单位必须严格按照《会计法》和《会计档案管理办法》的规定进行。故意销毁依法应当保存的会计凭证、会计账簿、财务会计报告的行为，以及授意、指使、强令会计机构、会计人员及其他人员故意销毁依法应当保存的会计凭证、会计账簿、财务会计报告的行为，都是违法行为。如果构成犯罪的，要依法追究刑事责任；尚不构成犯罪的，也要承担行政责任，违法单位和责任人员会受到相应的行政处罚和行政处分。

会计档案工作由各级财政机关和各级档案业务管理机关共同负责进行业务指导、监督与检查。

三、会计工作的交接

《会计法》第41条规定，会计人员调动工作或者离职，必须与接管人员办理交接手续。一般会计人员办理交接手续，由会计机构负责人(会计主管人员)负责监交；会计机构负责人(会计主管人员)办理交接手续，由单位负责人监交，必要时可由上级主管部门派人会同监交。

会计人员工作调动或者因故离职，必须将本人所经管的会计工作全部移交接替人员。没有办清交接手续的，不得调动或者离职。

会计人员办理移交手续前，必须及时做好以下工作：①已经受理的经济业务尚未填制会计凭证的，应当填制完毕。②尚未登记的账目，应当登记完毕，并在最后一笔余额后加盖经办人员印章。③整理应该移交的各项资料，对未了事项写出书面材料。④编制移交清册，列明应当移交的会计凭证、会计账簿、会计报表、印章、现金、有价证券、支票簿、发票、文件、其他会计资料和物品等内容；实行会计电算化的单位，从事该项工作的移交人员还应当在移交清册中列明会计软件及密码、会计软件数据磁盘(磁带等)及有关资料、实物等内容。

移交人员在办理移交时，要按移交清册逐项移交，接替人员要逐项核对点收：①库存现金、有价证券要根据会计账簿有关记录进行点交；②会计凭证、会计账簿、会计报表和其他会计资料必须完整无缺；③银行存款账户余额要与银行对账单核对，如不一致，应当编制"银行存款余额调节表"调节相符，各种财产物资和债权债务的明细账户余额要与总账有关账户余额核对相符；④移交人员经管的票据、印章和其他实物等，必须交接清楚；⑤移交人员从事会计电算化工作的，要对有关电子数据在实际操作状态下进行交接。

移交人员对所移交的会计凭证、会计账簿、会计报表和其他有关资料的合法性、真实性承担法律责任。会计机构负责人、会计主管人员移交时，还必须将全部财务会计工作、重大财务收支和会计人员的情况等，向接替人员详细介绍。对需要移交的遗留问题，应当写出书面材料。

交接完毕后，交接双方和监交人员要在移交清册上签名或者盖章，并应移交清册上注明单位名称、交接日期、交接双方和监交人员的职务、姓名、移交清册页数以及需要说明的问题等。移交清册一般应填制一式三份，交接双方各执一份，存档一份。

接替人员应当认真接管移交工作，并继续办理移交的未了事项。接替人员应当继续使用移交的会计账簿，不得自行另立新账，以保持会计记录的连续性。

单元测试

一、单项选择题

(1) 我国《会计法》制定于(　　)年。

A. 1956　　B. 1965　　C. 1985　　D. 1999

(2) 根据《会计法》的规定，我国实行国家统一的会计制度。国家统一的会计制度由(　　)制定。

A. 国务院　　B. 全国人民代表大会常务委员会

C. 财政部　　D. 各级财政部门

(3) 下列各项中，不属于会计专业技术职务序列的是(　　)。

A. 高级会计师　　B. 会计师　　C. 会计员　　D. 注册会计师

(4) 原始凭证的保管期限为(　　)年。

A. 10　　B. 8　　C. 15　　D. 20

(5) 主管会计人员是指(　　)。

A. 财务会计机构的负责人

B. 不独立设置机构，仅在有关机构配备会计人员而指定的对会计工作负责的人员

C. 企业的厂长

D. 企业主管会计工作的副厂长

(6) 按《会计法》的规定，单位会计资料不实，责任主体是(　　)。

A. 单位负责人　　B. 单位主管会计工作的负责人

C. 会计人员　　D. 主管会计人员

(7) 无论实行集中核算还是非集中核算，(　　)都必须由企业统一办理。

A. 成本核算　　B. 往来款项结算　　C. 固定资产核算　　D. 工资核算

(8) 搞好会计基础工作，其基础环节是(　　)。

A. 配备好会计人员　　B. 搞好会计监督

C. 做好会计核算　　D. 制定会计管理制度

(9)(　　)由我国人民代表大会制定,是我国会计工作的基本法律与母法。

A.《会计法》　　B.《宪法》

C.《企业会计制度》　　D.《企业会计准则》

二、多项选择题

(1) 下列各项中,属于会计法律体系的有(　　)。

A. 会计法律　　B. 会计制度　　C. 会计规章　　D. 会计准则

E. 单位内部会计制度

(2) 下列各项中,属于会计专业技术职务的有(　　)。

A. 会计师　　B. 高级会计师　　C. 助理会计师　　D. 注册会计师

(3) 下列各项中,符合内部牵制制度要求的分工包括(　　)。

A. 出纳员兼记现金和银行存款日记账

B. 出纳员兼作会计档案管理人员

C. 出纳员编制记账凭证并负责审核原始凭证

D. 往来款项的记账人员兼作出纳员

E. 出纳与财产物资保管不能一人兼任

(4) 下列各项中,符合《会计法》的有(　　)。

A. 必须保证会计资料的真实性和完整性

B. 会计资料失真,会计人员要负完全责任

C. 国家实行统一的会计制度

D. 我国会计制度必须由国务院颁发

E. 我国会计年度是 1 月 1 日～12 月 31 日

(5) 下列各项中,属于会计档案的有(　　)。

A. 会计移交清册　　B. 原始凭证　　C. 月度财务计划　　D. 记账凭证

(6) 会计人员的职业道德包括(　　)等。

A. 诚实守信　　B. 爱岗敬业　　C. 客观公正　　D. 搞好服务

E. 依法办事

(7) 从微观角度要求来看,会计工作的组织内容包括(　　)。

A. 设置会计机构　　B. 配备会计人员

C. 选定会计账务处理程序　　D. 编制会计报表

(8) 科学地组织会计工作要(　　)。

A. 遵守国家对会计工作的统一规定　　B. 在保证质量的前提下讲求实效

C. 设置会计工作职能部门　　D. 开展会计分析和检查

(9) 会计工作组织的原则有(　　)。

A. 精简节约　　B. 统一性和灵活性相结合

C. 信息一致性　　D. 专业核算和群众核算相结合

三、判断题

(1) 我国《会计法》是由国务院颁发的,这反映了政府对会计工作的重视。　　(　　)

(2) 修订后的《会计法》,突出强调了财务会计部门负责人必须对会计资料的真实性、完整

性负责。（　）

(3) 会计主管人员就是财务会计机构的负责人。（　）

(4) 无论采用集中核算还是非集中核算，企业对外的库存现金收支、银行存款往来、物资购销和债权债务结算，都应由企业会计部门统一办理，统一核算。（　）

(5) 实行会计岗位责任制，一定要使各个岗位职责分明，可以一人一岗或多人一岗，但不允许一人多岗，串岗混岗。（　）

(6) 会计电算化指的就是用计算机代替手工进行记账、算账、报账，它的作用就是减轻了财会人员的劳动强度。（　）

(7) 会计机构负责人除了达到会计人员的要求外，还必须具备会计师以上专业技术职务资格。（　）

(8) 现金日记账和银行存款日记账的保管期限为15年。（　）

四、名词解释

会计机构、会计人员、企业内部会计制度、会计档案、集中核算。

五、简答题

(1) 新修订的《会计法》突出了哪些方面的内容？

(2) 新会计准则体系由哪几个部分组成？

(3) 会计人员应具备哪些基本条件？

(4) 什么是会计职业道德？会计职业道德包括哪些内容？会计职业道德与会计法规的关系如何？

(5) 为什么必须加强会计基础工作？会计基础工作包括哪些内容？

(6) 简述会计监督的意义、形式，各种监督形式的关系与内容。

参考答案

第一单元　导　入

【单元测试】

一、单项选择题

(1) D　(2) C　(3) B　(4) C　(5) B　(6) A　(7) D　(8) C

(9) C　(10) B　(11) A　(12) B　(13) C　(14) C　(15) B　(16) D

二、多项选择题

(1) BC　(2) BC　(3) ABC　(4) ABCDE　(5) ABCD

(6) ABE　(7) BCDE　(8) ABCE　(9) ABDE　(10) ABC

(11) ABCE

三、判断题

(1) √　(2) ×　(3) ×　(4) √　(5) √　(6) ×　(7) ×　(8) ×

(9) ×　(10) √　(11) √　(12) ×　(13) ×　(14) ×　(15) ×　(16) ×

四、名词解释

略。

五、简答题

略。

【实务训练】

略。

第二单元　原始凭证

【单元测试】

一、单项选择题

(1) C　(2) C　(3) C　(4) B　(5) C　(6) D　(7) D　(8) A

(9) D　(10) B　(11) D　(12) D　(13) B　(14) B　(15) C　(16) C

二、多项选择题

(1) ABCD　(2) ABC　(3) AD　(4) ABC　(5) ABC

(6) ABC　(7) ABDE

三、判断题

(1) ×　(2) ×　(3) √　(4) √　(5) √　(6) ×　(7) ×　(8) ×

(9) ×　(10) ×　(11) ×　(12) ×

四、名词解释

略。

五、简答题

略。

【实务训练】

略。

第三单元 设置账户

【单元测试】

一、单项选择题

(1) A (2) A (3) B (4) D (5) A (6) A (7) D
(8) C (9) D (10) A (11) A (12) B (13) C (14) A

二、多项选择题

(1) ABCD (2) BD (3) ABD (4) BD (5) ABCD
(6) ABCD (7) ABD (8) AC (9) ABC (10) AB
(11) ABCE (12) BCDE (13) ABCD (14) ABCD (15) BCD

三、判断题

(1) √ (2) √ (3) × (4) × (5) × (6) √ (7) × (8) ×
(9) × (10) ×

四、名词解释

略。

五、简答题

略。

【实务训练】

略。

第四单元 复式记账

【单元测试】

一、单项选择题

(1) D (2) C (3) D (4) A (5) A (6) C (7) D (8) B
(9) B (10) C (11) D (12) A (13) D (14) C (15) C (16) D
(17) C (18) A (19) A (20) C (21) A (22) C

二、多项选择题

(1) AD (2) CD (3) AB (4) AC (5) AC
(6) ABCD (7) AD (8) BCD (9) BCDE (10) BD
(11) BE (12) CE

三、判断题

(1) × (2) √ (3) √ (4) √ (5) √ (6) √ (7) √ (8) ×
(9) × (10) √ (11) √ (12) × (13) √ (14) √ (15) ×

四、名词解释

略。

五、简答题

略。

【实务训练】

略。

第五单元　成本计算

【单元测试】

一、单项选择题

(1) C　(2) B　(3) B　(4) B　(5) D　(6) B　(7) A　(8) C
(9) B　(10) A　(11) B　(12) A　(13) C　(14) A　(15) B　(16) D
(17) C　(18) D　(19) B　(20) B　(21) C　(22) C　(23) A　(24) A
(25) B　(26) C　(27) D　(28) D

二、多项选择题

(1) ABCD　(2) BCDE　(3) ABCE　(4) ABC　(5) BC
(6) AB　(7) ABE　(8) BCD　(9) ABD　(10) ACD
(11) BCD　(12) ABCDE　(13) BCDE　(14) BD　(15) CD
(16) ABE　(17) BCDE　(18) BC

三、判断题

(1) ×　(2) ×　(3) √　(4) ×　(5) ×　(6) ×　(7) ×　(8) √
(9) √　(10) ×　(11) ×　(12) √　(13) √　(14) √　(15) ×　(16) ×
(17) √　(18) ×　(19) ×　(20) ×

四、名词解释

略。

五、简答题

略。

【实务训练】

略。

第六单元　填制凭证

【单元测试】

一、单项选择题

(1) C　(2) C　(3) D　(4) A　(5) B　(6) D　(7) D　(8) A
(9) C　(10) D　(11) B　(12) D　(13) B　(14) C　(15) B　(16) D
(17) C　(18) D　(19) C　(20) D

二、多项选择题

(1) ACD　(2) ABC　(3) ABC　(4) ABCD　(5) ABCD
(6) ABC　(7) ABCD　(8) ABCD　(9) ABD　(10) ABD
(11) BCD　(12) ABCDE

三、判断题

(1) ×　(2) √　(3) √　(4) ×　(5) √　(6) √　(7) √　(8) √
(9) ×　(10) ×　(11) ×　(12) ×　(13) ×　(14) ×　(15) ×

四、名词解释

略。

五、简答题

略。

【实务训练】

略。

第七单元 登记账簿

【单元测试】

一、单项选择题

(1) C (2) C (3) B (4) B (5) A (6) C (7) B (8) D
(9) D (10) B (11) C (12) D (13) A (14) C (15) B (16)D
(17) D (18) C (19) D (20) B (21) B (22)C (23) A (24) B

二、多项选择题

(1) ACD (2) AC (3) CD (4) ABC (5) ABCD
(6) ABC (7) ABCD (8) AC (9) ABCD (10) ABCD
(11) ABC (12) ABCDE (13) ABCE (14) ABC (15) ABCE
(16) ABC (17) ABCD (18) AD (19) CDE (20) AC

三、判断题

(1) √ (2) × (3) √ (4) √ (5) √ (6) √ (7) × (8) √
(9) × (10) × (11) × (12) √ (13) √ (14) √ (15) √

四、名词解释

略。

五、简答题

略。

【实务训练】

略。

第八单元 账户分类

【单元测试】

一、单项选择题

(1) A (2) C (3) A (4) D (5) A (6) C (7) B (8) D
(9) D (10) B (11) C (12) B (13) B (14) D (15) C (16)A
(17) B (18) C

二、多项选择题

(1) ABC (2) ACD (3) ACD (4) ABE (5) ABCDE
(6) BCE (7) ABCD (8) ABCDE (9) ABCDE (10) BC
(11) ABD (12) ACDE (13) BCE (14) BC (15) ABCE
(16) DE (17) AB (18) ABDE (19) ACDE

三、判断题

(1) × (2) × (3) √ (4) √ (5) × (6) √ (7) × (8) ×
(9) × (10) × (11) √ (12) √ (13) √ (14) √ (15) ×

四、名词解释

略。

五、简答题

略。

【实务训练】

略。

第九单元　财产清查

【单元测试】

一、单项选择题

(1) C　(2) D　(3) B　(4) A　(5) B　(6) C　(7) A　(8) D
(9) A　(10) B　(11) D　(12) B　(13) C　(14) A　(15) C　(16)C
(17)A　(18)D　(19) B　(20) C　(21) C　(22) B　(23) B　(24) A
(25) C

二、多项选择题

(1) ABCDE　(2) ABCE　(3) ABDE　(4) AB　(5) ABD
(6) BD　(7) ACD　(8) AD　(9) AC　(10) AC
(11) ABD　(12) ABC　(13) AD　(14) AD　(15) ABC

三、判断题

(1) √　(2) ×　(3) ×　(4) √　(5) √　(6) √　(7) ×　(8) √
(9) ×　(10) √　(11) ×　(12) ×　(13) √　(14) √　(15) ×

四、名词解释

略。

五、简答题

略。

【实务训练】

略。

第十单元　编制报表

【单元测试】

一、单项选择题

(1) B　(2) A　(3) B　(4) A　(5) D　(6) D　(7) A　(8) D
(9) A　(10) D　(11) C　(12) D　(13) A　(14) B　(15) C　(16) A
(17) D　(18) C　(19) A

二、多项选择题

(1) ABCD　(2) ADE　(3) ABCDE　(4) ABCDE　(5) AB
(6) ACD　(7) ABCD　(8) BCD　(9) BE　(10) BCDE
(11) ABCD　(12) ABCD　(13) AC　(14) AE

三、判断题

(1) √　(2) ×　(3) ×　(4) ×　(5) √　(6) ×　(7) ×　(8) ×
(9) √　(10) ×　(11) ×　(12) ×　(13) ×　(14) ×　(15) √

四、名词解释

略。

五、简答题

略。

【实务训练】

略。

第十一单元　会计流程

【单元测试】

一、单项选择题

(1) B　(2) D　(3) B　(4) C　(5) A　(6) C　(7) D　(8) A

(9) C　(10) A　(11) A　(12) A　(13) A

二、多项选择题

(1) AC　(2) BDE　(3) ABC　(4) ABC　(5) AB

(6) ABCE　(7) ABC　(8) AB　(9) ABC　(10) AD

三、判断题

(1) ×　(2) ×　(3) √　(4) ×　(5) ×　(6) ×　(7) √　(8) ×

(9) ×　(10) ×　(11) ×　(12) √　(13) ×

四、名词解释

略。

五、简答题

略。

【实务训练】

略。

第十二单元　会计组织

【单元测试】

一、单项选择题

(1) C　(2) C　(3) D　(4) C　(5) A　(6) D　(7) B　(8) C

(9) A

二、多项选择题

(1) ABCDE　(2) ABCD　(3) AE　(4) ACDE　(5) ABD

(6) ABCDE　(7) AB　(8) ABCD　(9) ABD

三、判断题

(1) √　(2) √　(3) √　(4) √　(5) ×　(6) √　(7) √　(8) ×

四、名词解释

略。

五、简答题

略。

参考文献

1. 中华人民共和国财政部:《企业会计准则——应用指南》(2017 年版),立信会计出版社 2015 年版。

2. 张世体:《会计学原理》,立信会计出版社 2017 年版。

3. 康述尧:《基础会计》(第四版),中国财政经济出版社 2014 年版。